KB180908

제4차
산업혁명
을 이끌어가는
스마트
컴퍼니

SMART COMPANY

제4차 산업혁명을 이끌어가는
스마트컴퍼니

우량기업이란 환경변화에 적절하게 대응하며 새로운 사업기회를 지속함으로써 성장과 발전을 계속하는 기업으로 정의될 수 있다. 일반적으로 우량기업의 공통된 특징은 다음과 같다. 우선 시장점유율이 업계 1위인 기업으로서 높은 제품경쟁력, R&D 투자, 시장확대 노력으로 안정적인 시장지위를 유지하는 기업이다. 둘째, 재무구조가 양호하여 불황저항력이 강하며 자금조달 능력, 유동성이 양호하고 사업기회포착에 민감한 기업을 말한다. 셋째, 효율적인 제조공정, 안정적인 원재료조달 및 판매경로확보, 숙련된 노동력과 연구개발로 영업효율성이 높아 고생산성을 유지하고 있는 기업이다. 또한 경영이념의 확산이 용이하고 환경변화에 탄력적인 경영전략 수립, 조직원의 높은 사기 등으로 경영목표달성을 위한 자발적인 노력이 강하고 원활한 의사소통 등으로 기업문화가 비교적 확고히 정착된 기업을 말한다.

"앞으로 어떤 일이 벌어질지에 대해서는 누구도 대답할 수 없다. 하지만 현재 무엇이 어디로 가고 있는지에 대해서는 동물적 감각으로 알아차려야 한다. 그게 내가 말할 수 있는 전부다. 그리고 자신의 모든 일생을 바쳐 노력하는 것이다."

애플의 창업자 스티브 잡스가 1994년 영국의 잡지 〈롤링스톤〉지와의 인터뷰에서 한 말이다. 아울러 그는 2008년 〈포춘〉지와의 인터뷰에서는 변화를 감지하는 힘에 대해서 다음과 같이 말했다.

"변화들은 생각보다 천천히 발생한다. 현재의 기술의 물결들이 일어나기 훨씬 전에 그 흐름을 감지해야 하며, 당신은 어떤 물결에 몸을 실을지를 지혜롭게 선택해야만 한다. 지혜롭지 못하게 선택하면 많은 에너지를 허비하겠지만, 현명하게 선택하면 그 물결은 상당히 천천히 흘러갈 것이다."

'동물적 감각'이라든지 '변화를 감지하는 힘'을 일러 우리는 '촉(觸)'이라고 말한다. 개미나 쥐, 두꺼비 등과 같은 미물에게도 있는 촉이 우리 인간에게는 없다. 인간의 촉은 통찰력(洞察力)이 대신한다. 새로운 변화나 사태에 직면하여 장면의 의미를 재구성하여 문제를 해결하는 능력이라고 할 수 있는 통찰력을 누구나 갖고 있는 것은 아니다. 스티브 잡스와 같이 진검승부를 위하여 매일 칼을 갈아온 고수의 몫이다.

'통찰력'하면 빼놓을 수 없는 인물이 톰 피터스(Tom Peters)다. 현대 기업 경영의 창시자이며 세계 3대 경영학자 중 한 명으로 손꼽히는 그는 〈포춘〉지가 "우리는 톰 피터스의 세계에 살고 있다."고 말할 정도로 세계적인 경영 구루다.

톰 피터스는 1982년 로버트 워터만과 함께 쓴 《초우량 기업의 조건(In Search of Excellence)》이라는 책으로 일약 경영 구루의 반열에 오른 인물이다. 미국에서만 700만 부 이상이 팔린 것으로 추산되는 이 책 때문에 출판 시장에 경영·경제 분야가 형성되었을 정도로 큰 반향을 일으켰다.

실제로 이 책에서 저자들이 연구대상으로 삼았던 미국의 43개 초우량 기업들은 이미 냉철한 합리주의적 접근방법만으로는 설명할 수 없는 탁월함(excellence)을 갖고 있었다. 전통적으로 중요시됐던 전략과 구조, 시스템 외에 공유가치, 스타일, 문화, 사람 등을 파악해야 초우량 기업들의 성과를 제대로 이해할 수 있었다. 저자들은 "경영의 본질은 그동안 경영학석사(MBA) 과정에서 수없이 강조됐던 전략, 구조, 시스템 등 하드(hard)한 것보다는, 계량화할 수 없어 소홀히 다루었던 공유가치, 스타일, 문화, 사람 등 소프트(soft)한 것이다."라고 역설했다.

초우량 기업에서 공통적으로 발견한 8가지 특징을 살펴보면 이러한 저자들의 주장을 쉽게 이해할 수 있다. ▶실행을 중요시한다. ▶고객에게 밀착한다. ▶자율성과 기업가 정신이 투철하다. ▶사람을 통해 생산성을 높인다. ▶가치에 근거해서 실천한다. ▶핵심 사업에 집중한다. ▶단순한 조직과 작은 본사를 지향한다. ▶엄격함과 온건함을 동시에 지닌다. 이 중에서 전략과 조직 구조 측면에서 시사점을 주는 '핵심 사업에 집중한다'와 '단순한 조직과 작은 본사를 지향한다'를 제외한 나머지 6개 항목은 당시만 해도 학계나 업계의 주목을 받지 못했던 소프트한 이슈들이었다.

"초우량 기업은 평범한 기업이 하지 않고 있는 일을 하는 것이 아니다. 평범한 기업도 하고 있는 일을 탁월하게 하고 있을 뿐이다."

어쩌면 초우량 기업과 평범한 기업의 격차는 아마 종이 한 장 정도에 불과할지도 모른다.

이른바 제4차 산업혁명의 '쓰나미'가 밀려오고 있는 작금의 사태에 직면하여 어떤 기업이 살아남을 것인가? 강자가 살아남는 것이 아니라 살아남는 자가 강자라 했던가. 제4차 산업혁명의 핵심동력은 '하드 파워'가 아니라 '소프트 파워'라고 했다. 하버드 대학교 조지프 나이(Joseph Nye)의 주장이다.

이것은 톰 피터스가 말하는 '탁월함(excellence)'과 일맥상통하는 말이다.

이 책은 이러한 배경 하에 제4차 산업혁명의 대변화 속에서 살아남을 수 있는 이 시대 초우량기업의 진면목을 찾아보고자 하는 데 목적이 있다. 여러 기술 분야 특히 제4차 산업혁명의 기술적 동인(動因)이라고 할 수 있는 인공지능, 3D 프린팅, 자율주행자동차, 사물 인터넷, 로봇, 스마트팩토리, 소프트웨어 등의 분야에서 세계적인 초우량기업의 '탁월함(excellence)'과 '소프트 파워'를 소개하고자 한다.

이 책이 출간되기까지 주위의 많은 분들로부터 귀중한 조언과 아낌없는 성원을 받아 감사의 말씀을 전한다. 마지막으로 이 책의 출판에 많은 도움을 주신 한올출판사 임순재 사장님 이하 관계자 여러분의 노고에 깊은 감사의 말씀을 드린다.

2017년 8월
저자 씀

Contents

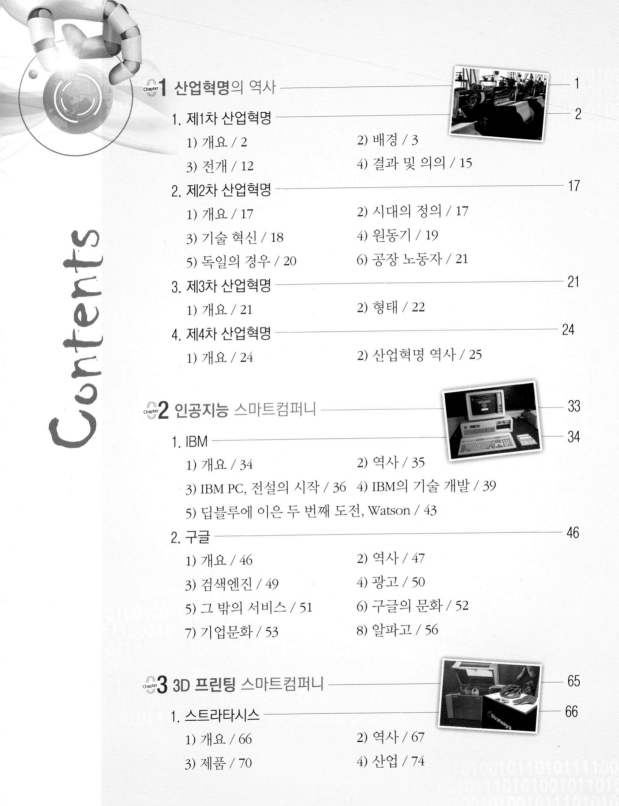

Contents

Chapter 01

산업혁명의 역사

01 산업혁명의 역사

1 제1차 산업혁명

1) 개요

인류역사 근대의 시작이 되는 사건으로 인류의 본격적인 과학기술 개발은 이때부터 시작되었다. 일반적으로 18세기 영국에서 시작이 되었고 그것이 가져온 인류의 사회, 경제적 변화를 말한다. 영국에서 시작되어 18~19세기 유럽과 북미로 확산되었다. 산업혁명(Industrial Revolution)이라는 용어 자체는 영국의 역사학자 아널드 토인비(Arnold Toynbee, 1852년~1883년)가 《Lectures on the Industrial Revolution of the Eighteenth Century in England》라는 책에서 최초로 사용했다.

백여 년에 걸쳐 일어난 사건인 만큼 전개 과정과 시기에 따라 다시 나눌 수 있는데, 18세기 후반 ~ 19세기 초반에 소비재와 경공업을 중심으로 일어난 변화는 1차 산업혁명으로 분류되고, 19세기 중후반에 전기화학 등 중화학 공업이 시작된 것은 2차 산업혁명

자료 : blog.naver.com
▲ 1차 산업혁명 증기기관

으로 분류된다.

역사가들 사이에서 쉽게 합의나 동의를 얻지 못하는 분야이기도 한데, 뚜렷하게 변화의 계기나 시작점을 찾을 수 있는 정치 분야에 비해서 오랜 세월이 걸리는 산업 경제 분야이기 때문이다. 일반적인 기준인 '18세기 영국에서 시작되었다'는 것도 증기기관 등 쉽게 구분할 수 있는 사건이 있기 때문에 편의적으로 나눈 것이라고 여기는 역사가들도 있다. 또한 16~17세기에 걸쳐 일어난 다양한 진보를 '조기 산업혁명'이라고 부르는 구분도 존재한다.

모든 역사가들이 세계가 전근대와는 아주 판판으로 바뀌게 된 결정적인 계기로, 현대의 많은 성취와 문제들은 전부 이 산업혁명을 계기로 시작되었다는 점에는 동의한다. 쉽게 실감나지 않는 말이지만, 정말로 현대인들이 생각할 수 있는 사회 제도의 거의 모든 것이 산업혁명 시기에 생겨났다고 해도 과언이 아니다.

2) 배경

(1) 기술과 발명

기술적인 차원에서 산업혁명은 철과 강철이라는 새로운 소재의 활용, 석탄과 증기기관 같은 새로운 동력원의 사용, 방적기나 역직기 같은 새로운 기계의 발명, 공장제라는 새로운 노동 분업 체계의 발전, 증기기관차나 증기선과 같은 새로운 운송 및 통신수단의 발전 등 다양한 변화를 동반하며 진행되었다.

보통 산업혁명은 과학의 눈부신 발전을 기반으로 했다고 알려져 있으나, 좀 더 정확하게는 그동안 발전해 왔던 과학이 산업혁명 시기를 거치며 기술에 직접 적용되기 시작했다고 봐야 한다. 19세기 중후반 전기, 광학, 화학 산업이 등장하기 전까지 대부분의 기술진보는 숙련공 발명가들의 시행착오와 오랜 경험의 산물이었고, 산업혁명 초기에 과학 이론이 산업기술에 직접 응용된 사례는 찾아보기 다소 힘들다.

① 농업혁명

16세기부터 벨기에의 플랑드르 지방에서 중세 시대의 농경법인 삼포제를 대체하는 4윤작법이 개발된다. 밭을 3분해서 3년마다 한 번씩 밭을 묵히는 삼포제와 달리 밭을 4분해서 보리, 클로버, 밀, 순무 순으로 심는 농법으로, 클로버와 순무가 지력을 회복시키는 작용을 하며 동시에 사료로 사용되어 밭 중 일부를 사용할 수 없는 삼포제에 비해 훨씬 효율적이었다.

자료 : istockphoto.com

▲ 노퍽 농업

이 농법은 17세기 말부터 18세기 초, 찰스 타운센드 자작이 노퍽 지방에서 강력하게 권장하기 시작하여 영국에 보급되며, 이 농업은 노퍽 농업이라고 불리게 된다. 이렇게 혁명적으로 발전한 농업은 후에 영국의 급속한 도시화로 늘어나는 식량 수요를 감당할 수 있게 된다. 통상 인구가 증가하면 식량의 가격이 증가하여 인구증가를 억제하는 편이나 당시의 영국은 식량가격이 안정화된 가운데 인구가 증가할 수 있었다. 이른바 맬서스 트랩으로부터 벗어난다.

② 면직물 공업 기계화

영국의 산업을 변화시키는 첫 발걸음은 바로 면직물 공업에서 시작되었다. 일단 제일 먼저 존 케이가 1733년 '나는 북(flying shuttle)'을 발명하게 된다. 베틀의 북을 스프링을 이용해 자동화해서 한 번에 짤 수 있는 면포의 너비가 2배 정도 늘어나고 속도 또한 훨씬 빨라지게 된다.

그러자 이번에는 천을 짜기 위한 생사가 부족해진다. 그러자 제임스 하그리브스가 1767년, 한 번에 8개의 실을 자아낼 수 있는 제니 방적기를 발명하게 된다. 그리고 리처드 아크라이트는 1769년에 동력으로 수차를 이용하는

수력 방적기를 발명한다. 또 새뮤얼 크롬프턴은 이
둘을 합친 뮬 방적기를 만들어낸다. 이 셋이 산업혁
명 출발기에 면직물 공업의 혁신을 일으킨 것으로 보
통 회자되지만, 사실 토머스 하이즈, 폴, 와이아트 등
거의 알려지지 않은 발명가들도 같은 시대에 비슷한
물건을 발명했다. 특히 토머스 하이즈는 아크라이트
가 자신의 발명품을 표절했다고 소송하여 승소했다.
게다가 제니 방적기도 그가 만들었다는 설도 있으며
제니라는 이름도 그의 딸에서 따온 이름이라고 여겨진
다. 어쨌든 그 덕에 아크라이트의 특허가 무효가 되어
기계를 마음껏 공짜로 사용할 수 있게 되어 전국 각지

자료 : newsplus.chosun.com

▲ 뮬 방적기

에 수많은 방직 공장이 설립된다. 참고로, 이 발명들이 있기 전 방적기는 한
번에 한 가닥의 실밖에 잣지 못했고 수력이 아닌 인력 혹은 축력으로 가동되
었다.

어쨌든 방적 산업이 급격히 성장하자 이번엔 또 직조능력이 방적을 따라
가지 못해 실이 남아돌기 시작했다. 그러자 이번에는 1785년, 에드먼트 카트
라이트가 동력을 이용하여 자동으
로 천을 짜는 방직기인 역직기(power
loom)를 발명, 이것을 수력 혹은 증기
기관에 연결함으로써 직조능력이
방적능력을 따라잡는다. 그리고 이
시점에서 방직산업은 자동화의 길
에 완전히 들어서서, 폭발적으로
성장하기 시작한다. 이때 근대적
인 공장이 처음 나오게 되며, 이때
의 공장은 증기기관을 차용하며
물의 수요가 폭발적으로 많아지
자 강 주변에 지어지게 되었다.

자료 : ko.wikipedia.org

▲ 역직기

한편, 대량의 목화를 공급하던 미국 남부에서는 큰 골칫덩이로 목화와 실을 분리하는 작업이 남아 있었는데, 1793년 엘리 휘트니가 이를 빨리 분리시켜줄 수 있던 계면기를 발명했으며, 이 기계는 2마력의 수력으로 5000파운드의 솜을 처리해 1000명분의 일을 하게 만들어줬다.

③ 증기기관과 교통수단

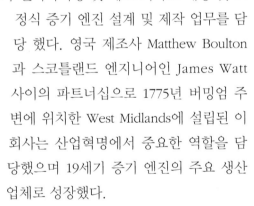

제임스 와트

스코틀랜드의 발명가이자 기계공학자였다. 그는 영국과 세계의 산업혁명에 중대한 역할을 했던 증기기관을 개량하는 데 공헌하였다. 흔히 증기기관을 발명했다 알려졌지만, 실제로는 기존의 이미 존재하는 증기기관에 응축기를 부착하여 효율을 높인 것이다.

1765년 스코틀랜드의 기술자 제임스 와트*가 구린 뉴커먼의 기관을 개량해 연료가 적게 들면서 강가나 석탄 산지와 먼 곳에서도 가동시킬 수 있는 새로운 증기기관을 발명하였고, 1774년 매튜 볼턴이라는 운명의 동반자를 만나게 된다. 사업가였던 그는 증기기관의 파워를 한눈에 알아봤고, 특허를 출원하고 나서 슬슬 관심이 없어지던 와트에게 개량을 종용하고 볼턴앤와트(Boulton & Watt)라는 기업을 설립했다.

볼턴앤와트는 영국의 초기 엔지니어링 및 제조 회사로 해상 및 고정식 증기 엔진 설계 및 제작 업무를 담당 했다. 영국 제조사 Matthew Boulton과 스코틀랜드 엔지니어인 James Watt 사이의 파트너십으로 1775년 버밍엄 주변에 위치한 West Midlands에 설립된 이 회사는 산업혁명에서 중요한 역할을 담당했으며 19세기 증기 엔진의 주요 생산 업체로 성장했다.

자료 : digestny.com

▲ Boulton & Watt

그 후 미국 발명가 로버트 풀턴은 이 회사에 증기기관을 주문했고, 이를 이용해 클레몬트라는 증기선을 개발했고, 1807년 성공적으로 운행을 완료했다. 클레몬트는 그 후에 뉴욕 허드슨 강의 승객을 나르게 된다. 이 발전된 수상교통은 영국의 운하 체계에 지대한 영향을 주었고 운송비를 크게 절감시켰다.

1804년 리처드 트레비식은 증기기관차의 시운전에 성공하며 내기에도 이겨 몇 천 파운드를 땄다. 이를 보고 영국의 기술자들은 트레비식의 것을 개량하기 시작했다. 조지 스티븐슨은 1825년 요크셔의 석탄광에서부터 스톡턴의 항구를 오가는 43km에 이르는 세계 최초의 증기기관차가 달리는 화물철도를 깔았고, 이 뉴스는 신속하게 영국 곳곳으로 전달되었다. 이것이 바로 스톡턴-달링턴 철도이다. 사업가들은 리버풀과 맨체스터를 레일로 연결하면 좋겠다는 생각을 했고, 1830년에는 최초의 여객·화물 겸용 철도인 리버풀-맨체스터 간 철도가 개통되며 철도시대의 개막을 알렸다.

자료 : pressian.com
▲ 스톡턴-달링턴 노선을 달렸던 기관차 로코모션호

④ 제철 공업의 발전

영국은 15~17세기에 이미 해상 강국으로서 이름을 떨치고 있었고, 그 대가로 배를 만들기 위해 어마어마한 나무를 소모해서 16세기 즈음에는 전 브리튼 섬의 산림이 소실될 지경이었다. 그 덕분에 연료로 쓸 나무도 부족해져 다른 나라에서 나무를 수입해 와야 하는 수준에 이르렀다.

17세기 말, 에이브러햄 다비 1세가 화학의 발전으로 영국에서 풍부했던 역청탄을 코크스로 정련하는 것이 가능해지자 이전까지 용광로에서 사용했던 연료인 숯을 대신해서 코크스를 사용하기 시작한다. 코크스는 심지어 숯에 비해 높은 온도로 오랫동안 연소했기에, 주철의 생산량을 급속도로 높일 수 있었다.

자료 : m.blog.naver.net
▲ 베세머 전로가 설치된 공장의 모습(위)과 영국 셰필드 산업박물관에 전시된 베세머 전로

하지만 기존과 같은 고로(高爐)에서 생산되는 주철은 탄소함량이 높아 유연성이 떨어져 쉽게 부서져, 강철 혹은 연철의 생산을 위해서는 기존처럼 주철을 다시 망치로 두드리는 과정이 필요했다.

그러나 18세기 후반, 헨리 코트가 철과 연료가 분리된 용광로를 사용하여 철을 완전히 녹임으로써 불순물을 분리하고 녹은 철을 산소에 노출시켜 탄소를 제거하는 기술인 교련법을 개발한다. 또 녹은 철을 판 형태로 가공하는 압연 기술을 개발해 연철 생산량이 급격하게 증가한다.

코크스와 새로운 제철기술은 영국의 철 생산량을 급격하게 증가시켜 이후 산업혁명의 전개에 필요한 막대한 철을 공급할 수 있었다.

1788~1896년 사이에 영국의 철 생산량이 두 배 증가했고, 이후 8년 동안 다시 두 배 증가한다. 특히 1779년에는 영국 세번 강(River Severn)에 세계 최초의 철교가 건설됨으로써 영국의 제철 공업의 발전을 증명하는 이정표가 된다.

(2) 사회적 배경

① 넓은 시장

당시 영국이 주력하고 있던 산업은 모직 산업이었다. 대량 생산과 대량 소비의 특성을 갖춘 직물 산업은 노동 집약적이었고, 무역에도 적합해 넓은 잠재 시장을 갖추고 있었다. 그런데, 인도에서 수출하는 저렴한 캘리코(Calico) 면직물이 영국에서 선풍적인 인기를 끌면서, 영국의 모직물 산업에 위협이 되었다. 이에 영국은 이 인도산 면직물 수입을 금지시켜 다시 기회를 가지게 된다. 하지만 영국 내에서 모직물에 비해 값이 싸고 쓰기 편한 면직물에 대한 수요는 높아져 갔으며, 금지령에도 불구하고 밀수

자료 : newsplus.chosun.com

▲ 인도 직조공

등을 통해 들어온 캘리코의 인기는 높았다. 즉, 일단 면직물 시장이라는 시장이 생기니, 수요를 억제할 수는 없었던 것이다. 이에 영국에서는 자체적으로 면직물 산업을 일으키려는 움직임이 시작되었다. 우선 1757년 플라시 전투의 승리를 통해 동인도회사가 인도 벵골 지방을 장악함으로써 원면을 마구 거둬들였고, 가격이 저렴해진 인도산 원면을 수입하여 랭커셔 지방을 중심으로 면직 산업이 발전했다. 증기기관을 비롯한 기계 발달도 이 사건을 기반으로 한다.

② 안정적인 국가

이미 전에 찰스 1세, 올리버 크롬웰 등의 혼란을 겪고 명예혁명으로 마침표를 찍은 뒤, 영국의 정치는 매우 안정되었다. 게다가 그들의 해군력은 당시 유럽에서 나폴레옹도 이기지 못할 정도였고 본토 방위에는 해군력밖에 필요가 없었다. 이에 반해, 유럽은 당장 프랑스혁명이란 다른 의미의 혁명의 한복판에 있었다. 지주계급 역시 약하지 않았고, 거기다 마지막엔 나폴레옹까지 물리치게 되면서 유럽의 주도권을 쟁취하게 되었다.

③ 지주 계급

농업혁명에 한발 앞서 장원제가 몰락하고, 소작제도가 성행하였으며, 지주·소작계약을 근간으로 한 지주계층이 새로운 유력계층으로 대두되었다.

농업혁명으로 인해 유럽의 농업은 분기점을 맞이하고 있었다. 윤작을 통해 연속경작이 가능하자, 자신의 밭을 지력이 회복될 때까지 묵혀둘 필요가 없던 농민들은 차츰 자신의 경작지에서 독립적으로 농사짓는 것을 선호하였으며, 대경작지를 지주 본인이 직접 경영하는 것보다 경영 전문가인 차지농에게 임대해 주는 것을 더 선호하게 된다.

분업과 직업구성률의 변화가 아직 미미하여 농업이 경제의 근간이던 시대였기 때문에 지주의 권력은 아주 막강한 것이었다. 또한 그 중에서 청교도들은 일반적으로 유럽에서는 관료, 정치인, 학자 등 사회적으로 공인된 지위를

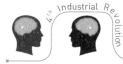

자료 : blog.naver.com
▲ 영국 농촌사회의 실력자이던 젠트리 부부의 전형적인 모습

얻을 수 없어 상업에 종사하여 중산층 계급으로 발전해 있었다. 농촌 대지주들인 젠트리(gentry)들은 경제력을 통해 높은 교육 수준과 함께 지역에 따라선 막강한 영향력을 발휘하며 우세한 참정권을 가지고 있었다.

특히 영국에서는 중상주의를 거쳐 상품 작물과 양모무역을 통해 지주들이 막대한 경제적 수익을 올리고 있었고, 1688년 명예혁명 이후 의회의 권한이 왕권보다 강력한 입헌군주정 시대에 이들의 영향력은 높아져만 갔다.

④ 인클로저 운동

소작제도가 대두되고, 농민에 의한 직접경작이 활성화되자 자기 토지를 가지려고 하는 사람들이 늘어나 토지의 소유권을 명확히 확립하려는 움직임이 늘어났다. 장원제 시대에는 농민들이 공동으로 쓰는 들이나 숲을 모든 사람이 이용할 수 있는 공유토지로 두었다. 인클로저 운동*이 시작되자, 이들 땅은 각각의 다른 소유주에게 분할되었다. 분할된 공유지는 모직을 만들기 위해 목축지로 전용되는 경우도 있었으나 농경지로 개간되는 경우가 더 많았고, 공유지의 개간으로 경작지가 늘어나자 식량생산량이 증가하여 늘어나는 인구를 효과적으로 부양할 수 있었다.

더불어 소작의 대두 이후 농민층은 비슷한 경제규모를 가지고 균일화되었으나, 이후 시장을 잘 활용하느냐 못하느냐에 따라 부농과 빈농으로 나뉘었다. 여기서 자본주의적 차지농인 부농 요먼(Yeoman)이 대두되고, 많은 수의 영세농민들이 이 요먼과의 시장경쟁에서 밀려나 농작을 포기하고 농촌의 임금노동자가 되었다. 이 때문에 농촌에서는 많은 수의 노동자가 생겨났고, 이들은 부농에게 고용되거나 농촌의 상업이나 수공업에 종사하는 등 농촌 지역의 직업분화를 촉진하였다.

인클로저 운동

인클로저(Enclosure) 혹은 인클로저 운동은 영국에서 일어난 사회변화 현상이다. 목축업의 자본주의화를 위한 경작지 몰수로, 산업혁명 때 영국에서 판매용 곡물 혹은 양을 키우기 위해 농지에 울타리를 세우고 농사를 지었던 농민들은 공장들이 많이 세워진 도시로 내몰리게 되고 도시의 하층 노동자로 일하게 된다.

결과적으로 농업 생산량이 늘어나 인구증가, 특히 식량을 생산하지 않는 도시 인구의 증가를 뒷받침했고, 농촌 지역에서는 농업분화를 통해 직업분화를 촉진시켰다.

(3) 자연적 조건

영국에는 풍부한 노천 탄광이 많았다. 상대적으로 적은 노력으로 쉽게 석탄 채굴이 가능한 환경은 산업혁명에 있어 강력한 추진체가 되었다. 게다가 섬나라라는 이점과 더불어 운하 붐이 일어나 어디에서나 바다에 접근하기가 쉬웠다는 점도 크다.

예전 석탄은 발열량만큼은 목재보다 우수하지만, 불완전연소 때문에 가스도 많이 생기고 먼지가 묻고 제련에 사용할 경우 황이 섞여 들어가 질이 떨어지는 철이 만들어지기 때문에 연료로써 가치가 떨어졌다. 한참 동안 석탄은 산지를 제외하면 런던에서나 쓰던 것인데, 이전부터 산업이 발달하고 배를 만들어내야 했던 영국이 국내의 목재 자원이 고갈되는 바람에 별 수 없이 석탄을 이용하게 된 것이다.

그런데 석탄은 채굴에 필요한 에너지 투입량이 높고, 영국은 지리적 특성상 갱도에 물이 고이는 경우가 많기 때문에 그 물을 퍼내기 위해 증기기관이 발명되었다. 요컨대, 석탄의 채굴이 어렵기 때문에 증기기관이 발명된 것이다.

하지만 고질적인 석탄의 문제점인 오염 문제는 화학의 발전으로 코크스를 만듦으로써 해결되어, 목탄의 부족으로 인해 위기를 맞고 있던 제철 등 타 산업에게 돌파구를 만들어주게 된다.

자료 : news.donga.com
▲ 1822년 영국 카운티 더럼의 히턴 탄광

3) 전개

산업이 왕성히 성장하였고, 이에 따라 공업과 상업의 중심지인 도시도 성장하게 되었다. 도시인구도 역시 성장하게 되는데, 도시 거주민들은 스스로 식량을 생산하기보다는 구매를 하거나 공급받는 측이었기 때문에 이들의 인구가 늘수록 농업부양인구가 늘어나면서 나폴레옹 전쟁 무렵 영국은 식량수출국에서 식량수입국이 되었다. 식량 수입대금은 무역흑자로 축적된 무역수지로 지불하는 양상이었다. 그런데 점차 늘어나는 면화 수요량이나 수출대금으로 내야할 식량의 수입량에 비해서 면화 생산량이 지지부진하거나 감당못할 수준이 되는데, 대서양 건너편의 미국에서는 1800년대에 대규모 면화 플랜테이션을 조성하였다. 이곳의 노동자는 아프리카 노예였다.

자료 : blog.naver.com

▲ 미국 남부 목화 플랜테이션

거기에 때마침 아메리카에서 기존의 수작업 대비 50배의 효율을 지닌 조면기가 발명되어 퍼졌기 때문에 아메리카의 면화 플랜테이션에서는 대량의 면화를 값싸게 구할 수 있게 되었다.

이로써 아프리카의 노예 ➡ 영국이 수입 ➡ 아메리카 면화 플랜트에 노예 공급 ➡ 아메리카 면화 플랜트들은 노예들이 생산한 값싼 면화를 영국으로 공급 ➡ 생산된 면직물이 아메리카와 아프리카에 수출하는 삼각무역이 완성되었다.

특히, 중국에 의해 면직물 산업이 일찌감치 붕괴하고 만 인도에 대한 수출이 엄청나게 활발해 20년 만에 수출 규모는 10배 증가했다.

면직 산업에 이어 철강 산업이 활기를 띠면서 워털루 전투 이후, 영국 주도의 철도 건설이 시작되어 영국의 호황은 절정에 이른다.

(1) 노동 계급 탄생

인클로저 운동의 결과 농지들이 지주나 차지농들에 의해 통합되어 가기 시작했다. 애초에 여타 국가들은 상속 시에 토지를 자손의 수에 맞게 분배해 주다 땅 크기가 점점 줄어들었다. 그러나 영국은 장자 상속제를 이어오고 있었으므로 대규모 농지를 가진 농장주들이 많이 남아 있었던 것도 대토지소유에 한몫했다. 대토지소유자들의 대두로 그들과의 시장경쟁에서 도태된 농민들이 등장하면서 농민층은 부농과 빈농으로 나뉘었다. 빈농으로 전락한 농민들은 자기 땅의 경작을 포기하고 차지농인 요먼(Yeoman) 밑에서 임금을 받고 일을 하게 되면서 노동자 계급(프롤레타리아)이 탄생했다.

도시에서는 일찍이 도제제도가 상공업을 기반으로 하여 근로계약이 정립되었다.

자료 : metas.tistory.com

▲ 프롤레타리아의 탄생

(2) 노동자들의 고통

이 초기 산업혁명은 많은 문제점을 가지고 있었다. 가장 문제시 되었던 것은 가혹한 노동 환경이다. 위에서 서술하였듯이 기계가 노동력을 대체하는데 비해, 당시 출산율이 폭증하고 노동 공급이 과도하게 증가하자 노동자의 임금은 기대한 것보다 느리게 증가하였다.

노동자들의 참정권이 없어 관련법 제정이 미비했기에, 제대로 된 근로시간도 정해지지 않아 많은 노동자들이 과로에 시달렸다. 특히 여성 노동이 크게 늘어났는데, 어린이들도 만 7세부터 면직 산업에 동원되어 학대를 받으며 일하다 죽곤 했다. 물론 전근대 농촌 사회에서는 걸어 다닐 어린 나이부터

자료 : metas.tistory.com
▲ 산업혁명 당시 방직공장에서 일하던 어린이

일에 동원되는 것이 다반사였던 것이 전통사회였음을 참고할 필요가 있다.

이를 규제하는 법률은 1833년에 제정되었으나, 이후 30~40년에 걸쳐 지속되었다. 미성년 노동자들은 탄광이나 공장에서 하루에 한 시간도 쉬지 못하고, 매일 10시간씩 건강을 해쳐가면서 일을 하였다. 일을 하다 다치거나 쓰러지면 본인의 과실이었고 급여 또한 제대로 받지 못하는 사실상 노예노동이었다. 심하면 탄광에서 주 6일 동안 하루 12시간을 일하는 경우도 있었다. 다른 산업혁명을 겪은 유럽 국가들도 마찬가지여서 19세기 후반 유럽 노동자의 평균 근로시간이 주당 50~60시간이었다.

1760~1830년대 1인당 GDP의 성장률은 상당히 느렸기에 실제 경제성장은 상당히 미진했다는 이야기도 있다. 또한 경제학적으로 임금은 대체로 노동의 한계생산만큼 증가하기 마련인데, 이 노동의 한계생산은 노동에 들어가는 자본이 많을수록 올라간다. 1760~1830년대 영국의 자본투자는 나폴레옹 전쟁이나 주식투자 규제 등으로 상당히 미진한 상태였다. 따라서 근로자들의 임금이 별로 높지는 않았다고 한다. 즉, 임금이 적기 때문에 중노동을 통해서만 가족을 부양할 수 있는 돈을 벌 수 있었다는 이야기이다.

유럽권의 산업혁명뿐만 아니라 사실 각국의 산업화·근대화에서는 독재정권, 권위주의 체제 하에서 이런 노동자의 고통이 거의 예외 없이 동반되었다.

소련의 스탈린 개발독재는 워낙 유명하며, 아시아에서도 일본의 메

자료 : blog.daum.net
▲ 1917년 11월 7일 소련에서 프롤레타리아 혁명이 완성된 날

이지 유신, 한국의 제3공화국 등으로 근대화가 진행될 때는 국민들은 항상 힘들었다. 유럽의 근대화에서도 사람들이 고통 받고 죽어나갔고, 일본은 근대화 시기에 중금속 오염과 관련된 질병에 걸린 수천 명의 사람이 죽어갔다. 한국의 경우에도 한강과 낙동강 등 주요 하천이 오염되어 수많은 사람들이 수인성 질병으로 죽어갔다.

4) 결과 및 의의

산업혁명은 어떤 기계나 기술의 발명으로 갑자기 생긴 것이 아니라 이미 수백 년간 차곡차곡 쌓여온 기술과 사회적 조건이 모여 어떤 임계점을 기점으로 경제·사회적으로 급속도의 변화가 일어난 사건이라고 보는 것이 타당하다.

일단 맬서스 트랩*이 끝장났다. 사실 맬서스 트랩 문서에 서술된 대로 맬서스가 처음부터 전제조건을 잘못 잡아두긴 했다지만, 산업혁명 이전에는 인구가 기하급수적으로 늘어나면, 식량과 재화의 생산량은 산술급수적으로 늘어났으므로 인구가 늘어날수록 재화의 가격이 상승하여 인구 증가를 억제하였다. 그러나 산업혁명 후 인구와 함께 물자의 생산력도 기하급수적으로 늘어나게 되면서 인구가 증가하면서도 물가는 안정적이었다.

전 세계에 자본주의의 열풍을 불러일으킨 이 사건은 귀족과 평민, 지주와 농민이 아닌 산업자본가와 노동자 계급으로의 계급 전환을 불러 일으켰다. 20세기에 이르기까지 세계 여러 나라에서도 영국을 본떠

맬서스 트랩

맬서스의 트랩(함정)은 인구 증가로 인해 사회의 생활수준이 향상될 때 지속 가능성이 없다고 추정된다. 토머스 로버트 맬서스(Thomas Robert Malthus)는 기술 발전으로 식량과 같은 사회의 자원 공급이 늘어나고 삶의 수준이 향상될 수 있지만 자원 풍요는 인구 성장을 가능하게 하여 결국 1인당 공급량을 가져다 줄 것이라고 제안했다. 자원을 원래 수준으로 되돌린다. 일부 경제학자들은 산업혁명 이후 인류가 함정에서 벗어났다고 주장한다. 다른 이들은 극단적인 빈곤의 지속은 맬서스의 함정이 계속해서 작동한다는 것을 의미한다고 주장한다. 다른 사람들은 과도한 오염과 함께 식량 가용성의 부족으로 인해 개발도상국이 함정에 대한 더 많은 증거를 제시한다고 주장한다.

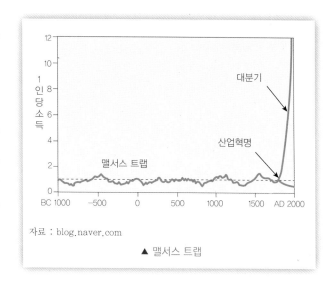

자료 : blog.naver.com

▲ 맬서스 트랩

테크 트리

테크놀로지 트리(technology tree) 또는 단순히 테크 트리(tech tree)는 실시간 전략 게임에서 각종 유닛의 업그레이드 절차를 주로 뜻한다.

농업 ➡ 산업 중심의 경제라는 테크 트리*를 타게 되는 계기가 되었으며, 유럽에서 특히 근대 과학의 급속한 발달이 시작되었다. 한편, 노동 계급의 대두로 인해 노동 계급의 권리 신장을 위한 투쟁 및 사회주의 운동이 발발하였고, 칼 마르크스를 필두로 공산주의가 생겨나게 된 계기가 되기도 했다.

또한 본격적인 제국주의 시대의 개막이었다. 19세기 산업혁명이 서양이 비서양을 압도하는 경제력을 가지게 됐다는 것은 거의 모든 역사가들이 동의하는 사안이다. 산업혁명을 거쳐 기계화된 문물을 갖춘 서양의 군대는 산업화되지 않은 군대에 비해 그야말로 밸런스 붕괴 수준이었다. 유럽의 여러 열강은 대항해시대부터 성장한 우수한 군사력을 이용해 다수의 식민지를 갖추고 이미 최강의 국력을 자랑하고 있었다. 그러나 멀리 떨어진 다른 문명권에 대해 주도권을 갖고 우위에 설 수는 있어도 일방적으로 정복할 정도는 아니었다. 특히 분열된 유럽에 비해 무굴 제국이나 청나라는 통일된 제국 시스템을 유지하여 상대적으로 떨어지는 질적인 약세를 양적 우위로 보상할 수 있었다.

자료 : blog.daum.net

▲ 해가 지지 않는 나라 대영제국

하지만 산업혁명 이후로 훨씬 강력해진 유럽은 중세 이래 유지되어 오던 유라시아의 파워 밸런스를 급격히 해체시켰다. 유럽은 아시아의 오스만 제국, 무굴 제국, 청(淸)으로 대표되는 이슬람세력, 인도세력, 중국세력을 연달아 제압하여 세계의 지배자로 떠올라 빅토리안 시대와 벨 에포크* 시대를 열게 된다.

벨 에포크

벨 에포크(Belle Époque, 아름다운 시대)란 주로 19세기 말부터 제1차 세계대전 발발(1914년)까지 파리가 번성한 화려한 시대, 그리고 그 문화를 회고하여 사용되는 단어이다.

② 제2차 산업혁명

1) 개요

    제2차 산업혁명_{<small>(Second Industrial Revolution)</small>}은 산업혁명의 두 번째 단계를 표현하기 위해 사학자에 의해 사용되는 단어이다. 일반적인 연대는 1865년부터 1900년까지로 정의된다. 이 기간에는 영국 외에도 독일, 프랑스 혹은 미국의 공업 생산력이 증가했기 때문에 영국과의 상대적인 개념으로 이들 국가의 기술 혁신을 강조할 때 특히 사용된다.

    이 시대에는 화학, 전기, 석유 및 철강 분야에서 기술 혁신이 진행되었다. 소비재를 대량 생산하는 구조적 측면의 발전도 있었고, 식료품 및 음료, 의류 등의 제조 기계와 더불어 가공, 운송 수단의 혁신, 심지어 오락 분야에서도 영화, 라디오와 축음기가 개발되어 대중의 요구에 부응했을 뿐만 아니라 고용의 측면에서도 크게 기여했다. 그러나 생산 확대는 오래 머무르던 대불황_{<small>(1873년~1896년)</small>}과 이른바 신제국주의로 연결되는 요소이기도 하였다.

자료 : blog.naver.com

▲ 2차 산업혁명 전기 동력 대량 생산

2) 시대의 정의

    제2차 산업혁명은 기술과 사회에 비추어 영국에서 시작된 산업혁명과 완전히 구분되는 것은 아니지만, 산업혁명의 두 번째 단계로 정의되고 있다. 실제로는 19세기 중반부터라는 설도 있으며, 이 시기는 철도와 증기선이 발달했고, 철강업에서는 베서머 법이나 지멘스의 평로라는 큰 혁신이 일어났

을 때이고, 그 시작은 1871년에 시작하여 10년간으로 알려져 있다.

미국에서는 토머스 에디슨, 니콜라 테슬라와 조지 웨스팅하우스가 이끄는 전기의 이용 및 프레드릭 테일러에 의해 추천된 과학적 관리법은 세계에 선행하는 것이었다. 과거에 '제2차 산업혁명'이라는 말이 대중지와 기술자, 사업가에 의해 사용될 수 있었지만, 이것은 제1차 세계대전 이후 새로운 기술이 확산되었을 때의 변화를 일컫는 말이었다. 원자력의 위험과 혜택에 대한 논의가 고조되어 우주 개발에 대한 논란보다 크고 길게 이어졌지만 모두 다른 산업혁명으로 이끈 것으로 인식되고 있다. 21세기 초에는 분자 나노 기술이 사회에 미치는 가설적 기대 효과를 표현할 때 '제2차 산업혁명'이라는 말이 사용되었다. 이 명제의 최근 시나리오는 나노 제조 기술에 기인한다. 오늘날의 제조 공정의 대부분이 시대에 뒤떨어진 것이며, 경제의 모든 면에서 충격을 낳는다는 것이다.

중앙 발전소

에디슨은 기계 에너지를 전기 에너지로 변화시킨 최초의 발전기(1878)를 개발하였으며, 이를 통해 뉴욕시 최초의 중앙발전소(1882) 건설에도 참여했다.

자료 : gekorea.tistory.com

▲ 최초의 발전기(1878)

▲ 뉴욕시 최초의 중앙발전소(1882)*

3) 기술 혁신

이 시대에 주목할 만한 발명은 증기 동력으로 회전하는 인쇄기를 들 수 있다. 이것은 19세기 초에 발명된 무한 두루마리 제지 기계의 발명에서 발전해 온 것이었다. 기계적 식자는 라이노 타입과 모노 타입이 도입되어 혁신이 일어났다. 이러한 혁신의 의미는 적어도 영국에서는 지식의 보급이며, 1870년대 종이에 걸려 있던 관세가 철폐되었고, 생산 비용도 저렴해져 기술 관련 저널리즘이나 정기 간행물의 성장이 촉진되었다.

이 시대에는 발명과 그 응용이 이전 시대보다 더 널리 보급되었다. 미국에서는 공구의 발전도 다른 기계에서 사용하는 정밀 부품 제조를 가능하게 했다. 소비재 생산을 위해 제조 라인이라는 아이디어도 도입되었다.

또한 전기가 보급되었는데 이와 관련된 대표적인 발명품이 테슬라 코일, 백열 전구, 교류 전기 등이 있다.

4) 원동기

18세기에 영국에서 개발된 증기기관은 유럽이나 기타 국가에서 산업혁명의 진행과 함께 19세기에 걸쳐 천천히 수출되어 갔다. 이와는 대조적으로 제2차 산업혁명에서는 일부 국가에서 내연기관의 실용화가 진행되어, 그 개념에 대한 보급도 빠르게 진행되었다. 예를 들면, 첫 번째 석탄 가스로 움직이는 내연기관은 프랑스의 에티엔느 르느와르가 개발했지만, 경공업에서 고정식 동력으로 한정된 응용밖에 되지 않았다.

1870년대의 프랑스는 초기 자동차의 원동력으로 내연 기관을 적용하는 시도가 이루어지고 있었지만, 양산까지는 이르지 못했다. 연료로 석탄 가스 대신 석유를 사용하여 혁신을 이룬 것은 독일 고틀리프 다임러이며, 이것이 몇 년 후에는 자동차에 적용되었다. 또한 이후 미국의 헨리 포드가 내연기관을 대량 생산하여 사회에 큰 충격을 주었다. 2주기 석유 내연기관은 영

고틀리프 다임러 부자

1886년 3월 고틀리프 다임러가 제작한 세계 최초의 4륜 자동차(좌)와 같은 해 아들이 운전하는 자동차를 타고 가는 고틀리프 다임러

자료: blog.koreadaily.com

▲ 고틀리프 다임러가 제작한 4륜 자동차와 고틀리프 다임러 부자'

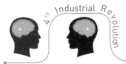
국의 학자 조셉 데이에 의해 발명되었다. 하지만, 이 특허를 미국의 기업이 사용하여 '가난한 이들의 다리'인 오토바이, 모터 보트 및 펌프가 되었고, 전력이 보급되기 전에 작은 공장에 싸고 믿을 수 있는 원동력이 되었다.

5) 독일의 경우

독일 제국은 제2차 산업혁명 도중 유럽의 주요 공업국으로 부상했다. 여기에는 세 가지 요소가 작용했다.

첫째, 독일은 산업화에서는 영국의 뒤를 쫓았지만, 공장 등은 영국을 모방함으로써 자본과 노력, 그리고 시간을 절약할 수 있었다. 독일이 최신 기술을 사용할 수 있었던 반면, 영국은 비교적 오래된 기술을 계속 사용했기 때문에 과학적인 돌파구가 있어도 그 성과를 자유롭게 사용할 수 없었다.

둘째, 화학 및 기초 연구의 발전은 독일 쪽이 영국보다 더 많은 투자가 이루어졌다. 19세기 말 루돌프 디젤에 따르면 디젤 엔진의 발명도 산업의 효율화에 크게 공헌했다.

셋째, 독일은 카르텔(기업 연합)의 구조가 효율적으로 집약되어 유동 자산도 효과적으로 사용할 수 있었다.

1870년에서 1871년 프로이센-프랑스 전쟁의 결과로 독일은 프랑스로부터 배상금을 손에 넣을 수 있었고, 그래서 철도와 같은 기반 시설에 많은 투자를 했기 때문이라고 생각하는 사람도 있었다. 그 결과, 새로운 제철 기술을 사용한 교통수단을 사용하여 대형 시장에 제품을 공급할 수 있었

자료 : m.blog.daum.net

▲ 루돌프 디젤과 디젤 엔진 시제품

다. 독일은 알자스로렌 지방의 합병에 이어 많은 대형 공장도 손에 넣었다.

6) 공장 노동자

제2차 산업혁명의 시대는 이전의 산업혁명 때와 마찬가지로, 상당수의 도시 노동자가 공장 노동자로 전환되었다. 그 밖에 세입 유동이 없기 때문에 실업이 일상화되었고, 저임금 노동력이 일상화되었다. 또한 화이트 칼라 노동자의 수가 현저하게 증가하여 노동조합에 참여하는 사람의 숫자도 늘었다.

3 제3차 산업혁명

1) 개요

제3차 산업혁명(Third Industrial Revolution)은 경제학자 제레미 리프킨 등이 내다본 미래의 사회 모습이다. 제레미 리프킨(Jeremy Rifkin, 1945년~)은 미국의 세계적인 경제학자이자 문학비평가이다. 기계적 세계관에 근거한 현대 문명, 에너지 낭비를 경고한 《엔트로피 법칙》, 《노동의 종말》, 《수소경제》, 《제3차 산업혁명》 등의 저서가 있다.

그는 1989년 기계적 세계관에 근거한 현대문명을 비판하고, 에너지 낭비가 가져올 인류의 재앙을 경고한 저서 《엔트로피 법칙》으로 세계적인 이름을 얻었다. 1995년에는 정보화 사회로 인해 머지않아 수많은 사람들이 일자리를 잃게 될 것을 경고한 《노동의 종말》을 출간하였다. 2000년에는 인터넷 접속으로 상징되는 정보화 시대에 사람들이 어떻게 살아갈 것인지 의문을 제기한 《소유의 종말》, 2002년에는 화석연료의 고갈과 함께 새롭게 등장할 것으로 예상되는 수소 연료 시대를 다룬 《수소경제》를 발표하였다.

2) 형태

(1) 제조업의 진화

자료 : blog.naver.com

▲ 3차 산업혁명 컴퓨터 제어 자동화

가상재화 시장은 콘텐츠 중심으로 성장해 왔지만, 향후에는 제조 및 서비스 시장까지 범위가 확대되면서 성장할 전망이다.

콘텐츠 시장을 넘어서는 가상재화의 확대는 이미 제조업 분야에서 일부 현실화되고 있다. 〈이코노미스트〉 등이 '제3차 산업혁명(The Third Industrial Revolution)'이라고 명명한 제조업의 디지털화와 3D 프린팅의 활용이 확산되고 있으며 관련 시장도 서서히 형성되고 있다.

《롱테일 경제학》의 저자이자 〈Wired〉 잡지의 전 편집장인 크리스 앤더슨(Chris Anderson)은 이러한 변화를 'Maker Space*'의 출현으로 설명하고 있다. 즉, 글로벌로 연결된 네트워크와 어디서나 가능해진 컴퓨팅 파워가 3D 프린터나 세계 각지의 공장과 연결되면 거대한 Maker Space가 형성된다는 것이다. 중국 상하이시는 100개의 DIY 제작 스튜디오 설립 계획을 발표한 바 있다. 이는 Maker Space의 대표적인 사례로 볼 수 있다.

> **Maker Space**
>
> Maker Spaces는 두 가지 목적을 가지고 있다. 하나는 메이커가 개인 '창작자'로서 새로운 것을 만들 수 있는 장소를 제공하는 것이고, 또 하나는 창업의 기회로 이어지는 기회를 제공하는 것이다. 웹(Web) 시대. 새로운 기술의 발전으로 누구나 자신이 원하는 것을 스스로 쉽게 만들고, 서로 공유할 수 있게 되었다. 이러한 움직임을 메이커 문화(Maker Culture)라 부르는데, 이 문화를 이끌고 있는 것이 메이커(Maker)이다.

(2) 경제의 패러다임 변화 ➡ 3차 산업혁명의 시작

20세기 초 전기 커뮤니케이션의 발전은 석유 동력의 내연기관과 조우해 2차 산업혁명을 일으켰다. 그 결과로 나타나는 공장의 전기화는 대량 생산 제품의 시대를 열었다. 20년 동안 시멘트 고속도로가 미국 전역에 깔렸고, 수

많은 가구가 몇 년 전만 해도 고립된 시골 마을로 치부하던 교외 지역의 새로운 공동체로 이주하기 시작했다. 수천 킬로미터의 전화선, 라디오, 텔레비전이 등장하여 광범위한 커뮤니케이션을 창출했다. 그로부터 수십 년이 지난 현재, 석유 동력의 2차 산업혁명은 석유고갈을 가져왔고, 석유의 환경오염으로 인해 지구온난화를 가속해왔다. 이와 같은 이유로 새로운 형태의 산업혁명이 요구되었고 제러미 리프킨을 대표로 한 학자들이 3차 산업혁명이란 제목을 가지고 인터넷 커뮤니케이션 기술과 재생 가능한 에너지의 결합을 요구하였다. 수 억 명의 사람들이 자신의 가정과 직장, 공장에서 직접 녹색 에너지를 생산하여 지능적인 분산형 전력 네트워크, 즉 인터그리드로 서로 공유하는 특징이 현저하다. 석유 동력시대의 집중되어 있던 권력을 분산시켜 수평적 권력의 시대가 오고 있다.

(3) 3차 산업혁명으로부터 도태된 사례

LP 판의 시대와 CD 플레이어 시대에 음악의 권력을 쥔 음반업계들은 인터넷의 발전과 함께 온 정보의 공유, 즉 분산된 권력을 이해하지 못했다. 결국 수많은 젊은이가 온라인상으로 음악을 공유하기 시작하면서 10년도 안 되어 매출의 급락을 경험하거나 대부분 인터넷으로 사업을 축소시켰다.

(4) 그 이후

Maker Space가 출현하면 이제 제조업에서 제조 부분을 제외한 설계, 유통, 판매, 관리 등의 부분은 모두 네트워크를 통해서 해결 가능해진다. 가령 설계 부분은 PC나 스마트 단말에서 3D CAD 등으로 작성하거나 다른 사람이 이미 제작해 놓은 설계도를 인터넷에서 다운로드 받으면 된다.

실제로 이런 프로세스를 적용하고 상용화 중인 3D 프린팅사 Shapeways에서는 이미 수십 만 개의 설계도가 업로드되어 있으며, 1년 만에 27만 달러가 거래될 만큼 그 가능성을 주목받고 있다. 그 뿐만 아니라 eBay와 유사하게

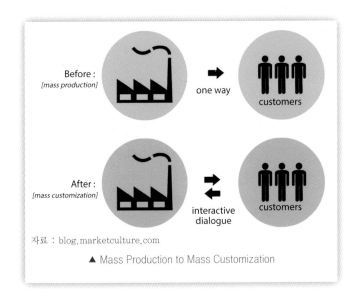

Before :
[mass production]

one way

customers

After :
[mass customization]

interactive
dialogue

customers

자료 : blog.marketculture.com

▲ Mass Production to Mass Customization

제작을 발주하는 사람이 설계도를 올리면 경매를 통해 낙찰된 제작자가 제품을 만들어 전달하는 마켓플레이스도 운영되고 있다.

설계 과정의 공유뿐만 아니라 설계된 도면의 공유 및 거래, 제조비용에 대한 펀딩 및 시제품의 평가를 위한 시뮬레이션 등이 모두 네트워크와 마켓플레이스를 통해 수행된다. 이러한 제조업의 변화가 가능해진 이유는 바로 제조과정의 상당부분이 디지털화되었기 때문이다. 여기서부터 기계가 제품을 생산할 수 있게 되었다.

Mass Customization
대량맞춤생산(mass production + customization)

제조업의 디지털화가 촉진되고 실제 제조를 담당하는 'Maker Space'가 확대되면서 'Mass Customization*' 현상이 일어나는 것이 바로 제3차 산업혁명이다.

4 제4차 산업혁명

1) 개요

제4차 산업혁명(Fourth Industrial Revolution)은 정보통신기술(ICT)의 융합으로 이루어낸 혁명 시대를 말한다. 18세기 초기 산업혁명 이후 네 번째로 중요한 산업 시대이다. 이 혁명의 핵심은 인공지능, 로봇공학, 사물 인터넷, 무인운송수단(무인항공기, 무인자동차), 3차원 인쇄, 나노 기술과 같은 6대 분야에서 새로운 기술 혁신이다.

제4차 산업혁명은 교육에도 많은 영향을 미칠 것이다. 제4차 산업혁명은 물리적, 생물학적, 디지털적 세계를 빅 데이터에 입각해서 통합시키고 경제 및 산업 등 모든 분야에 영향을 미치는 다양한 신기술로 설명될 수 있다. 물리적인 세계와 디지털적인 세계의 통합은 O2O*를 통해 수행되고, 생물학적 세계에서는 인체의 정보를 디지털 세계에 접목하는 기술인 스마트 워치나 스마트 밴드를 이용하여 모바일 헬스케어를 구현할 수 있다. 가상현실(VR)과 증강현실(AR)도 물리적 세계와 디지털 세계의 접목에 해당될 수 있다.

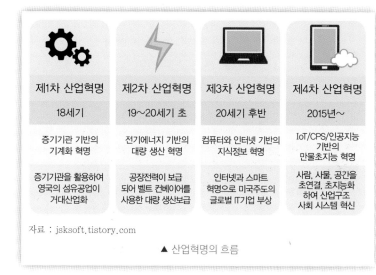

제1차 산업혁명	제2차 산업혁명	제3차 산업혁명	제4차 산업혁명
18세기	19~20세기 초	20세기 후반	2015년~
증기기관 기반의 기계화 혁명	전기에너지 기반의 대량 생산 혁명	컴퓨터와 인터넷 기반의 지식정보 혁명	IoT/CPS/인공지능 기반의 만물초지능 혁명
증기기관을 활용하여 영국의 섬유공업이 거대산업화	공장전력이 보급되어 벨트 컨베이어를 사용한 대량 생산보급	인터넷과 스마트 혁명으로 미국주도의 글로벌 IT기업 부상	사람, 사물, 공간을 초연결, 초지능화 하여 산업구조 사회 시스템 혁신

자료 : jsksoft.tistory.com

▲ 산업혁명의 흐름

O2O
online to offline

2) 산업혁명 역사

(1) 제1차 산업혁명

최초의 산업혁명은 유럽과 미국에서 18세기에서 19세기에 걸쳐 일어났다. 철과 강철이라는 새로운 소재의 활용, 석탄과 증기기관 같은 새로운 동력원의 사용, 방적기나 역직기 같은 새로운 기계의 발명, 공장제라는 새로운 노동 분업 체계의 발전, 증기기관차나 증기선과 같은 새로운 운송 및 통신수단의 발전 등 다양한 변화를 동반하며 진행되었다. 철강 산업은 증기 엔진의 개발과 함께 산업혁명에서 핵심적인 역할을 수행했다.

(2) 제2차 산업혁명

제2차 산업혁명은 제1차 세계대전 직전인 1870년에서 1914년 사이에 일어

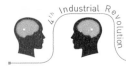
났다. 기존 산업의 성장기였고 철강, 석유 및 전기 분야와 같은 신규 산업의 확장과 대량 생산을 위해 전력을 사용했다. 이 기간 동안 주요 기술 진보는 모터, 전화, 전구, 축음기, 확률변동탄 및 내연기관을 포함했다.

자료 : it.chosun.com

▲ 스티브잡스의 젊은 시절, 애플의 창업지인 그의 집 차고 앞

(3) 제3차 산업혁명

제3차 산업혁명 또는 디지털 혁명은 아날로그 전자 및 기계 장치에서 현재 이용 가능한 디지털 기술에 이르는 기술의 발전을 가리킨다. 1980년대에 시작된 이 시대는 계속되고 있다. 제3차 산업혁명의 발전에는 개인용 컴퓨터, 인터넷 및 정보통신기술(ICT)이 포함된다.

(4) 제4차 산업혁명

제4차 산업혁명은 기술이 사회와 심지어 인간의 신체에도 내장되는 새로운 방식을 대표하는 디지털 혁명 위에 구축되었다. 제4차 산업혁명은 로봇공학, 인공지능, 나노 기술, 생명공학, 사물 인터넷, 3D 인쇄 및 자율주행자동차를 포함한 여러 분야에서 새로운 기술 혁신이 나타나고 있다.

세계경제포럼 창립자 겸 회장인 클라우스 슈밥의 저서 《제4차 산업혁명(The Fourth Industrial Revolution)》에서 이 네 번째 혁명이 기술 발전에

자료 : bloter.net

▲ 구글의 자율주행자동차 시제품

의해 특징지어졌던 이전의 세 가지 혁명과 근본적으로 다른 점을 설명하고 있다. 이러한 기술은 수십 억 명의 사람들을 계속해서 웹에 연결하고 비즈니스 및 조직의 효율성을 획기적으로 향상시키며 더 나은 자산관리를 통해 자연 환경을 재생산할 수 있는 커다란 잠재력을 가지고 있다.

'제4차 산업혁명 마스터하기'는 스위스 Davos Klosters에서 열린 세계경제포럼 연례회의(World Economic Forum Annual Meeting 2016)의 주제였다.

2017년 소비자 가전 전시회에서 4차 산업혁명으로 가기 위한 기술들이 대거 전시되었다.

(5) 4차 산업혁신

CES(Consumer Electronics Show)에서 다루어진 기술을 중심으로 언급하면 다음과 같다.

① 인공지능

작계는 장치가 더 똑똑해져서 나의 생활 패턴을 이해하고, 스스로 알아서 동작하는 약한 인공지능부터, 생태계 전체의 생활 및 환경으로부터 최적의 해법을 제시하는 강한 인공지능을 이용하여 인간의 생산성을 최대한 올려주는 도구이다.

* CES 2017 : 인공지능 비서

② 로봇공학

사람을 도와주는 로봇(예를 들면, 청소 로봇, 노인 보조 로봇 등)에 의해 사회 전체의 생산성이 올라갈 것이다.

* CES 2017 : 인공지능 로봇

자료 : itworld.co.kr

▲ 소프트뱅크가 개발한 휴머노이드 로봇인 페퍼(Pepper)

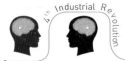

③ 양자암호

기존에 있던 대부분의 암호 체계가 대부분 수학적 복잡성에 기반하는 데 비해, 양자암호는 자연현상에 기반하고 있는 특징을 띄며, 암호에 사용되는 원타임 패드를 생성하는 이상적인 방법 중 하나다. 중간에 도청자가 난입할 경우 그 존재가 드러나며, 신호가 왜곡되어 도청자도 정확한 정보를 얻을 수 없는 보안성을 띄고 있다. 다른 말로 양자 키 분배(Quantum Key Distribution) 체계라고도 한다. 보안업계도 양자난수를 모든 IT 기기에 적용할 수 있다면 해킹 불가능한 암호 체계를 구현할 수 있을 것으로 내다보고 있다.

④ 사물 인터넷(IoT)

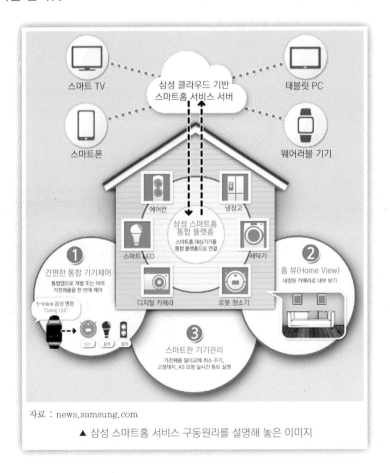

자료 : news.samsung.com

▲ 삼성 스마트홈 서비스 구동원리를 설명해 놓은 이미지

실생활에 해당하는 offline의 모든 정보를 online으로 넘기는 O2O를 통해, 인공지능을 이용한 최적의 해법을 제시하고, 시행하게 하여 생산성을 최대한으로 올리는 도구이다. 예를 들면, 병원의 모든 행동이나 사물들을 인터넷에 연결한 뒤, 최적화를 한다면 정보가 늦거나 없어서 서로 기다리는 손실을 줄일 수 있다. 그러면 환자도 빠른 조치를 받아서 좋고, 병원도 생산성이 올라서 좋을 것이다.

 ＊CES 2015 : IoT

 ＊CES 2017 : 스마트 홈

⑤ 무인운송수단

인간이 운전을 직접 하지 않음으로써 그 사이에 다른 일을 더 할 수 있고, 안전하게 이동할 수 있기에 생산성이 향상될 것이다.

 ＊CES 2015 : 무인항공기

 ＊CES 2017 : 무인자동차, 무인항공기

자료 : blog.daum.net

▲ 에어웍스가 2011년 촬영업무에 도입한 지능형 무인항공기(UAV)

⑥ 3D 프린팅

대부분 자기에게 맞지 않는 기성품을 구입하여 그 기성품에 맞추어 제작·생활해 왔다. 이제는 개인 맞춤형 시대이므로, 3차원 프린터를 이용하여 가격이 싸고 빠르게 본인에게 맞는, 본인만의 장치를 만들 수 있다. 예를 들면, 본인만의 음식, 본인만의 집, 본인에게 맞는 인체조직 등이 있다. 이런 것들을 통해 생산성이 향상될 수 있다.

⑦ 나노 기술

나노 기술은 의학, 전자공학, 생체재료학, 에너지, 생산 및 소비자 제품처

럼 광대한 적용 범위를 가진 새로운 물질과 기계를 만들 수 있어, 생산성 향상에 지대한 공헌을 할 수 있다.

⑧ 연결 및 표시 기술

연결 기술은 좀 더 빠르게 연결·수행하는 기술로 대표적인 게 5G^(세대) LTE가 있다. 그리고 눈으로 보는 표시 기술은 고정형으로 보는 UHD-TV와 이동형으로 보는 VR, AR 등을 통해 좀 더 빠르게, 좀 더 편리하게, 좀 더 많게 접속^(access)할 수 있게 하여 생산성을 향상시킬 수 있다.

* CES 2015 : HD/UHD-TV
* CES 2016 : Mobile healthcare
* CES 2017 : 증강현실, 가상현실, 5G LTE, UHD-TV

자료 : m.asiae.co.kr

▲ LG전자, 3D 증강현실 지원 '옵티머스 3D' 공개

Chapter 2

인공지능
스마트컴퍼니

1 IBM

1) 개요

국제사무기기회사(International Business Machines Corporation, IBM)는 미국의 다국적 기술 및 컨설팅 회사이다. 천공카드 시스템을 고안한 허먼 홀러리스가 1896년 창설한 제표기기회사가 1911년에 국제시간기록회사 · Computing Scale Company · 번디 제조회사와 합병해 세운 전산제표기록회사(CTR)가 이 회사의 전신이다. 터뷰레이팅 머신의 자동 표작성기는 1890년의 미국 국세조사(國勢調査)에 사용되어 대단한 위력을 발휘하였다. CTR은 한때 경영 부진에 빠졌으나 1914년 토머스 J. 왓슨을 사장으로 영입해 급성장의 계기를 이룩했다.

이후 1924년 지금의 이름으로 변경하고 토머스 왓슨의 아들 토머스 J. 왓슨 주니어의 노력으로 PC를 개발했다. IBM이 PC를 개발한 뒤 내부를 공개하였으며, 수많은 업체들은 PC의 주변기기를 개발하였고 IBM은

IBM

BUSINESS INTERNATIONAL MACHINES   IBM   IBM   IBM

1924-1946   1947-1956   1956-1972   1972-현재

자료 : slideshare.net

▲ IBM 로고 변천사

로열티를 받지 않았기 때문에 PC의 기술은 빠르게 성장하였다. 그래서 전 세계 대부분의 사람들은 PC를 사용하고 있다. IBM은 PC의 기능을 보강하여 PS/2라는 새로운 컴퓨터를 만들기도 하였다. PS/2에서는 로열티를 받으려 하였고, 그로 인해 수많은 업체들과 사용자들은 PS/2를 외면하였다. 결국 PS/2는 세상에서 자취를 감추고 만다. IBM은 주로 메인프레임을 위주로 한 하드웨어 업체였으나, 1990년대부터 소프트웨어, 서비스 등으로 분야를 넓혀 왔다.

2000년대부터는 매출액 중 서비스 · 컨설팅 비중이 가장 큰 몫을 차지하게 되었다. 몇 년 전부터 리눅스를 강력히 지원하기 시작했다. 2002년 루이 거스너로부터 경영권을 인수한 후 IBM을 크게 발전시킨 새뮤얼 팔미사노는 이 회사를 파멸에서 건져냈다는 평가를 받았다. 언론에서는

자료 : bloter.net

▲ 미국 뉴욕 아몽크에 있는 IBM 본사

IBM사를 '빅 블루'라고도 부르는데, 이 회사의 로고 마크가 푸른색으로 그려졌고, 또한 주식도 우량 주식(블루 칩) 가운데서도 뛰어난 최우량주(블루)이기 때문이다.

2) 역사

원래는 상점용 금전출납기를 제조하는 회사로 출발하였으며, 컴퓨터가 출현한 이후, 업무용 중대형 메인프레임 컴퓨터를 주력으로 하고 있었다. 업무용 메인프레임이 주력이긴 하나 사업 초기의 생산품목인 상점용 금전출납기, 즉 POS기를 2012년까지 생산하고 있었다. 높은 신뢰성과 적절한 가격으로 아직까지도 인기가 있다.

이후 천공카드를 이용한 통계 · 계산 장치를 연이어 내놓았으며, 정보처리

에 대한 경력을 쌓아간다. 이들의 기계는 인구 센서스, 공장 자동화, 사회 보장 제도에까지 쓰이면서 큰 인기를 끌었으며, 이 과정에서 OMR 카드의 원형이 되는 시험 채점기도 만든다.

이후 1964년, 당시 사장인 Thomas J. Watson Jr.는 IBM의 사운을 걸고 최초의 현대적인 메인프레임이라 불리는 IBM System 360을 발표한다. 50억 달러라는 당시로서는 천문학적인 예산이 투입된 이 프로젝트는 엄청난 반향을 일으켰으며, 지금까지 IBM을 먹여 살린 메인프레임 시스템의 제공과 컴퓨팅 서비스 제공 사업의 토대가 되게 된다. 이후 대중적으로 잘 알려진 IT 기업으로서의 IBM의 모습을 갖춰가기 시작한다.

참고로 우리 대한민국 최초의 컴퓨터는 1967년 경제기획원에서 도입한 IBM 1401메인프레임이었다. 이 당시 정부는 이 컴퓨터의 도입을 대대적으로 홍보했으며, 지금도 국가기록원에 가면 '컴퓨터의 활용'이라는 영상을 볼 수 있다.

자료 : www-03.ibm.com

▲ IBM System 360

System/360이 발표된 2년 후인 1966년, DRAM을 최초로 개발한다. 또한 다양한 굵기의 직선을 평행하게 배치한 모양의 UPC 바코드 역시도 IBM에서 1974년 발표한 것이다. 1980년에는 현대의 마이크로프로세서의 대부분을 점유하고 있는 RISC 아키텍처를 발표한다.

3) IBM PC, 전설의 시작

그러던 중에 애플에서 1977년 큰 성공을 거둔 개인용 컴퓨터인 애플II를 내놓고 이게 무지막지하게 팔리면서 PC시장이 돈이 된다는 걸 보여주자, PC

시장에 눈독을 들이고 1981년, IBM PC를 개발한다.

사실 IBM PC는 동시대의 다른 개인용 컴퓨터 규격(아미가, 아타리, 매킨토시 등)에 비하면 그래픽이나 사운드에 있어서는 처참할 정도로 떨어지는 제품이었다. 그러나 사무용이라는 콘셉트로 기업시장에 대량 납품해 버려서 실용성에 있어서는 압도적인 우위를 점하였다. 실제로 당시 일반적인 사무실에서 개인용 컴퓨터를 사용하는 경우는 워드프로세서나 스프레드시트, 데이터베이스 등의 텍스트 기반 작업이 거의 전부였기 때문에 그래픽은 글자만 나오면 되는 경우가 대부분이었다. 사운드는 말할 것도 없다.

자료 : oldcomputers.net

▲ IBM PC

덕분에 개인 PC 사용자도 일을 하려면 IBM PC를 배울 수밖에 없었고, 비디오 카드로 VGA(Video Graphics Array, IBM이 1987년에 제정한 아날로그 방식의 컴퓨터 디스플레이 표준)나 사운드 카드로 애드립, 사운드 블라스터 등의 걸출한 확장기기가 등장하면서 멀티미디어 성능 면에서도 다른 규격의 개인용 컴퓨터에 그리 밀리지 않게 되었다. 덕분에 IBM PC는 다른 모든 개인용 컴퓨터 규격을 거의 멸종시켜 버리기에 이르렀다. 심지어 애플에서도 이를 의식하고 애플III라는 것을 발표했다가 어두운 역사로 남게 되기도 했다. 결국 IBM PC, XT, AT 시리즈는 큰 성공을 이루게 된다. 물론 IBM PCjr(PC 주니어/PC junior로 발음) 같은 어두운 역사도 존재한다. 이 모델은 IBM이 상대적으로 가격이 저렴한 교육용과 가정용 시장에 진입하기 위하여 내놓은 첫 번째 시도였다. PCjr(IBM 모델번호 4860)는 호환을 위하여 IBM PC의 8088 CPU와 BIOS 인터페이스를 그대로 유지한 반면 아키텍처, 디자인과 구현결정은 달라서 시장에서는 상업적으로 실패하게 되었다.

자료 : youtube.com

▲ IBM AT(5170)

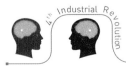

얼마 지나지 않아 출판, 그래픽, 멀티미디어 분야에서 이미 독보적인 위치를 점유한 애플의 매킨토시만이 살아남았다. 일본은 90년대까지는 한자를 많이 쓰는 일본어의 특징 때문에 NEC의 PC98 등의 독자 아키텍처가 살아남을 수 있었지만 DOS/V에 밀리다가 그나마도 윈도우 95에서 일본어를 거의 완벽히 지원하게 되면서 완전히 IBM PC로 포맷 당했다.

반면, 한국은 한글 글자가 일본어에 비해 적기 때문에 보급 초기부터 IBM PC가 주류가 되었다. 꽤 일찍부터 소프트웨어적인 방법으로 IBM PC에서 한글을 구현해서 썼다. 거기다 1989년 교육용 컴퓨터가 IBM PC 호환기종으로 지정되면서 한국 특유의 교육열도 한몫하고, 보급이 급물살을 탔다.

그러나 정작 IBM은 초기에는 상당히 이익을 보았으나 나중에는 별로 득을 보지 못하게 되었다. 왜냐하면, IBM PC의 하드웨어 중에 독자 기술은 BIOS 밖에 없었고, 개발비 절감을 위해 다른 회사의 부품들을 이용하여 개발되었기 때문이다. 결국, 컴팩이 합법적으로 BIOS를 복제하는 데 성공하면서 하드웨어 아키텍처는 공개나 다름없는 상태가 되었다. 이를 계기로 다른 회사에서 자유롭게 호환 복제품을 만들어서 팔 수 있게 되었다. 이는 다른 경쟁 기종들을 물리치는 데 큰 도움을 주었지만 곧 IBM 호환 PC가 더 싸고 성능도 별로 떨어지지 않는 상황이 되어서 역으로 IBM에서 만든 PC들이 잠식당하게 되었다. 실제로 386 PC를 처음으로 내놓은 곳은 IBM이 아닌 컴팩이었다.

이에 PS/2를 출시하면서 폐쇄구조와 독자구조를 도입하여 이 현상을 막으려 했지만, 비싼 가격과 호환성 문제로 결과적으로 실패하였고, 이후 시장에 채택된 구조를 적용하게 된다. 그래도 PS/2에 적용된 기술 중 일부는 다른 PC

자료 : pcworld.com

▲ 컴팩 386 PC

에도 적용되었다. 키보드 및 마우스 포트, D-SUB 커넥터, VGA 등이 그것이다. 물론 MCA 버스같이 철저하게 외면당한 것도 있다.

하여튼 시장 지배권은 IBM에서 공식 OS로 지정한 마이크로소프트의 MS-DOS와 공식 CPU로 지정한 인텔로 넘어가게 되었다. '어느 회사에서 만든 PC'가 중요한 시대는 지나고, "어떤 OS, 어떤 CPU를 쓰느냐?"가 중요한 시대가 되어서 결과적으로 IBM은 마이크로소프트와 인텔에게만 좋은 일을 시켜 줬다. OS/2라는 독자 OS를 출시하며 버티려고 해 봤지만 결과는 참담했다.

그래도 이름값은 있어서 꽤 오래 버티기는 했지만, 결국 2005년, 아예 PC 사업 부분을 중국의 레노버에 팔아버렸다. 레노버에 매각된 ThinkPad는 초반에 정체성 논란이 있었지만 ThinkPad를 개발한 IBM 야마토 연구소까지 같이 매각되어 지금도 개발자는 아직 IBM 시절 그대로다. 그래도 매각 당시 IBM이 아니면 안 된다고 반발해서 퇴사한 직원들도 꽤 있었다고 한다. 그래서 아직은 레노버가 잘 이어가는 편이지만 IBM 시절만큼의 힘은 많이 약화된 편이다.

4) IBM의 기술 개발

트랜지스터 기반의 기존 메인프레임을, 마이크로프로세서 채용 시스템으로 대체하고자 RISC 아키텍처인 POWER를 개발하여 1990년 발표하였다. 그런데 최초로 개발된 POWER는 마이크로프로세서는 아니었고, 이의 마이크로프로세서화를 위해 모토로라, 애플과 AIM 동맹을 맺어 PowerPC를 개발한다.

자료 : chipdb.org

▲ IBM PowerPC

PowerPC를 기반으로 IBM은 POWER 기반 고성능 마이크로프로세서인 POWER 시리즈를 만들어나가는데 IBM이

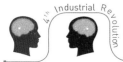
POWER를 마이크로프로세서화하기 위해 모토로라와 애플로부터 단물만 빨아먹은 다음, 정작 PowerPC의 개발은 내팽겨쳤다는 관점도 있긴 하다.

하지만 소니, 도시바와 협력하여 PowerPC 기반의 Cell을 개발하여 플레이스테이션3에 탑재했고, 엑스박스360에는 PowerPC를 커스텀한 CPU를 탑재했으며, Wii의 CPU인 브로드웨이도 PowerPC 기반으로 개발되었다. 이로써 차세대 콘솔의 CPU 시장은 전부 IBM이 독식하고 있는 상황이 되어버렸다. 여기서 누가 이기건 승자는 IBM이다.

이렇게 되어 버린 원인은 이전 엑스박스의 경우에서 보듯이, 인텔과 같이 PC CPU 시장을 많이 점유하고 있는 회사는 게임기 회사에 그리 친절하지 않아서, 애프터서비스가 부족하고 충분한 가격경쟁력을 가진 CPU를 구하기 어려웠기 때문이다.

PS2, PSP에 쓰이던 MIPS 계열은 한계점에 도달했고, 예전에는 나름대로 널리 쓰이던 모토로라계 CPU도 모토로라가 개발을 포기한 탓에 구할 수 없게 되었으며, 임베디드 시스템에서 널리 쓰이는 ARM 계열은 콘솔로 쓰기에는 성능이 떨어지는 편이다. 결과적으로 IBM의 PowerPC가 PC계 CPU에 뒤지지 않는 성능을 가지고, CPU 개발 회사에서 충분한 애프터서비스를 기대할 수 있는 '유일한 대안'이 된 셈이다.

자료 : amazon.co.uk

▲ XBOX 360

실제로 콘솔용 POWER PC CPU 납품 단가는 XBOX 360에서 약 100달러 정도였고 PS3에 쓰인 커스텀 칩은 약 160달러로 예상되었는데, 인텔이 XBOX에 파격적이긴 했지만 적자도 보지 않고 50달러대로 CPU를 납품한 걸 상기해 볼 때, 이것은 콘솔계에서는 이례적으로 비싼 편이었다.

x86* 진영은 당시 인텔은 펜티엄4로 고전 중이었고, AMD는 AMD64 시리즈를 앞세워 PC 시장 공격에 집중을 했기 때문에 PC와 서버시장에 비하면 용돈 벌이 수준에 지나지 않

x86

x86 또는 80x86은 인텔이 개발한 마이크로프로세서 계열을 부르는 말이자, 이들과 호환되는 프로세서들에서 사용한 명령어 집합 구조들을 통칭하는 말이다. x86 아키텍처는 데스크톱 컴퓨터 시장에서 매우 널리 쓰이며, PowerPC와 같이 좀 더 근대적인 아키텍처를 사용한 프로세서들이 x86과 경쟁했으나 그다지 많은 시장점유율을 확보하지는 못했다.

아 관심이 없었고 SONY나 MS도 x86 도입에 관심을 두지 않았다.

이는 초기 XBOX 시절 성능이 PS2를 능가했음에도 불구하고 x86 기반을 했다는 이유로 PC 취급 받으며 PS2보다 낮은 성능일거라는 착각과 차별을 받았기 때문이다. 따라서 애초부터 차세대 개발 방향은 오버 스펙을 가진 우월해 보이는 게임기였고, 이 선택은 MS와 SONY에게 대규모 적자라는 선물을 안겨 주었다. 그래도 MS는 3년 만에 흑자로 돌아섰지만 소니는 XBOX 360보다 단가가 더 비싸서 역대 적자가 안 났는데 PS3가 판매되는 기간 동안 계속 적자가 났다.

2014년 적자가 지속되는 IBM 반도체 제조부문을 글로벌 파운드리에 15억 달러를 주면서 매각하기로 했다. 연간 적자가 15억 달러인 반도체 제조부문을 털어 내면서 글로벌 파운드리에게 칩을 공급 받을 예정이다.

IBM은 콘솔 외에는 군사용 컴퓨터, 대형 서버 시장의 절대강자이며 슈퍼컴퓨터도 만든다. 세계 상위 5위권 슈퍼컴에는 언제나 IBM의 컴퓨터가 2~3대 포함되어 있다. 또한 기업 IT 컨설팅도 IBM의 중요한 밥줄이다.

자료 : pixabay.com

▲ IBM 슈퍼컴퓨터

현재 미국 서부연구소에는 웹파운틴이라는 괴물 컴퓨터가 있는데, 인공지능을 구현하기 위해 패턴을 입력하는 게 아니라 검색을 통해 인공지능을 구현하는 연구를 하고 있다. 하루 트래픽이 테라를 넘어가고 인터넷 전체를 스캔하는 데 4시간 정도가 걸린다고 한다. 하루에도 몇 번씩 새로 고치기 때문에, 몇 년 뒤면 초보적인 지능을 지니게 될 듯하다고 한다.

개인용 기기 관련을 제외한다면, 사실상 IT 업계에서 제일 큰 손이다. 휴렛 팩커드가 단순매출로는 더 크나, IBM이 PC와 프린터 사업부를 팔아치웠다는 것을 생각하면 짐작할 만하다. 참고로 IBM은 프린터 사업부를 두 번 팔아 치웠다. 한 번은 소형 프린터(현재는 렉스마크)이고, 또 한 번은 대형 프린터(프린터 한 대에 가볍게 1억이 넘는다) 사업을 리코에 넘겼다. 이미 IT 서비스 매출이 전 세계적으로 50조 원이 넘는다. 사실상 IT 서비스를 팔면서 서비스 구동용으로 서버를 팔고, 서버 위에 올릴 SW를 판다는 것이 맞을지도 모른다.

게다가 요새는 메인프레임 한 대를 가상으로 여러 대의 서버로 쓸 수 있는 가상화 기술에 주력하여, 메인프레임도 잘 팔아치우고 있다. 인텔 서버에 리눅스를 올려 100대 쓰느니 메인프레임 두 대 쓰는 게 전체 비용으로는 싸다는 것이다.

이 점은 기업용 환경과 개인용 환경의 차이점을 이해해야 된다. 개인용 환경에서라면 리눅스 머신으로 돌려도 별 탈이 없고 비용도 저렴하다. 그리고 장애가 발생하더라도 극단적인 상황에서는 리셋해 버리더라도 이로 인해서 발생하는 비용은 매우 적으며 복구도 빠르다. 그러나 기업환경에서는 서비스의 속도 못지않게 지속성과 안정적인 운영이 매우 중요하다. 그 때문에 각종 상황에 대응하고 동시에 안정적인 서비스를 운영하기 위해서는 하드웨어뿐만 아니라 소프트웨어 차원에서의 비용이 소모된다. 서비스가 외부로부터의 공격이나 내부적인 결함으로 인해 중지되면, 이를 복구하기 위한 비용이 매우 크다. 이 점에서 다수의 낮은 레벨 시스템보다 적은 수의 고성능 시스템을 운영하는 것이 기업 입장에서 유지보수의 비용절감에 유리하다는 결론이 도출된다.

지난 10여 년 동안 한 번도 특허 출원에서 전 세계 1위를 놓친 적이 없고, 상용화 여부를 떠나서 기술력 하나만 놓고 본다면 세계 최강이다.

회사 내에 노벨상 수상자만 무려 7명으로 아마 세계의 여러 회사 중에서 가장 노

자료 : www-03.ibm.com

▲ IBM 토머스 J. 왓슨 연구소

벨상을 많이 탄 기업일 것이다. 그래서 덩달아 IBM의 연구소인 토머스 J. 왓슨 연구소가 뜨게 되었다.

덧붙이자면 양자 컴퓨터도 이미 테스트 중이라고 한다. 한마디로 말하자면 현재 컴퓨터 기술력 종결자라고 할 수 있다.

또한 항공우주전자 분야의 최강자이기도 하다. 우주환경에 사용되는 모든 CPU, RAM, SSD를 IBM에서 제작한다. 왜냐하면 방사능 방호처리 기술을 가진 몇 안 되는 회사이기 때문이다(다른 곳으로는 허니웰, 네셔널 세미컨덕터, 스페이스 마이크로 등이 있다). 게다가 성능도 나름대로 만족스러운 편으로, 펜티엄3 정도의 연산능력이 나온다.

2015년, 소프트웨어 제품의 디자인 강화를 위해 IBM 디자인 부서를 신설하고 사내 제품개발 프로세스와 기업문화에 있어서 주도적 역할을 맡겼다. 1000명 이상의 디자이너를 채용하여 세계에서 가장 큰 규모의 디자인 조직으로 거듭날 예정이다.

5) 딥블루에 이은 두 번째 도전, Watson

① 개요

IBM이 만든 인공지능 컴퓨터 시스템이다. 이름은 IBM 최초의 회장 토머스 J. 왓슨에서 이름을 땄다. 인간 수준의 이해력과 정의 분석력을 갖추는 것이 목표이다.

자료 : news.inews24.com
▲ IBM 슈퍼컴퓨터 '왓슨'

② 퀴즈쇼 Jeopardy! 출연

2011년 2월 14일 미국의 유명 퀴즈쇼 Jeopardy!에 출연하였다. 딥블루와 같은 일종의 기술 시연용 프로젝트이다.

참고로 Jeopardy!를 고른 이유는 IBM의 연구책임자가 동료들과 식사를 하는

도중에 식당 안의 모든 사람들이 제퍼디 최다 연승자를 보기 위해 TV에 집중하는 것을 보고나서 결정했다고 한다. 실제 개발 시작은 2005년부터로, 언어를 실시간으로 분석해야 하기 때문에 체스보다 더 어려운 과정이었다고 한다.

자료 : itworld.co.kr

▲ IBM 인공지능 컴퓨터 '왓슨'이 퀴즈쇼 'Jeopardy!'에서 문제를 풀고 있다

제퍼디에 출현해서는 통상 자필로 쓰게 되어 있는 이름표시 부분은 컴퓨터 폰트로 표기하였고, 사람이 서 있는 부분에는 IBM의 로고인 지구모양의 심볼이 표시되는 디스플레이가 배치되었다. 이 심볼의 지구 위에는 디자이너의 의도로는 42개의 실 가닥이 움직이게끔 했으나 아쉬운 것은 공간이 부족하다. 문제를 분석하는 도중에는 디스플레이의 지구본 로고가 색깔이 바뀌고 이 실 가닥들이 활발히 움직이는 모습을 보인다.

메커니즘을 단순하게 설명하면, 문제가 입력됨과 동시에 문제를 구성하는 키워드 조각을 분석하여 스토리지를 검색하여 일치하는 정답이 50%가 넘는 경우에 버저를 울리는 메커니즘이다. 제퍼디 게임 도중에는 인터넷에 연결되지 않았다. 생각하는 속도가 엄청나게 빠른 데다 만약 동시에 답을 결정했더라도 인간이 버저를 누르는 과정에서 인식과 지시의 두 가지 과정을 거치는 것에 비해 훨씬 빠르며 정확도가 높기 때문에 완벽한 답을 낼 것으로 생각할 수 있다. 그러나 메커니즘이 완벽한 것이 아니므로 게임 도중에 때로는 시간이 늘어지기도 하고 오답이 나오기도 하였다.

③ 사용되는 분야

👁 헬스케어

미국 메사추세츠주 캐임브리지 켄달스퀘어에 왓슨 헬스 그룹을 설립, 왓슨을 암 연구 센터 등에서 논문 분석 등의 실험에 쓰고 있다. 보통 과학자가 하루 다섯 개씩 읽으면 38년이 걸릴 7만 개의 논문을 한 달만에 분석하여 항암 유전자에 영향을 미치는 단백질 여섯 개를 찾아냈다.

특수질환자의 병명을 알아내 목숨을 구하기도 했다. 2017년 말이면 전체 암의 약 85%를 분석할 수 있을 것으로 기대된다고 한다.

자료 : blog.daum.net
▲ 전 세계 당뇨병 환자를 치료하는 의사로 나선 슈퍼컴퓨터 '왓슨'

💿 법률

과학 분야뿐만 아니라 법률 분야에도 영역을 넓혀가고 있는데, 미국 로펌에서 판례 검색을 위해 도입했다. 수많은 판례를 분석하여 답을 내놓는 식인데, 특정 기업의 인수 합병 금지 조항같은 걸 물어보면 금방 답을 내놓는 수준이라고 한다. 의사, 변호사들의 미래가 불확실해지고 있다. 현재는 모든 것을 자동화하기보다는 개인이 여러 가지 변수들을 고려하여 최선의 선택을 할 수 있도록 돕는 것을 목표로 하고 있다.

④ 기타

제퍼디에서 우승한 지 3년이 지난 2014년 현재 속도는 24배 빨라졌고, 크기는 10분의 1로 줄어들었다. 왓슨이 통상적인 의미의 슈퍼컴퓨터는 아닌 것이, 연산능력은 겨우 80TFLOPS*이다. 그런데, 반대로 해석하면 앞으로 얼마든지 성능을 올릴 수 있다는 말이기도 하다.

최근에는 애플과 IBM이 합작하여 왓슨의 알고리즘과 Siri를 접목시키는 프로젝트를 하고 있다고 한다.

여담으로 일본 IBM은 2014년 10월 16일 슈타인즈 게이트와 콜라보

> **80TFLOPS**
>
> GTX 1080 Ti가 11TFLOPS (TeraFLOPS)이다. 다시 말해, 가정용 PC에 겨우 몇 배 성능정도밖에 안 된다. 플롭스(FLOPS, FLoating point OPerations per Second)는 컴퓨터의 성능을 수치로 나타낼 때 주로 사용되는 단위이다.

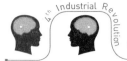
레이션(collaboration)하여 왓슨을 홍보하는 짧은 애니메이션을 내놓았다.

다른 여담으로 2015년 5월 29일자 니혼게이자이신문에서 일본 소프트뱅크에서 왓슨을 신입사원 서류전형 평가에 사용할 것이라고 보도했다.

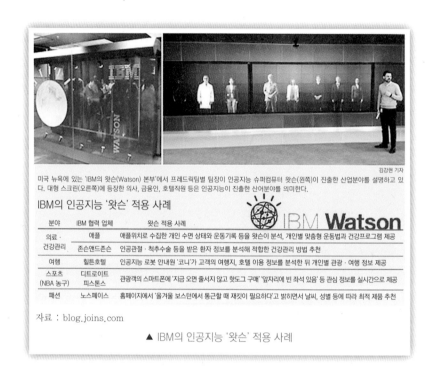

미국 뉴욕에 있는 'IBM의 왓슨(Watson) 본부'에서 프레드릭팀별 팀장이 인공지능 슈퍼컴퓨터 왓슨(왼쪽)이 진출한 산업분야를 설명하고 있다. 대형 스크린(오른쪽)에 등장한 의사, 금융인, 호텔직원 등은 인공지능이 진출한 산어분야를 의미한다.

IBM의 인공지능 '왓슨' 적용 사례

분야	IBM 협력 업체	왓슨 적용 사례
의료 · 건강관리	애플	애플워치로 수집한 개인 수면 상태와 운동기록 등을 왓슨이 분석, 개인별 맞춤형 운동법과 건강프로그램 제공
	존슨앤드존슨	인공관절 · 척추수술 등을 받은 환자 정보를 분석해 적합한 건강관리 방법 추천
여행	힐튼호텔	인공지능 로봇 안내원 '코니'가 고객의 여행지, 호텔 이용 정보를 분석한 뒤 개인별 관광 · 여행 정보 제공
스포츠 (NBA 농구)	디트로이트 피스톤스	관광객의 스마트폰에 '지금 오면 줄서지 않고 핫도그 구매' '앞자리에 빈 좌석 있음' 등 관심 정보를 실시간으로 제공
패션	노스페이스	홈페이지에서 '올겨울 보스턴에서 통근할 때 재킷이 필요하다'고 밝히면서 날씨, 성별 등에 따라 최적 제품 추천

자료 : blog.joins.com

▲ IBM의 인공지능 '왓슨' 적용 사례

2 구글

1) 개요

구글 주식회사(Google Inc.)는 미국의 다국적 기업이다. 1998년에 'BackRub'이라는 이름으로 설립했다. BackRub의 의미는 등 및 어깨 등의 간단한 마사지이며, 해당 단어 뜻 그대로 보면, 구글이 사람들에게 도움을 준다는 의미이다. 구글은 미국 전체 인터넷 검색의 2/3, 전 세계의 70%를 장악했다. 2008년에 구글은 자사 웹 페이지 인덱스 크기가 1조 개를 돌파했다고 발표했으며,

다른 어떤 검색 엔진보다도 3배 이상 큰 인덱스를 관리한다. 2009년 초 구글에서 매일 수십억 개의 검색 결과 페이지가 방문되고, 수백억 개의 구글 광고가 노출되었다.

2) 역사

구글의 이름은 10^{100}을 뜻하는 구골을 고의적으로 변경 표기한 것에서 유래되었다. 매우 큰 유한수를 의미하는 이 단어는 "엄청난 규모의 검색엔진을 만들겠다."는 설립자들의 목표와 맞아 떨어졌으나 당시 이미 '구골'이라는 사이트가 존재하여 구글이 되었다. '왓박스(whatbox)'라는 이름도 고려되었으나 포르노 사이트인 웻박스(watbox)와 유사해 제외되었다.

구글은 세계 최대의 검색엔진으로 현재 나스닥에 상장된 기업이다. 특히 영어권에서는 독보적인 점유율을 보이고 있다.

자료 : ko.wikipedia.org

▲ 2014년, 구글 플렉스에 있는 본사 직원들

자료 : allaboutetp.wordpress.com

▲ 구글 로고

2006년, 구글은 유튜브라는 세계 최대의 동영상 공유 사이트를 인수했다. 같은 해 11월, 유튜브의 하루 방문자는 2,500만 명으로 추정되었다. 2007년, 구글은 최고의 디지털 마케팅 회사인 더블클릭을 인수했고, 같은 해 더블클릭은 하루 170억 개의 광고를 집행했다. 그리하여 구글은 2008년, 증권거래위원회에 보낸 공개문서에서 구글은 "우리는 기술회사로 시작해서 소프트웨어, 기술, 인터넷, 광고, 미디어 회사가 모두 하나로 합해진 기업으로 진화했다."고 말했다. 230억 달러에 달하는 미국 온라인 광고 시장과 540억 달러에 달하는 전 세계 온라인 광고 시장의 40%를 독식했다.

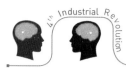

자료 : mktg.sibizi.com

▲ 구글 모바일 광고

구글은 PDF, 포스트스크립트, 마이크로소프트 워드, 어도비 플래시 문서들을 포함한 웹 문서 검색 서비스를 제공한다. 이 외에 구글 이미지 검색, Google 뉴스 한국, 구글 뉴스그룹, 구글 웹 디렉토리, 구글 비디오, Froogle 서비스에서 이름이 변경된 상품 검색, 구글 맵, 구글 어스 등의 주요 검색 서비스가 있다.

또한 검색 서비스 외에 추가적인 서비스들을 제공하는데, 이에는 2004년 시작된 이메일 서비스인 Gmail과 YouTube, 피카사, Google 사전, Google 리더, iGoogle, 기업 사용자를 위해서 각종 웹 애플리케이션을 제공하는 구글 앱스 등이 있다.

2011년, 모토로라 인코퍼레이티드는 휴대전화 사업과 본사의 사업부분이 불안정적으로 운영됨에 대한 걱정과 사업부 실적의 부진으로 인해 사업부가 모토로라 인코퍼레이티드의 자회사로 분리하기로 결정하였다.

2011년 모토로라는 더 발전적이고 공격적인 사업을 위해 새로운 모기업을 찾게 되고, 대상기업이 된 구글은 인수할 때 각 주당 63%의 경영권 프리미엄을 얹어 총 125억 달러(당시 한화 약 13조5천125억 원)에 인수하기로 결정하였다. 구글의 인수에도 불구하고, 모토로라는 여전히 기존 장치의 안드로이드 버전 업그레이드 서비스와 신제품을 출시하기 위해 노력하고 있다.

2014년, 구글은 모토로라의 분리된 사업부 중 '스마트폰 제조분야'를 매각하기로 결정하였고, 레노버에게 총 29억 1천만 달러(당시 한화 약 3조100억 원)에 매각하기로 결정하였다.

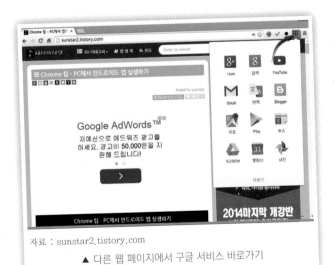

자료 : sunstar2.tistory.com

▲ 다른 웹 페이지에서 구글 서비스 바로가기

2015년, 구글을 비롯한 여러 자회사들이 알파벳사(社)의 집단으로 구성되어 모여서 설립되었다.

3) 검색엔진

구글 검색의 특징 중 하나는 페이지와 페이지 사이의 링크를 분석하여 많이 연결된 페이지를 더 좋은 문서로 판단하는 것인데, 이것을 페이지랭크(PageRank)라고 한다. 구글의 알고리즘은 접속빈도가 잦고 연관성이 높은 링크를 상위에 노출할 뿐 아니라, 신뢰성에도 가산점을 부여한다. 특정 링크의 클릭률이나 특정 링크가 얼마나 많이 링크되었는지를 기록해 '연관성' 접수를 부여한다. 이렇듯 정량화된 값을 창립자 페이지의 이름을 따서, 페이지랭크라고 한다. 검색 기술에는 정확한 결과를 이끌어 내는 두 가지 중요한 특징이 있다. 첫째, 웹의 링크 구조를 활용하여 각 웹페이지의 품질 순위를 결정한다. 이런 순위 방식을 페이지랭크라고 한다. 둘째, 링크를 활용하여 웹페이지의 '페이지랭크'를 빠르게 계산하게 해 주는 맵을 만든다. 2009년 11월 comScore에서 발표한 시장 조사에 따르면 Google Search는 미국 시장에서 65.6 %의 시장점유율을 차지하는 지배적 검색엔진이다. 즉, Google은 수십억 개의 웹 페이지를 색인화하여 사용자가 키워드 및 운영자를 통해 원하는 정보를 검색할 수 있도록 하여, 효율적인 검색 기능을 제공한다.

자료 : seosem.kr

▲ 구글이 인식하는 파일형식

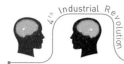
4) 광고

구글은 광고주에게 애드워즈 프로그램을 제공한다. 이 프로그램을 통해 입찰함으로써 검색 결과 옆에 뜨는 텍스트 광고를 구매할 수 있다. 희소성이 높은 키워드는 클릭당 광고비가 더 비싸게 책정된다.

애드센스를 통해서 광고하고 싶어 하는 회사와 관련 사이트를 연결하는 역할을 한다. 애드워즈와 유사한 자동화 프로그램을 통해 둘을 연결해 준다.

구글은 클릭당 지불 데이터를 가지고 해당 광고를 클릭할 때만 비용을 내도록 한다.

구글 애널리틱스(Google Analytics)는 광고주에게 해당 광고의 효과를 즉시 확인할 수 있는 무료 툴을 제공한다. 이 프로그램은 매시간 클릭수와 판매량, 해당 키워드의 트래픽, 클릭이 판매로 이어진 비율 등 광고 효과를 즉각 확인할 수 있게 해준다.

미디어 업체로 하여금 광고 판매에 들어가는 비용을 줄임으로써 롱테일(long tail)이라는 형태로 변화하도록 한다. 그렇게 한다면 기존에는 광고를 잘 하지 않던 이들까지도 타킷팅이 잘 된 저렴한 광고를 구매하도록 끌어들일 수 있다는 것이다.

구글은 사용자들에게 신문이나 책, 잡지를 자유롭게 검색하도록 권장한다. 해당 발행물들 역시 검색 트래픽*을 활용해서 무료로 자신들을 홍보하고 광고를 판매해 수익을 창출한다. TV 방송사나 영화사들은 유튜브를 홍보채널 겸 온라인 배급시스템으로 활용하도록 권장한다. 광고주들에게는 구글이 2007년에 인수한 디지털 광고 서비스

자료 : analyticsmarketing.co.kr

▲ 구글 애널리틱스

검색 트래픽

웹 트래픽(Web traffic)은 웹 사이트에 방문하는 사람들이 데이터를 주고받은 양이다. 이는 인터넷 트래픽의 큰 부분이다. 이는 방문자 수와 방문 페이지 수에 따라 결정된다. 사이트들은 오고가는 트래픽을 감시하면서 사이트의 어느 부분이나 페이지가 유명한지, 또 특정 국가의 사람들이 어느 페이지를 가장 많이 보는지 등을 파악한다. 트래픽을 감시하는 방법은 다양하며 수집된 데이터는 사이트를 구성하고 보안 문제를 강조하며 잠재적인 대역 부족을 표시하는 데 참고할 수 있다.

업체 더블클릭(Doubleclick)*을 통해 온라인 광고를 하도록 권한다.

구글의 수입은 2004년 32억 달러이던 것이 2007년에는 166억 달러로 뛰었다. 세계적 불황을 비웃기라도 하듯이 구글은 2008년에 42억 달러의 수익을 거두었고 매출은 218억 달러로 상승했다. 그리고 그 가운데 97%가 광고 수입이었다.

2008년, 구글의 광고 수입은 5개 방송사(CBS, NBC, ABC, FOX, CW)의 광고 수입을 합한 것에 맞먹었다. 2011년에 이르면 미국 내 웹 광고는 600억 달러(전체 13%)에 달한다. 게다가 구글은 TV, 라디오, 신문에 광고를 판매함으로써 시장점유율을 가일층 확대할 사업 구상을 이미 개시했다.

사용자가 텍스트 광고를 클릭할 때만 광고료를 부과해서 광고주들 중에서 우군을 확보했고, 무료이자 2009년 초반까지 광고가 붙지 않았던 구글 뉴스로 뉴스 독자들 중에서 우군을 확보했으며, 광고 수익과 신규 고객을 발생시켜 줌으로써 웹사이트와 소규모 사업자들 중에서 우군을 확보했다. 구글은 두 번째 경매 프로그램 애드센스 때부터 수입의 20%만 자기 주머니에 넣고 나머지는 웹사이트들에게, 아니 구글 표현을 빌리자면 사업 파트너들에게 돌려주었다. 2008년에 구글은 총 50억 달러가 넘는 돈을 수십만에 달하는 '파트너들'에게 제공했다.

> **더블클릭**
>
> 더블클릭은 인터넷 광고 서비스를 개발하고 제공하는 회사이다. 회사의 고객은 대행업체, 마켓 경영자, 출판업자를 포함한다.

자료 : marketingland.com

▲ 더블클릭 로고

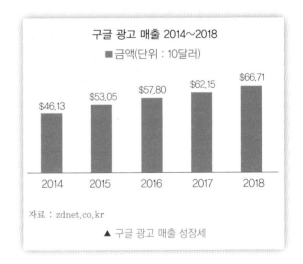

구글 광고 매출 2014~2018
■금액(단위 : 10달러)

자료 : zdnet.co.kr

▲ 구글 광고 매출 성장세

5) 그 밖의 서비스

G메일, 구글 뉴스, 구글 어스, 구글 맵스, 구글 비디오, 구글 번역, 피카사

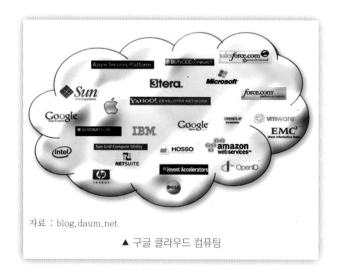

자료 : blog.daum.net

▲ 구글 클라우드 컴퓨팅

(Picasa-디지털 사진 공유), 구글 북스(발행된 모든 책 검색), 구글 트렌드(검색량 통계 제공), 오컷(Orkut-인맥, 친목 사이트), 여기에 데스크톱(Desktop)이나 문서도구(Docs) 같은 '클라우드 컴퓨팅(cloud computing)' 응용 프로그램까지 제공한다.

구글에서 사용하는 컴퓨터는 보통 PC들로 구성된 컴퓨터 클러스터들인데, 이 클러스터들은 일을 병렬적으로 처리하여 방대한 양의 데이터베이스를 처리한다. 특히 여러 대의 PC를 운영하면서 계속적인 데이터베이스를 처리하기 위해 한 컴퓨터에 오류가 났을 경우 그 컴퓨터는 꺼지고, 다른 컴퓨터가 일을 계속 처리하도록 한다. 구글은 이러한 방식이 거대하고 비싼 컴퓨터(서버)를 대신하는 대안이 될 수 있음을 증명했고 이러한 방식을 지금도 사용하고 있다.

6) 구글의 문화

구글은 흔히 'Don't Be Evil(사악해지지 말자)'이라는 모토를 사용하고 있으나 오랜 기간 사용자 컴퓨터 내에 살아 있는 쿠키에 대한 비난으로, 미국의 인권단체 'Public Information Research'에 의해, 구글은 빅브라더 상(Big Brother Awards)의 후보가 되기도 했다. 구글은 형식을 따지지 않는 자유롭고 재미있는 기업 문화로 잘 알려져 있다. 2007, 2008 구글은 가장 일하기 좋은 장소로 뽑혔다. 구글의 철학은 "You can make money without doing evil(악해지지 않고도 돈을 벌 수 있다)."와, "You can be serious without a suit(정장 없이도 진지해질 수 있다)." 그리고 "Work should be challenging and the challenge should be fun(일은 도전이어야 하고 도전은 재미가 있어야 한다)."이다. 구글 엔지니어들은 '직감'으로 결정을 내리지 않는다. 인간관계나 판단력 같은 것은 정량화할 수 없기 때문이다. 그들은 경험보다는 효율을 중시한다. 그들은 사실과 베타 테스트와 수학적 논리를 추구한다.

구글은 지구 온난화 문제에도 관심을 보인다. 구글은 사옥 지붕에 미국 기업 캠퍼스 가운데 가장 큰 태양광 패널을 설치하여 1천 가구에 전력을 공급할 만한 전기를 생산한다. 외부 주차장에 태양발전소를 두어 하이브리드 자동차를 충전할 수 있게 했고, 연비가 좋은 하이브리드

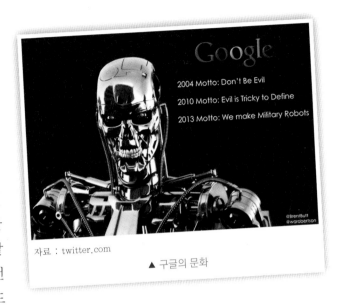

자료 : twitter.com

▲ 구글의 문화

자동차를 구매하는 직원에게는 장려금(처음에는 5천 달러, 현재는 3천 달러)을 제공한다. 구글은 수익의 1%를 떼어내 자선사업 부문인 구글 파운데이션에 보낸다. 넓은 캠퍼스 부지 내에서의 건물 간 이동을 위해 신청에 의해 차량을 제공하기도 하지만, 온실가스 배출을 최소화하고 직원들의 건강에도 이바지하기 위해 구글이 제공하는 자전거가 도처에 배치되어 있다.

7) 기업문화

구글이 1999년 8월 처음 구글플렉스로 이주했을 때, 거기에는 "직원들이 내부 일에만 집중하게 하겠다."는 결의가 반영되어 있었다. 구글플렉스에는 2~3층짜리 나지막한 건물이 모여 있고, 건물 밖에는 야외 테이블과 벤치, 울창한 나무들, 채소 정원, 사람과 자전거로 활기 넘치는 산책로가 있다. 직원들은 무료 식사와 다과를 즐기고(매년 구글은 여기에만 7천만 달러 정도를 쓴다), 트레이너가 대기하는 체육관과 마사지실이 붙어 있는 건물들 사이로 이동할 자전거를 지급받는다. 직원들은 커다란 카페테리아 탁자에서 식사하고, 당구대와 에스프레소 기계가 있는 라운지에서 쉰다. 세차나 오일 교환 때문에 캠퍼스를

자료 : uxd-trend.tistory.com

▲ 구글의 기업문화

떠날 필요도 없다.

목요일이면 검진 차량이 찾아올 뿐만 아니라 이발사, 세탁업자, 보모, 애완동물 도우미, 치과의사, 그리고 무료 검진 담당의도 5명이나 있다. 편안한 좌석에 무선인터넷이 완비된 바이오 디젤 통근 버스가 직원들을 멀게는 샌프란시스코까지 늦은 밤까지 실어 나른다. 노트북 컴퓨터도 살 필요가 없다. 그저 마음에 드는 모델을 고르기만 하면 된다. 여성은 출산 휴가를 5개월간 유급으로 낼 수 있고, 신생아 아빠는 마찬가지로 유급으로 7주 휴가를 낼 수 있다.

자료 : m.blog.daum.net

▲ 구글의 20% 타임제

① '20%' 시간

모든 구글 엔지니어들은 업무 시간 중 20%(주 5일 근무 기준으로 일주일 중 하루)를 그들이 흥미로워하는 프로젝트에 사용하도록 권장된다. 몇몇 구글의 새로운 서비스들, 예를 들어 Gmail, 구글 뉴스, Orkut, AdSense는 이러한 직원들의 독립적인 프로젝트들에 의해서 시작되었다. 구글의 검색 제품 및 고객 경험 파트의 부사장인 매리싸 마이어는 스탠퍼드 대학에서의 연설에서 새로 론칭되는 서비스의 50%가 이러한 20% 시간을 통해 시작되었다고 말한 바 있다.

② 기업 모토 'Don't be evil(사악해지지 말자)'

간단히 요약하면, "돈을 벌 때 나쁜 일이 아닌 좋은 일을 통해 돈을 벌자." 는 의미이다. "악해지지 않고도 돈을 벌 수 있다(You can make money without doing evil)."라는 뜻을 담고 있다.

● 역사

현재는 공식적인 구글의 기업 모토는 아니며, 구글의 회의에서 Gmail의 개발자 등이 제안했던 모토로, 'Don't be evil'이 담고 있는 내용 그대로 '사악해지지 말라'라는 의미이다. 이 모토는 단기간의 이익을 위해 장기간 동안 쌓아올려지는 이미지, 신뢰성 등을 포기해서는 안 된다는 의의를 가지고 있다.

구글의 목표는 모두를 만족시키는 것이 아니라 사용자를 만족시키는 것이다. 'Do not be evil'이라는 Google의 기업 윤리 강령의 모토는 2000년경에 처음 소개되었다. 2015년 10월 대기업 Alphabet Inc.를 통해서, Google의 기업 구조 조정을 마친 후 Alphabet corporate conduct code '올바른 일을 하라'는 문구로 개정되었다. 그러나 아직까지 Google의 행동 강령은 'Do not be evil'이라는 문구로 시작된다.

자료 : wordofmouthofword.wordpress.com

▲ 기업 모토 'Don't be evil'

● 구글 기업 모토의 제정 배경

기업 모토의 제정된 배경은 Google 직원인 폴 부체트(Paul Buchheit)와 2000년 초 또는 2001년 Google 엔지니어인 애미트 파텔(Amit Patel)이 구글 내부에서 기업 가치에 관한 회의에서 처음으로 사용할 것을 제안했다. 이에 관련하여 폴 부체트(Paul Buchheit) − Gmail의 창시자 − 는 "일단 그 기업 모토를 제정하면,

그 모토는 다시 변경하기 어려울 것이다."라고 말하였다. "다른 많은 회사에서 구글의 이러한 기업 모토에 대해서 비판하는 말이 있었다."고 언급했다. 이런 비판에 대해서 당시 구글의 폴 부체트(Paul Buchheit) 의견으로는, 이런 비판을 하는 업체들은 어느 정도 사용자의 정보를 각자 자신의 기업체의 이익을 위해서 이용하는 종류의 경쟁 업체였다고 하였다.

◉ 기업 철학과 행동 강령

본 내용 '사악해지지 말자'는 것은 기업 철학에는 기록되어 있지 않다. 다만 행동 강령으로, 해당 내용이 포함되어 있는데, 구글은 장기적으로는 좋은 일을 하는 회사가 되며, 그리고 다른 모든 면에서 더 나은 서비스를 제공할 것이라고 강력히 믿는다는 것이 기록되어 있다. 비록 구글이 단기간에 이익을 잃어버린다 할지라도, 이것을 기준으로 기업이 운영된다는 것이며, 때로는 기업에 손해를 줄 수도 있지만, 기업의 철학 (모토)과 행동강령은 기업이 지향하는 방향을 표시하는 것이다.

8) 알파고

① 개요

자료 : chosun.com

▲ 알파고

알파고(AlphaGo)는 구글 딥마인드(Google DeepMind)가 개발한 인공지능(AI, artificial intelligence) 바둑 프로그램이다.

2015년 10월 판 후이(樊麾) 2단과의 5번기에서 모두 승리해 핸디캡(접바둑) 없이 호선(맞바둑)으로 프로 바둑 기사를 이긴 최초의 컴퓨터 바둑 프로그램이 되었다. 2016년 3월에는 세계 최상위 수준급의 프로 기사인 이세돌

9단과의 5번기 공개 대국에서 대부분의 예상을 깨고 최종전적 4승 1패로 승리해 '현존 최고 인공지능'으로 등극하면서 세계를 놀라게 했다. 이 대국을 통해 인공지능의 새 장을 열었다는 평가를 받았으며, 바둑계는 기존의 통념을 깨뜨리는 창의적인 수와 대세관으로 수천 년 동안 이어진 패러다임이 바뀔 것으로 전망했다. 한국기원은 알파고가 정상의 프로기사 실력인 '입신(入神)'의 경지에 올랐다고 인정하고 '프로 명예 단증(9단)'을 수여했다. 2017년 5월에는 바둑 세계 랭킹 1위 프로 기사인 커제(柯洁) 9단과의 3번기 공개 대국과 중국 대표 5인과의 상담기(相談棋, 단체전)에서도 모두 승리하며, '세계에서 가장 강력한 인공지능'임을 다시 한 번 각인시켰다. 중국기원도 알파고에게 '프로기사 9단' 칭호를 부여했다.

자료 : news.sbs.co.kr

▲ '중국 최강' 커제, 알파고에 3전 전패 '충격'

딥마인드가 2014년 구글에 인수되면서 본격적인 개발에 착수한 알파고는 2015~2016년 프로토타입 단계를 거쳐 2017년 완료되었다. 데미스 하사비스(Demis Hassabis) 최고경영자(CEO)는 2017년 5월에 열린 '바둑의 미래 서밋(Future of Go Summit)'이 알파고가 참가하는 마지막 대회가 될 것이며, 앞으로 인공지능은 인류가 새로운 지시영역을 개척하고 진리를 발견할 수 있도록 돕게 될 것이라고 말했다. 구글 딥마인드는 알파고의 인공지능 알고리즘을 활용해 영

자료 : youtube.com

▲ 바둑의 미래 서밋

국의 국민건강보험공단(NHS)과 협약을 맺고 환자 치료와 진단 속도를 단축하는 기술을 시험하고 있으며, 실제 병원 의료진들이 매일 2시간 정도 절약하는 효과가 있는 것으로 알려졌다. 질병진단 및 건강관리 이외에도 신약개발, 기후변화 예측, 무인자율주행차, 스마트폰 개인비서 등 사회 전분야로 확대해 미래의 다양한 핵심적 서비스 사업에 적용할 수 있는 범용 인공지능으로 개발한다는 계획이다.

알파고라는 이름은 구글의 지주회사 이름인 알파벳과, 그리스 문자의 첫 번째 글자로 최고를 의미하는 '알파(α)'와 '碁(바둑)'의 일본어 발음에서 유래한 영어 단어 'Go'를 뜻한다. 통산 전적은 73승 1패이다.

② 알파고 이전의 개발 역사와 대전

바둑은 체스와 같은 다른 종목에 비해 컴퓨터가 인간을 이기기 훨씬 어려운 것으로 여겨졌다. 체스 등보다 가능한 국면의 수가 훨씬 크므로, 브루트 포스 등 전통적인 인공지능 기법 적용이 매우 곤란하기 때문이다.

1997년 IBM의 컴퓨터 딥 블루가 세계 체스 챔피언 가리 카스파로프(Garry Kasparov)를 상대로 승리한 이후 20여 년 동안 바둑 프로그램의 인공지능은 인간 아마추어 기사 5단의 수준까지 도달했지만, 여전히 핸디캡 없이 프로 바둑 기사를 이길 수 없었다. 2012년, 4대의 PC 클러스터로 운용되는 프로그램 '젠(Zen)'은 프로 기사 다케미야 마사키(武宮正樹) 9단과의 4점 접바둑으로 5전 2승을 거두었고, 프랑스에서 개발된 '크레이지 스톤'은 2013년, 이시다 요시오(石田芳夫) 9단과의 4점 접바둑에서 이겼다.

③ 알고리즘

알고리즘의 핵심은 무한대에 가까운 광범위한 경우의 수를 줄이는 것이다. 알파고는 훈련된 심층신경망(DNN, Deep Neural Network)이 몬테카를로 트리 탐색(MCTS, Monte Carlo Tree Search)을 통해 선택지 중 가장 유리한 선택을 하도록 설계되었다. 심층신경망은 정책망(policy network)과 가치망(value network)의 결합에 의해 이루어진다. 정책망은 승리 가능성이 높은 다음 수를 예측하여 검색 범위를 좁히고, 가치망은 트리 탐색의 단계(depth)를 줄여 끝날 때까지 승률을 계산하여 승자를 추정한다.

논문에 따르면 이를 실현하기 위한 기계학습은 여러 계층(layer)으로 디자인된 정책망을 구성하고, 정책망 지도학습(supervised learning of policy networks), 정책망 강화학습(reinforcement learning of policy networks), 가치망 강화학습(reinforcement learning of value networks) 단계를 거친다.

정책망 지도학습은 KGS 바둑 서버에 등록된 16만 개의 기보를 회선 신경망(CNN, convolutional neural networks)으로 학습하고 3천만 개에 이르는 착점 위치 정보와 패턴을 파악해 다음 수를 예측하여 인간의 바둑을 흉내내도록 훈련되었다. 훈련 결과 기존 44% 수준의 예측 확률이 57%까지 높아졌다.

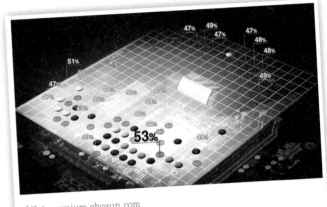

자료 : premium.chosun.com

▲ 알파고가 착점하는 수에 따른 승률을 계산하는 가상도

정책망 강화학습은 기보에만 최적화되는 것을 극복하기 위해 반복적인 자가 대국으로 정책망의 성능을 개선한다. 무작위로 선정된 신경망 사이의 자가 대국을 통해 학습하며, 승리하면 보상을 받고(+1) 패하면 보상을 잃는(-1) 방식으로 진행한다. 이 과정을 거쳐 강화학습 이전의 정책망과 비교해 80% 더 많은 대국

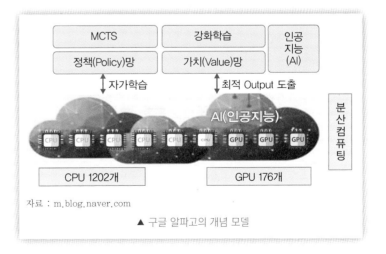

자료 : m.blog.naver.com

▲ 구글 알파고의 개념 모델

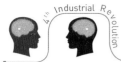

에서 이길 수 있게 되었다.

가치망 강화학습은 결과 예측을 강화하는 단계로 정책망의 자가 대국으로 확보된 기보를 바탕으로 승률을 파악하고 가중치를 부여해 다음 대국을 진행하는 방식으로 가치망의 분석 능력을 향상시킨다.

2016년 이세돌 9단과 대국한 알파고는 12개의 신경망 계층을 활용해 '지도학습'과 이를 통해 가장 합리적인 수를 도출하는 '강화학습'을 하였고, 2017년 커제 9단과 대국한 알파고 2.0은 신경망 계층을 40개로 늘려 '지도학습' 없이 '강화학습'만으로도 기력을 향상시킬 수 있도록 발전했다.

④ 사회적 반향

● 과학계

바둑을 두는 것은 머신 러닝에서 어려운 문제로 평가되어 왔기에 알파고는 인공지능 연구의 랜드마크적 성장으로 일컬어졌다.

대부분의 전문가들은 알파고와 같은 강력한 바둑 프로그램은 최소한 5년 후에나 가능할 것으로 생각했다. 일부 전문가는 컴퓨터가 바둑 챔피언을 이기려면 최소한 10년은 더 있어야 한다고 생각했다.

2016년 3월에 개최된 알파고와 이세돌의 대결은 인공지능 연구에 있어 획기적인 사건이었다. 대국 전에 대부분의 참관인들은 이세돌이 알파고를 이길 것으로 기대하였다. 하지만 5차례의 대국에서 알파고는 이세돌을 4대 1로 이겼다.

체스와 함께 바둑에서도 컴퓨터가 사람을 이기면서 기존의 방식으로 인기 보드 게임에서 이기는 것은 더 이상 인공지능의 중대 사건이 아니게 되었다.

딥 블루나 왓슨과 비교하여 알파고의 근원적인 알고리즘은 더 다목적인 잠재성이 있으며, 과학계가 인공일반지능(AGI, artificial general intelligence)으로 진전하고 있다는 증거일 수 있다.

일부 해설자들은 알파고의 승리는 사회에 있어 인공일반지능을 지닌 기계가 가져올 수 있는 미래의 충격에 대한 대비의 논의를 시작하는 좋은 기회를 가져다주었다고 평가한다. AI 연구자 스튜어트 러셀은 "AI의 체계성은 예상한 것보다 훨씬 빠르게 진척되고 있어서 장기적 성과에 대한 문제를 더욱 긴급하게 하고 있다."면서, "갈수록 강력해지는 AI 체계가 완전히 인간의 통제하에 남아 있음을 보장하기 위해서, 할 일이 많다."고 하였다. 스티븐 호킹과 같은 일부 학자들은 미래의 자기 개량 AI는 사실상의 일반 지능을 얻을 수 있으며, 기대하지 않았던 AI 테이크오버^(AI의 지구 장악)를 초래할 수 있다고 경고했다. 또 다른 학자들은 이에 동의하지 않으며, AI 전문가 장 가브리엘 가나

시아는 "상식과 같은 것들은 영원히 복제할 수 없을 것이다."라고 하였다. 또한, "우리가 왜 공포에 대해 말해야 하는지 모르겠다. 반대로 이는 건강이나 우주 탐험 같은 여러 분야에서 희망을 높여주고 있다."고 했다. 컴퓨터 과학자 리처드 서튼은 "사람들이 두려워해야 한다고 생각하지 않지만, 사람들은 주의해야만 한다."고 했다.

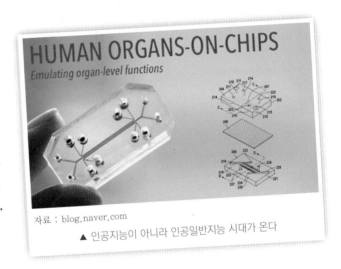

자료 : blog.naver.com

▲ 인공지능이 아니라 인공일반지능 시대가 온다

🔵 바둑계

알파고와 판 후이의 경기 심판이었던 토비 매닝과 국제바둑연맹^(IGF) 사무국장 이하진은 미래에는 바둑 참가자들은 대국에서 무엇을 잘못했는지를 알고, 기량을 향상시키기 위해 컴퓨터에 조언을 구하게 될 것이라 추측하였다.

2016년 3월의 대국은 전 세계적으로 수백만 명이 관람하고 분석하였다. 많은 바둑 기사들은 알파고의 정통적이지 않은 바둑을 처음에는 관람자들을 어리둥절하게 만들지만 다 알고 나면 이치에 맞는, 겉보기에 미심쩍은 행보로 묘사하였다. 알파고는 인공지능으로서는 최초로 핸디캡 없이 프로 기사에 이긴 2015년 10월의 경기와 비교하더라도 예상 외로 강해진 듯했다.

대국 전 이세돌은 "질 수도 있다."고 하면서 "바둑의 아름다움, 인간의 아

자료 : bloter.net

▲ 대국 사전 간담회를 가진 이세돌 9단

름다움을 컴퓨터가 이해하고 두는 게 아니므로 바둑의 가치는 계속될 것이다."라고 했다. 이세돌은 3국 후 그의 패배를 인정하면서 "여러 가지로 알파고 능력을 오판한 것이 많았다."고 했고, "분명히 약점이 있는 것 같다. 아직 정말 인간에게 메시지를 던질 수 있는 실력은 아니다."라고 주장했다. 4국의 승리 후에는 이를 "무엇과도 바꿀 수 없는 가치 있는 승리다."라고 했다.

중국의 바둑 1위이자 세계 랭킹 1위인 커제는 처음에는 알파고와 대국하여 이길 수 있다고 주장하였으나, 3국까지의 결과를 분석한 후에는 질 가능성이 크다고 언급하였다. 하지만, 이세돌이 1승을 거둔 대국 후에는 이길 수 있다고 믿는다고 했고, 알파고와의 대전을 트위터로 예고하였다.

3D 프린팅
스마트컴퍼니

03 3D 프린팅 스마트컴퍼니

1 스트라타시스

1) 개요

스트라타시스(Stratasys)는 사무실 기반의 신속한 프로토 타이핑 및 직접 디지털 제조 솔루션을 위한 3D 프린터 및 3D 생산 시스템 제조업체이다. 엔지니어는 스트라타시스 시스템을 사용하여 ABS 폴리 페닐 설폰(PPSF), 폴리 카보네이트(PC) 및 ULTEM 9085를 비롯한 다양한 열가소성 소재의 복잡한 형상을 모델링한다.

스트라타시스는 자동차, 항공우주 산업, 레크리에이션, 전자, 의료 및 소비자 제품 OEM을 대상으로 프로토 타이핑 및 직접 디지털 제조 시스템을 제조한다.

스트라타시스는 지난 1989년 이래 3D 프린팅의 혁신을 이끌어 왔다. 스트라타시스는 연구자들과 의료 전문가들이 인간 지식을 확장하고 의료 서비스의 전달 체계를 발전시키는 데 필요한 도움을 제공하며 인류의 삶을 발전시키는 데 앞장서고 있다. 이와

자료 : itdaily.kr

▲ 스트라타시스 컬러 복합재료 3D 프린터 '오브젯500 코넥스3'

함께 항공우주 산업과 자동차, 교육 부문에서도 차세대 혁신을 계속해서 이어가고 있다. 스트라타시스는 일류 제조업체와 혁신적인 디자이너, 제작자, 발명가, 행동가들에게 널리 인정받는 세계적인 기업이다. 스트라타시스는 이들의 혁신 파트너로서 최고의 기술과 풍부한 산업 전문성을 제공하며, 고객이 원하는 모든 형태를 실현하여 다양한 요구 사항을 만족할 수 있는 유연한 구현 옵션을 제공한다.

자료 : news.heraldcorp.com

▲ 3D 프린팅을 통한 사출 금형, 툴링, 금속 프레스 금형 직접 시연 (2015 한국기계전)

2) 역사

스트라타시스는 미네소타의 Eden Prairie에 사는 S. Scott Crump와 그의 아내 Lisa Crump가 1989년에 설립했다. 이 기술에 대한 아이디어는 1988년 Crump가 폴리에틸렌과 양초 왁스를 섞은 접착제 총을 사용하여 어린 딸의 장난감 개구리를 만들기로 결정했을 때 발생했다. 그는 레이어를 사용하여 레이어 모양을 만들고 프로세스를 자동화하는 방법을 생각했다. 1992년 4월 스트라타시스는 첫 번째 제품인 3D Modeler를 판매했다.

1994년 10월, 스트라타시스는 나스닥에 최초 공개했다. 회사는 주당 5달러의 보통주 138만 주를 매각하여 약 570만 달러를 모았다.

1995년 1월 스트라타시스는 IBM의 신속한 프로토 타이핑 지적 재산 및

자료: scmp.com

▲ Scott Crump

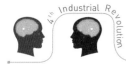
기타 자산을 구입했으며, Crump의 특허인 FDM^(fused deposition modeling)과 매우 유사한 압출 시스템에 의존하는 소형 3D 프린터를 개발한 16명의 IBM 엔지니어를 고용했다.

2003년 스트라타시스의 FDM은 베스트셀러의 신속한 프로토 타이핑 기술이었다. FDM은 특허 검증된 프로세스로, 설계 검증, 프로토 타이핑, 개발 및 제조에 사용하기 위해 레이어별로 3D CAD 파일에서 직접 3차원 파트를 생성하는 데 사용된다.

2007년에 스트라타시스는 전 세계에 설치된 모든 첨가제 제조 시스템 중 44%를 공급하여 6년 연속 단위 시장의 리더로 자리매김했다.

2010년 1월, 스트라타시스는 HP 브랜드 3D 프린터를 제조하기 위해 HP와 계약을 체결했다. 2012년 8월 HP와 제조 및 판매 계약이 중단되었다.

2011년 5월, 스트라타시스는 분실된 왁스 주조 응용 분야를 위한 고정밀 3D 프린터의 선두업체인 Solidscape를 인수했다고 발표했다.

DESIGN   PRINT   WAX MODELS   CAST

자료 : romanoff.com

▲ Solidscape의 3Z Pro-3D Printer for Direct Manufacturing

2012년 3D 인쇄로 무기 체계를 생산하는 관련 없는 어떤 프로젝트는 스트라타시스 프린터를 사용하기 위한 것이었다. 스트라타시스는 프린터 사용을 허가하지 않았고, 프린터를 '불법적인 목적으로 사용'하지 못하도록 했다.

2014년 이스라엘의 패션 디자이너 Noa Raviv는 스트라타시스의 3D 인쇄 기술을 사용하여 만든 그리드 패턴 중심의 양재 의류를 선보였다. 컬렉션 중

자료 : meappropriatestyle.com

▲ 이스라엘의 패션 디자이너 Noa Raviv

자료 : designboom.com

▲ Noa Raviv가 3D 인쇄 기술을 사용한 그리드 패턴 중심의 양재 의류

일부는 뉴욕시 메트로폴리탄 미술관(Metropolitan Museum of Art)의 Anna Wintour Costume Center의 'Manus X Machina' 전시회에서 2016년에 전시되었다.

👁 Objet와의 합병

2012년 4월 16일, 스트라타시스는 이스라엘의 Rehovot에 본사를 둔 3D 프린터 제조사인 Objet와 모든 주식 거래를 통해 합병하기로 합의했다고 발표했다. Objet는 1999년에 설립된 이스라엘 회사로 폴리젯(polyjet)과 폴리젯 매트릭스 폴리머 제팅 기술(polyjet matrix polymer jetting technologies)기술 특허를 보유한 회사다. 스트라타시스 주주는 합병된 회사의 55%를 소유하고 Objet 주주는 45%를 소유하게 된다. 합병은 2012년 12월 3일에 완료되었다. 새로운 회사의 시가 총액은 약 30억 달러였다.

자료 : m.blog.naver.com

▲ Objet의 로고

◉ MakerBot, Solid Concepts 및 Harvest Technologies 인수

2013년 6월 19일, MakerBot Industries는 스트라타시스가 4억 3천만 달러로 구매했다고 발표했다.

스트라타시스는 2014년 4월 2일에 기존의 디지털 제조 서비스 사업체인 RedEye와 결합된 Solid Concepts and Harvest Technologies를 인수하여 최종적으로 단일 첨가물 제조 서비스 사업부를 설립하기로 합의했다고 발표했다. 인수는 2014년 7월 15일에 완료되었다.

3) 제품

모든 산업은 각기 다른 특성을 가지고 있다. 이들이 필요로 하는 요구사항 역시 각기 다르다. 스트라타시스는 부품 하나에서부터 3D 프린터, 연구실 전체, 세계적으로 공유되는 서비스 네트워크에 이르기까지 고객이 필요로 하는 모든 솔루션을 제공한다.

① 재료

다채롭고 강력한 재료는 연구와 제품 개발, 제조의 모든 단계에서 적층 제조의 장점을 극대화할 수 있도록 해 준다. 스트라타시스는 투명한 재료, 고무 유사 재료 및 생체적합성 광경화성 재료를 비롯하여 내구성이 강한 고성능 열가소성 플라스틱수지 등 폭넓은 범위의 AM^(적층가공) 재료를 제공한다. 이처럼 다양한 재료를 통해 제품 개발 과정에서 3D 프린팅의 이점을 극대화할 수 있다.

빠르고 경제적인 콘셉트 모델링에서부터 정교하고 매우 사실적인 기능적 시제품 제작, 인증 테스트 및 신속한 저위험 생산에 이르기까지 스트라타시스의 재료는 모든 단계에 걸쳐 디자이너와 엔지니어를 지원한다.

◉ FDM 열가소성 수지

FDM Technology는 산업용 열가소성 플라스틱을 사용하여 정확하고 안정

적이며 균일한 품질로 반복 제작이 가능한 강하
고 내구성이 강한 부품을 제작할 수 있다. ABS,
PC 및 고성능 ULTEM 1010 및 ULTEM 9085 같은
익숙한 재료로 콘셉트 모델, 시제품, 툴 및 최종
사용 부품을 3D 프린팅할 수 있다.

자료 : Stratasys Ltd.
▲ FDM 열가소성 수지

PolyJet 광경화성 수지

PolyJet 광경화성 수지는 다른 모든 3D 프린팅
기술을 능가하는 최종 제품의 사실감과 더
불어 정교한 디테일을 제공한다. 또한 투명
하고 유연하며 견고한 재료 및 엔지니어링
플라스틱을 모사하고, 심지어 여러 색상과
재료 특성을 하나의 모델에 통합하는 다채
로운 능력을 보여준다. 특수 재료에는 생
체적합성 및 치과용이 포함된다.

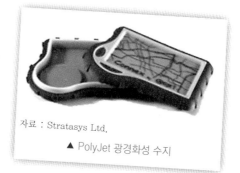

자료 : Stratasys Ltd.
▲ PolyJet 광경화성 수지

② 3D 프린터

FDM과 PolyJet 기술은 소등 운전과 엉김 방지 재료, 손쉬운 서포트 제거를
지원하며 후처리가 불필요하여 사무실이나 연구소, 제조 시설에 적합하다.

아이디어를 머릿속에 품고 있는 것과 고객의 손이나 동료의 책상 위에 올
려놓고 '자신이 예상했던 결과'를 분명히 보여주는 것은 전혀 다른 차원의 일
이다. 3D 프린터는 생각의 속도를 높일 수 있다. 더 빨리 움직이고 비용은 절
감할 수 있다.

스트라타시스는 개인 디자이너에서부터 제품 개발을 위한 협업 및 제조 부
서에 이르기까지 고객에게 가장 적합한 FDM 및 PolyJet 3D 프린터를 제공한다.

Idea Series

개인 및 소규모 팀에서 전문가용 3D 프린터인 Stratasys Idea Series를 도입

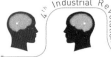

자료 : Stratasys Ltd.

▲ Idea Series 3D 프린터

함으로써 창의력을 가속화하고 해당 분야에서 경쟁력을 얻을 수 있다.

● Design Series

본격적인 제품 양산을 시작하기 전에 3D 시제품을 테스트해 경험을 통하여 그 효과를 알 수 있다. Stratasys Design Series 3D 프린터로 사내에서 직접 시제품을 제작하여 소요 시간을 단축하고 품질을 향상시킬 수 있다.

자료 : Stratasys Ltd.

▲ Design Series 3D 프린터

자료 : Stratasys Ltd.

▲ Production Series 3D 프린터

● Production Series

공장에서 양산 단계에 들어갔을 때, Stratasys Production Series는 제조 과정을 간소화하는 동시에, 최대 크기의 시제품과 소량의 파트를 정밀하고 신속하게 처리할 수 있도록 구축되어 있었다.

③ 후처리 작업 스무딩 스테이션

후처리 공정을 간소화할 수 있다. 후처리 작업 수무딩 스테이션은 작업자의 개입을 최소화하고 거의 사출 성형된 품질 그대로 FDM(fused deposition modeling) 부품에 광택 작업을 수행한다.

이 자동화된 후처리 시스템은 3D 프린팅된 맞춤형 부품의 가능성을 확장하고 ABSi, ABS-M30, ABS-M30i, ABSplus 및 ASA 등의 다양한 FDM 열가소성 수지를 활용한다.

자료 : Stratasys Ltd.

▲ 후처리 작업 스무딩 스테이션

👁 스무딩 작업 후

독립적 테스트*에 따라, 후처리 작업 스무딩 스테이션을 사용하면 후처리되지 않은 FDM 부품보다 15배 더 매끄럽게 만들 수 있다. 따라서 3D 컨셉트 모델, 패턴 및 최종 사용 부품에서 사출 성형에 가까운 품질이 구현된다. 기존 제조의 시간, 인력 및 모든 큰 비용을 절감할 수 있다. 스무딩 처리된 부품은 즉시 사용하기에 최적의 상태이거나 바로 다음 작업을 수행할 수 있다.

독립적 테스트

QC Inspection에 의해 실시된 독립적인 연구 데이터. 분석된 부품은 Fortus 3D 제조 시스템에서 0.010in 슬라이드 두께를 사용하여 제작되었다. 평균적으로, 표면 거칠기가 Ra 600에서 Ra 40~60으로 감소했다.

- 도장
- 전기 도금
- 진공 도금

후처리 작업 공정은 액체, 일반적인 공기 및 수압에 접촉하는 부품을 밀폐한다. 스무딩은 부품 정확성에 영향을 미치지 않는다.

👁 과정

부품을 스무딩 처리하는 과정은 매우 쉽다.

1. 부품을 10초~30초 동안 스무딩 챔버에 놓는다. 부품을 꺼내 후처리를 평가한다.
2. 원하는 후처리에 도달할 때까지, 일반적으로 2회~4회 반복한다.
3. 부품을 경화 챔버에 걸고, 만질 수 있는 상태가 될 때까지 약 30분~45분 동안 건조시킨다.

4) 산업

① 항공우주

많은 비용과 시간을 요하는 툴링과 양산 과정이 없이도 원하는 디자인을 구현할 수 있다. 3D 프린팅을 이용하면 보다 빠른 이터레이션(iteration, 반복)과 의사결정이 가능하고, 시장변화에 신속히 대응할 수 있다. 다른 공정 대비 적은 시간으로 치공구와 항공분야의 내공성 파트 아이디어를 실현할 수 있다.

비행체의 무게와 복잡성을 줄이고 생산을 단순화할 수 있는 아이디어가 있다면 무엇이든 실현 가능하다. 다른 제조 공정에서는 실현 불가능한 복잡한 형상도 스트라타시스 솔루션으로는 가능하다. 또한 인증 재료를 이용해 새로운 디자인의 내공성 및 혹독한 실제조건 하의 적용가능여부를 확인할 수 있다.

튼튼하고 가벼운 복합재 부품으로 재고를 줄이면서 생산 효율과 비행 성능을 높인다. 복합재 부품용 툴을 3D 프린팅하여 소요시간을 줄이면서 더욱 다양한 방법으로 최적화할 수 있다. 인테리어 파트의 디자인이 변경되는 경우에도 생산 일정에 큰 영향 없이 순조롭게 진행할 수 있다. 하우징 및 덕트 장치와 같은 비행 적합(flight-ready) 부품을 추적 가능한 인증 재료로 사

자료 : Stratasys Ltd.

▲ 연료비용 절감 및 적재량 증가를 위한 디자인

자료 : Stratasys Ltd.

▲ 제조의 비용과 복잡성 감소

내에서 3D 프린팅할 수 있다.

개별 수리와 복구에 필요한 맞춤 툴이나 부품 제작 때문에 더 이상 비싼 기계가공을 선택할 이유가 없다. 지그와 고정구까지도 빠르고 저렴하게 만들 수 있다. 복잡한 형상도 더 이상 비용증가의 요인이 되지 않는다. 3D 프린팅 솔루션을 이용해 내구성 높은 열가소성수지로 내공성 부품을 손쉽게 만들 수 있다.

자료 : Stratasys Ltd.

▲ 다품종 소량의 부품 생산을 신속하게

🔵 항공우주 및 방위 산업 애플리케이션

• 지그 & 픽스처

3D 프린팅의 디자인 유연성 덕분에 비용이나 제작 기간을 늘리지 않고도 지그, 고정구 및 기타 제조용 보조도구를 특정 작업이나 컴포넌트, 장비 또는 개인에 맞춰 최적화할 수 있다.

자료 : Stratasys Ltd.

▲ 지그 & 픽스처

• 완제품 파트

맞춤 부품을 소량 생산할 수 있다. 툴링으로 인한 지연이나 추가비용 없이 복잡한 형상의 부품을 자체 생산할 수 있으며, 내구성이 높고 안정적인 부품을 반복해서 제작할 수 있다.

자료 : Stratasys Ltd.

▲ 완제품 파트

• 복합재 툴링

FDM(fused deposition modeling) 기술은 복합재 부품 제작을 단순화하면서도 전

자료 : Stratasys Ltd.

▲ 복합재 툴링

례 없는 디자인 자유도를 제공한다. 고온에 견딜 수 있는 툴을 경제적인 비용으로 불과 수일 안에 만들 수 있다.

② 자동차

다른 개발공정 대비 일부의 시간만으로 디자인 아이디어를 실제 제품화할 수 있다. 모든 종류의 툴, 지그, 고정구 및 실제 주행 가능한 부품을 전례 없는 속도와 효율성으로 시제품으로 제작하고 테스트하고 본격 생산할 수 있다.

제조현장의 생산성을 높인다. 자동차 3D 프린팅 솔루션으로 조립과 품질보장(QA) 툴을 최적화해 품질과 처리량을 개선할 수 있다. 기계가공 전 사출금형 등의 툴을 테스트할 수 있어 오류로 인한 폐기와 재제작의 위험을 피할 수 있으며, 타 공정 대비 일부 시간만으로 복합재 툴링을 구축할 수 있다.

시간이나 비용의 제약 없이 아이디어를 자유롭게 실현할 수 있는 솔루션으로 디자이너와 제조자의 상상력을 맘껏 펼칠 수 있으며, 무게와 부품 수를 줄이고, 독창적인 디자인을 완벽하게 만들 수 있다. 이 모든 것을 더 짧은 시간에 이룰 수 있다. 스케일 모델에서부터 실제 도로 주행에 이르기까지, 자동차 디자인과 제조 방식을 완전히 바꾸는 여정에 스트라타시스가 함께 한다.

자료 : Stratasys Ltd.

▲ 아이디어 실현을 위한 패스트 트랙

자료 : Stratasys Ltd.

▲ 스마트한 작업을 통한 제조의 간소화

자료 : Stratasys Ltd.

▲ 한계가 없는 디자인의 자유

자료 : Stratasys Ltd.

▲ 맞춤제작, 소량 생산을 통한 수익 창출

각 지역 또는 시장의 요구사항에 따라 차량을 개발하는 동시에 기존 양산 공정과 맞춤화 과정을 동기화시킨다. 수리 및 복구 작업, 액세서리를 3D 프린팅 재료로 맞춤화할 수 있다.

🔵 자동차 분야 애플리케이션

• 매뉴팩처링 툴링
  빠르게 대응하고, 특수 툴 및 맞춤 고정구 제작을 위한 비용과 리스크를 줄일 수 있다. 더욱 창의적인 디자인과 신속한 혁신을 통해 작업에 필요한 툴을 더 효율적이고 손쉽게 만들 수 있다.

자료 : Stratasys Ltd.

▲ 매뉴팩처링 툴링

• 지그 & 픽스처
  3D 프린팅 솔루션의 유연성을 통해 특정 작업, 컴포넌트, 장비 또는 개인을 위한 지그, 고정구와 기타 제조도구를 최적화할 수 있다.

자료 : Stratasys Ltd.

▲ 지그 & 픽스처

• 소량 생산 맞춤화 파트

제조 공정에 FDM 기술을 적
용하여 툴링, 셋업과 변경
으로 발생하는 비용을 최고
90%까지 절약할 수 있다.

자료 : Stratasys Ltd.

▲ 소량 생산 맞춤화 파트

③ 소비재

더욱 빠른 디자인 사이클로 경쟁사보다 더 빠르게 시장에 신제품을 출시
할 수 있다. 이제는 수일이 아닌 수시간 만에 디자인에
서 시제품을 만들 수 있다. 신속한 프로토타입의 수정
으로 제품 개선도 신속하게 이루어진다. 모든 작업이 사
내에서 이루어져 리드타임을 단축할 뿐 아니라 지적재
산권 도난에 대한 위험도 줄어든다. 덕분에 경쟁자들이
도저히 따라 올 수 없는 속도로 테스트를 끝내고 검증된
제품을 출시할 수 있다.

자료 : Stratasys Ltd.

▲ 콘셉트 모델링

지금껏 수려한 외관과 기능적인 요건 모두를 한 번에
충족시키는 이와 같은 솔루션은 찾아볼 수 없었다.
이제 디자이너들이 상상하는 어떠한 형태도 그 자
리에서 실시간으로 구현하고, 원하는 만큼 테스트
하고 수정할 수 있다. 이제 혁신은 고객이 원하는
즉시 현실이 될 수 있다.

워크플로우(workflow, 작업 흐름)의 단계와 복잡성을
줄여 결과를 개선할 수 있다. CAD 디자인에서 바
로 본격적인 시제품을 제작, 이를 기반으로 소비
자 피드백을 반영하면서 순조롭게 디자인을 검
토, 개선할 수 있다. 단순함이 성공의 비결이다.

자료 : Stratasys Ltd.

▲ 사출성형

개별 소비자의 니즈에 따라 제품을 개발해 고객을 확보할 수 있다. 디자인에서 제조로 이어지는(design-to-production) 간소화된 공정을 통해 소비자가 원하는 핏*, 성능과 디자인을 갖춘 제품을 효율적으로 설계하고 생산할 수 있다. 맞춤화를 통한 고객 확보가 가능한 것이다.

핏

핏(fit)은 형태, 가령 바지를 입었을 때의 실루엣을 말한다.

자료 : Stratasys Ltd.

▲ 기능성 프로토타입

④ 덴 탈

디지털 덴티스트리와 함께 환자 경험과 비즈니스 수익성을 모두 강화할 수 있다. 더 이상 시간과 재료를 낭비하거나 물리적 모델 보관을 위한 공간이 필요 없다. 가장 작은 기공소에서도 통합된 디지털 워크플로우를 이용해 구강 내 스캔에서 곧바로 치과 보철물을 제작할 수 있다. 납기일을 앞당기면서도 더욱 정확하고 편안하며 효과적인 보철물을 만들 수 있다.

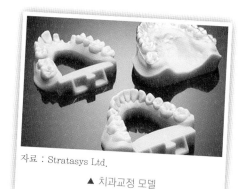

자료 : Stratasys Ltd.

▲ 치과교정 모델

전통적인 방식에서는 모형으로부터 시작됐다면 이제는 모형과 함께 완성된다. 3D 프린팅 도입으로 더 이상 지저분한 석고주입, 커팅 및 트리밍 작업이 필요치 않아 비즈니스를 개선할 수 있다. 전체 공정을 디지털화해서 새로운 방식으로 첨단 케어를 제공할 수 있다. 스트라타시스 솔루션은 업계를 선도하는 구강 내 스캐너 및 소프트웨어와 통합하여 예측 가능하고 반복해서 제작할 수 있는 환자에게 딱 맞는 결과물을 제공한다.

효과적인 디지털 워크플로우는 신뢰할 수 있는 파트너와 프린터, 양질의 기술 지원을 필요로 한다. 스

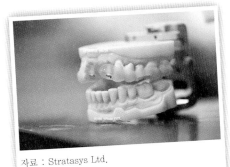

자료 : Stratasys Ltd.

▲ 임상 교육용 모형

트라타시스와의 파트너십을 통해 고객의 비즈니스 발전에 필요한 전문성과 기술 및 지원을 얻을 수 있다.

스트라타시스 3D 프린팅 솔루션은 트리플젯(triple-jetting) 기술을 치과 및 치아교정에 적용, 환자의 잇몸 텍스처와 색상을 그대로 재현한 임플란트 모델을 제작한다. 트리플젯 기능의 스트라타시스 3D 프린터와 VeroDentPlus(MED690), VeroGlaze(MED620) 재료로 정확하고 튼튼한 높은 내구성의 모델을 만들 수 있다. 투명한 색상의 생체정합성(biocompatible) 재료(MED610)는 구강 내 임시 사용을 위해 의료용으로 승인된 재료다.

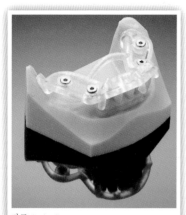

자료 : stratasys.com

▲ Objet30 Dental Prime을 이용해 제작한 세밀한 치과용 모델

자료 : Stratasys Ltd.

▲ 투명한 색상의 생체정합성 재료

⑤ 의료

실제 환자를 기반으로 3D 출력된 해부학적 모델과 동물 및 해부용 사체 등 기존 모델을 비교해 장비성능을 검증한다. 실제 환자 영상을 토대로 한 3D 프린팅 모델은 한 번의 출력에서 다양한 인체 조직 특성을 구현할 수 있다. 의료용 스트라타시스 3D 프린팅 솔루션을 이용하면 3D 프린팅 콘셉트 모델에서부터 임상 전 테스트 단계까지 제품개발을 빠르게 진행할 수 있다. 덕분에 제조자는 확신을 갖고, 어디서나 테스트할 수 있고, 비용 초과를 줄일 수 있다.

어떤 임상 시나리오도 구현할 수 있는 사실적인 해부학적 모델로 임상교육을 어디서나 실시할 수 있다. 특정 병리현상이나 인체 조

자료 : Stratasys Ltd.

▲ Jacobs Institute에서 디자인한 혈관 모델

직과 뼈를 재현한 맞춤 모델로 생생하고 직접적인 경험을 제공한다. 복합 재료를 이용한 의료용 3D 프린팅으로 시간과 비용은 줄이면서도 정확하고 다양한 용도의 모델을 제작할 수 있다.

강화된 생산 유연성이 임상시험과 초기상용생산을 지원한다. 기계가공 대비 일부의 비용으로 기능성 부품을 적층제조 방식으로 제작할 수 있

자료 : Stratasys Ltd.

▲ 실제 환자 영상을 기반으로 제작된 모델을 이용한 의료진 교육

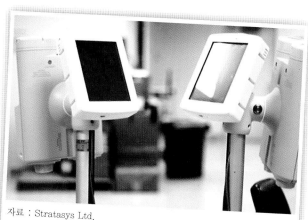

자료 : Stratasys Ltd.

▲ 적층제조 기술로 제조의 유연성을 극대화하는 Acist Medical Systems*

Acist Medical Systems

Acist Medical Systems는 세계 최초의 신속 교환 FFR(fractional flow reserve) 및 고화질 IVUS(intravascular ultrasound, 혈관 내 초음파)시스템을 포함한 고급 제품 포트폴리오를 보유한 개척적인 중재적 진단 기술 회사이다. 이 회사는 심혈관 혈관 조영술을 위한 선진 조영 영상 시스템 분야의 세계적인 선두 업체이기도 하다. Bracco Group의 일원으로 이 회사는 Cath lab(catheterization laboratory) 기술에 대한 폭 넓은 전문 지식을 갖춘 다국적 대기업의 자원과 지속적인 발전을 위해 헌신하고 있다.

다. 동시에 기존 의료제조의 한계를 극복하고 현장의 변화와 요구에 더욱 신속히 대응할 수 있게 된다. 의료용 스트라타시스 3D 프린팅 솔루션은 폐기를 줄이고, 비견할 데 없는 디자인 자유를 허용하며, 시제품에서 신속히 최종제품을 만들고, 소규모 생산을 단순화하며, 폐기물과 보관비용까지 줄여준다.

자료 : Stratasys Ltd.

▲ 결과 개선을 위해 3D 모델을 사용하는 Nicklaus 아동병원 어린이 환자

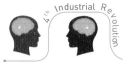

자료 : Stratasys Ltd.

▲ 의료용 애플리케이션 수술 계획 모델

각 환자 치료에 적합한 솔루션을 제공한다. 환자별 모델을 요구에 따라 제작해 외과의는 더욱 효율적으로, 그리고 더 확신을 갖고 수술을 준비하고 실행할 수 있게 된다.

실제 환자 스캔에 기반해서 만든 공간, 촉각, 물리적으로 정확한 모델을 이용하여 최적의 수술계획을 세울 수 있다. 수술팀은 3D 프린팅 모델을 이용해 치료 접근방법을 계획하고, 비싼 수술 시간을 더 효율적으로 사용할 수 있다.

② 3D 시스템즈

1) 개요

1983년, 한 순간의 영감에서 태어난 3D Systems는 30여 년간 혁신을 위해 달려왔다. 3D 프린팅의 발명자인 Chuck Hull과 공동 창업한 3D Systems는 고객에게 고객의 비즈니스, 설계 또는 엔지니어링 문제를 해결하기 위해 필요한 디지털 제조 워크플로와 전문가를 연결하여 영감과 혁신 사이의 간극을 잇는 것에 중점을 둔 글로벌 3D 솔루션 회사로 성장했다. Chuck Hull(Charles W. Hull, 1939년 5월 12일 태어남)은 3D Systems의 공동 창립자, 수석 부사장 및 CTO이다. 그는 최초의 상업용 고속 프로토 타이핑 기술인 SL(stereolithography)라고 부르는 고체 이미징 프로세스의 발

자료 : epo.org

▲ Chuck Hull

명가이다. 그의 기술은 이온 광학 및 래피드 프로토 타이핑 분야에서 전 세계 60개 이상의 미국 특허 및 기타 특허에 선정되었다. 그는 2014년에 국립 발명가 명예의 전당 (National Inventors Hall of Fame)에 입성했다.

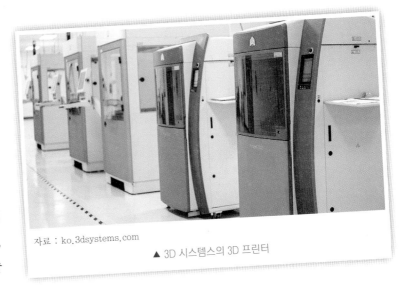

자료 : ko.3dsystems.com

▲ 3D 시스템스의 3D 프린터

제조, 검사 및 관리의 디지털화, 설계 및 시뮬레이션에서, 3D Systems의 포괄적인 기술 포트폴리오는 결과의 가속화는 물론 제품 및 프로세스의 최적화를 위해 완벽하고 사용자 정의 가능한 워크플로를 제공한다. 3D Systems는 주문형 제조 서비스를 포함하는 고급 하드웨어, 소프트웨어 및 재료와 전 세계에서 전문가로 구성된 팀을 운영하여 제조 혁신을 통한 비즈니스 전환이라는 사명을 띠고 노력한다.

2) 역사

- 1983 : Chuck Hull, 최초의 3D 프린트 부품을 제작하고 광경화성 수지 적층 조형(SLA, stereolithography apparatus)* 기술 발명
- 1984 : Chuck Hull, 광경화성 수지 적층 조형 기술에 대한 특허 신청
- 1986 : 3D Systems, Chuck Hull과의 공동 창립 하에 세계 최초의 3D 프린팅 회사로 탄생
- 1987 : 3D Systems, 최초의 3D 프린터인 SLA-1 광경화성 수지 적층 조형(SLA) 기술 프린터 상용화
- 1989 : SLS(selective laser sintering, 선택적 레이저 소결 조형) 기술 특허 획득
- 1993 : 포스 피드백 햅틱 디바이스에 대한 특허 신청

SLA

SLA라는 명칭은 1986년 Charles W. Hull 박사에 의해 처음 소개되고 불려졌다. 최초의 3D 프린팅 기술이다. 이 방식은 Optical fabrication, Photo-solidification, Solid free-form fabrication, Solid imaging 등으로도 불린다.

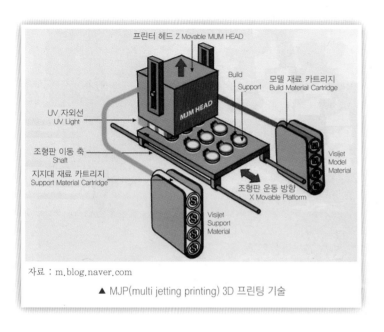

자료 : m.blog.naver.com

▲ MJP(multi jetting printing) 3D 프린팅 기술

- 1994 : ColorJet 프린팅(CJP)급 3D 파우더형 시스템에 대한 상용화 과정 시작
- 1996 : 3D Systems, 멀티젯 프린팅(MJP) 3D 프린터 시장에 출시
- 2000 : 최초의 Simbionix 가상현실 수술 시뮬레이터 출시
- 2006 : 역설계를 위한 특허 받은 스캔 기반 설계 소프트웨어 시장 출시
- 2009 : 3D Systems, 주문형 부품 제조 기술 착수

- 2012 : 3D Systems, 선도적인 헬스케어 제품 및 서비스 포트폴리오의 일환으로 VSP(virtual surgical planning) 개척
- 2013 : 3D Systems, 포트폴리오에 DMP(direct metal printing) 추가

자료 : 3dsystems.com

▲ 명예의 전당에 가입되어 European Inventor Award 수상하는 Chuck Hull

- 2014 : Chuck Hull, 발명가 명예의 전당(National Inventors Hall of Fame)에 가입되어 European Inventor Award 수상

- 2016 : 3D Systems, 차세대 SLA
  인 Figure 4 SLA 기술 시연
- 미래 : 3D Systems는 고객과 고
  객의 제조 혁신을 통해 비즈니
  스를 전환하기 위해 필요한 솔
  루션을 연결한다.

자료 : ko.3dsystems.com
▲ 차세대 SLA인 Figure 4 SLA 기술 시연하는 3D Systems

3) 솔루션

동급 최강의 엔드 투 엔드 3D 솔루션과 업계를 주도하는 전문지식으로 고
객의 설계, 엔지니어링, 제조 및 헬스케어 워크플로를 전환한다.

① 제조

👁 어셈블리 프로세스

3D Systems의 솔루션은 어셈블리 프
로세스를 개선하여 향상된 생산성, 어
셈블리 비용 절감, 제품 경량화 및 개
선된 제품 수명주기를 실현한다. 성공
사례를 들어 보기로 한다.

행성 자원에 관한 과제로서 저비용
로보틱스 우주 탐사 개발을 의뢰 받았
다. 생산 시간은 가속화하면서도 부
품 중량과 비용을 낮추기 위해 부품

자료 : 3D Systems, Inc.
▲ 행성 자원 과제 성공 사례

과 어셈블리를 고민해야 했다. QuickCast 주조 패턴, 플라스틱 원형용 ProJet
7000 SLA 프린터, 주문형 제조 서비스를 통해 제공되는 DMP(direct metal printing)

를 위한 ProX DMP를 통하여 해결했다. 결과적으로 주조 공정에서 엄청난 시간이 절약되었고 시간 소모적인 공구 세공을 제거하여 설계 반복이 빨라졌다. 부품 중량을 줄이기 위해 어떠한 합금 유형도 사용할 수 있다.

미국 메릴랜드 대학교 CEEE(Center for Environment Energy Engineering, 환경에너지 공학연구소) 열교환기 관련 과제로서 연속적인 응력, 고압, 반복적 사용 및 극심한 온도 조건 하에서도 더욱 효율적인 성능을 제공하는 열교환기 개발을 위해서, DMP(direct metal printing)를 사용한 설계 및 생산을 3D Systems 주문형 제조 컨설팅 및 생산 서비스로 실현하여 해결했다. 결과적으로 복잡한 요소가 포함된 단일 제작 부품을 적용하여 1kw 열교환기 효율을 20% 높이고, 중량과 크기를 줄였으며, 생산성은 75% 향상되었다.

자료 : 3D Systems, Inc.

▲ 열교환기 관련 과제 성공 사례

◉ 사출 성형

3D Systems의 금형, 도구 설계 및 제조용 고급 솔루션을 통해 저렴한 비용과 단축된 기간 내에 훨씬 향상되고 복잡한 사출 성형 부품을 얻을 수 있다. 성공 사례는 다음과 같다.

Bastech 과제로서 향상된 성능의 사출 성형을 위한 새로운 설계 도구와 솔루션 도입을 통해 사출 성형 사이클 시간을 크게 개선하고 초도품 생산 시간 단축을 위해서, Cimatron(1982년 이스라엘에서 개발된 CAD/CAM 통합프로그램) 성형 제작 소프트웨어,

자료 : ko.3dsystems.com

▲ Bastech 과제 사출 성형

ProX 200 DMP(direct metal printing) 시스템 및 사출 성형의 형상 적응형 냉각 검사를 위한 Geomagic® Control X*(단순한 워크플로를 통해 업계에서 가장 강력한 도구를 제공하는 포괄적인 측정 소프트웨어 플랫폼) 소프트웨어를 통하여 해결했다. 결과적으로 사출 성형 설계 시간 75% 단축, 통합된 형상 적응형 냉각 채널 추가로 비용 18% 절감, 사출 성형 사이클 시간 22%를 단축할 수 있었다.

> **Geomagic® Control X**
>
> Geomagic Control X를 사용하면 품질 관리자는 혁신적으로 사용이 쉽고 직관적이며, 포괄적인 제어와 추적 가능하고 반복 가능한 워크플로를 통해 품질 측정 프로세스를 관리할 수 있다. 빠르고 정밀하며 풍부한 정보를 제공하는 보고서 및 분석을 통해 어떠한 제조 워크플로에도 상당한 생산성 및 품질 향상을 달성할 수 있다.

② 3D 스캐닝

고속 설계, 엔지니어링, 원형 제작, 특수 효과, 위치 조사 등을 가능하게 하는 실제 세상의 디지털 3D 데이터 생성을 위한 솔루션이다.

● 제품 디자인

혁신적인 새 제품 설계를 제공하고 3D Systems의 통합 설계 및 제조 솔루션을 통해 시장 출시 기간을 단축할 수 있다.

Black & Decker 과제로서 18세기 프랑스의 심미적인 아름다움과 우아함을 불러 일으키면서 현대적인 방법을 통해 생산 가능한 도어 하드웨어 제품군 생성을 위해서, Geomagic FreeForm은 고객이 조각 및 양각 도구를 사용하여 조형적 디테일을 개발하고 디지털 모델링된 텍스터를 만들 수 있도록 했다. 결과적으로 디지털 환경 내에서 엔지니어의 변경 요구에 신속하게 응답하고 독특한 커스텀 하드웨어 솔루션을 고객에게 전달할 수 있는 능력을 발휘했다.

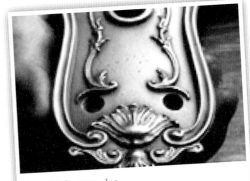

자료 : 3D Systems, Inc.

▲ Black & Decker 과제 성공 사례

GE 과제로서 항공기 엔진 브라켓 설계를 최적화하여 부품 중량을 획기적으로 줄이면서도 필요한 강도비를 유지하기 위해서 3D Systems ProX DMP 320 시스템 및 주문형 제조 서비스를 사용하여 3D 프린트된 브라켓 완제품

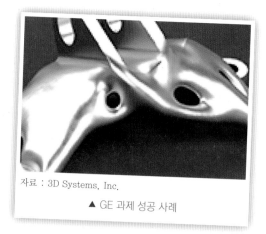

자료 : 3D Systems, Inc.

▲ GE 과제 성공 사례

자료 : 3D Systems, Inc.

▲ Schneider Electric 과제 성공 사례

자료 : 3D Systems, Inc.

▲ U.S. Army 과제 성공 사례

을 통해서 해결했다. 결과적으로 3D 프린팅을 사용하여 항공기 브라켓 중량을 70% 줄이는 동시에 기능적 요구 사항을 만족시킬 수 있었다.

◉ 품질 검사

3D Systems 측정 및 디지털 검사 도구를 사용하여 제품 및 제조 품질을 향상하고 공정 문제를 식별하며 생산성을 증대할 수 있다.

Schneider Electric 과제로서 주요 어셈블리, 설계 및 생산 라인 오류가 완제품 어셈블리에서 주요 제품 불량을 초래하는 위치 식별을 위하여 Geomagic Control X를 사용한 완제품 어셈블리의 CT 스캔을 통해 부품 하우징 내에서 이전에 검출되지 않았던 부품 간섭을 식별할 수 있었다. 결과적으로 Schneider Electric은 생산 라인 다운타임 1개월을 단축하고, 신속한 검사를 통해 약 $490,000의 비용 절감에 성공했다.

U.S. Army 과제로서 전장에서 부대에 지급되는 새 방탄복 디자인의 보호 및 안전성이 크게 향상되었는지 확인하기 위해서, 3D 스캔 및 Geomagic Control을 사용하여 원형에 대한 테스트 사격 후 충격과 재료 변화를 측정했다. 결과적으로 캘리퍼 사용 시 2mm에서 3D 스캔 및 처리 사용 시 0.2mm가 되어 테스트 결과의 불확실성 한계가 10배 개선되었다.

③ 의료용 특수

👁 Virtual Surgical Planning

VSP는 외과의사에게 환자의 해부학적 구조를 명확히 확인할 수 있도록 3D 시각화를 제공하여 수술을 시작하기 전에 수술 계획을 수립할 수 있도록 한다. 상세한 케이스 보고서뿐만 아니라, 살균된 장소에서 환자 특정 수술 가이드, 모델 및 기구를 설계 및 3D 프린트할 수 있다.

Rachel Uwimama 과제로서 상처같은 조직이 정상적인 골을 대체하여 자라는 골질환인 섬유이형성증*의 부작용을 바로잡기 위한 어려운 두개골 재건 수술을 위하여, 3D Systems의 VSP®(Virtual Surgical Planning)와 3D 프린팅은 수술을 위한 모델, 템플릿 및 수술 가이드 프린트를 지원했다. 결과적으로 변화된 삶, 즉 완쾌 후 환자는 신체적, 정신적 및 감정적으로 완전히 새로운 사람으로 거듭날 수 있었다. 심하게 손상된 두개골과 왼쪽 눈 주변 골조직에서 섬유이형성증으로 고통 받던 15세의 르완다 소녀인 Rachel Uwimana의 얼굴에서는 이제 희망을 볼 수 있다.

인간에 대한 연민, 수술 기술과 3D Systems의 VSP 및 3D 프린팅 등의 진보된 기술 덕분에, Rachel은 이제 쉽게 웃고 미소를 지으며 몇 년 전에는 불가능했던 반응을 보일 수 있다고 한다.

2016년 봄, 레이첼은 Brosnan과 함께 살며 오스틴 소재 국제 고등학교에서 영어를 배우고 있다. 그녀는 6월까지 오스틴에 머물며 학교를 마친 다음 신체적, 정신적, 감정적으로 완전히 달라진 사람이 되어 르완다의 집으로 돌아갔다.

복잡한 수술 과제로서 부상을 입은 슬레이드 하키 선수 Mark Weimer의 심각한 통증을 경감하기 위해 최소한의 수술 시간 이내에 집도해야 하는 복

> **섬유이형성증**
>
> 섬유이형성증(線由異形性症, Fibrous dysplasia of bone, Fibrous dysplasia)은 정상적인 뼈와 골수가 섬유 조직으로 대체되어, 약한 뼈를 형성하여 확장을 하는 경향이 있는 질병이다. 그 결과로 인한 합병증으로 대개 골절, 기형, 기능 손상, 통증이 포함된다. 더 희귀한 경우, 섬유이형성증은 근육 내 점액종, 일명 마자브로 증후군과 관련될 수 있다. 섬유이형성증은 매우 희귀한 질병이며 알려진 치유 방법은 없다. 섬유이형성증은 암의 일종이 아니다.

자료 : 3D Systems, Inc.

▲ Rachel Uwimama 과제 성공 사례

자료 : 3D Systems, Inc.
▲ 복잡한 수술 과제 성공 사례

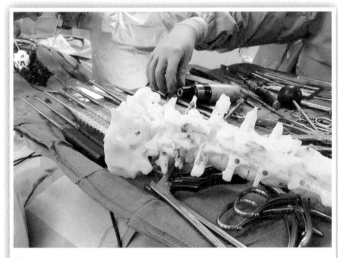

자료 : 3D Systems, Inc.
▲ Mark Weimer의 척추 수술에서 참조 자료로 사용된 3D Systems ProX 800 장비로 프린트한 개인화된 해부학적 모델

잡한 수술에서, 부상을 입은 척추뼈에 3D Systems 프린터로 프린트한 척추경 나사못 가이드를 사용했다. 수술 전 계획 및 수술실 내에서의 참조를 위해 해부학적 골 모형을 프린트했다. 결과적으로 포괄적인 계획의 결과 향상된 수술 경과 획득, 상당한 통증 경감 및 향후 긴 시간이 필요한 회복으로 나아가는 확고한 첫 단계에 성공했다.

3D Systems는 가상 현실 시뮬레이터, 3D 프린트된 해부학 모델 및 환자 특정 가이드 및 기구를 포함하여 처음부터 끝까지 책임지는 완벽한 정밀 헬스케어 솔루션을 제공한다. 3D Systems는 또한 3D 프린트된 의료 기기를 제조한다.

1990년대 후반 이후, 3D Systems는 대부분의 인체 해부학에서 다양한 수술에 사용되는 의료 기기를 제공하는 업체 중 유명 제공업체와 파트너 관계를 맺었다. 3D Systems는 100,000여 가지의 외과 수술에 대해 개인화된 솔루션을 개발했다.

👁 의료 기기 설계 및 제조

3D Systems로 콘셉트 단계로부터 상품화 단계에 이르기까지 새로운 의료 기기를 개발하기 위한 Comprehensive Additive Manufacturing Solutions을 필

요로 한다.

Ekso Bionics 과제로서 스키 사고로 휠체어에 갇혀 있는 여성의 꿈은 다시 걷는 것이다. 이를 해결하기 위해서 3D 전신 스캔 및 SLS(selective laser sintering)를 통해 모든 것을 변화시키는 생체공학적 수트에 사용되는 맞춤형 경량화 부품을 제작했다. 결과적으로 환자의 신체와 기계가 하나가 되어 환자는 결국 일어서서 다시 걸을 수 있었다

중이^(中耳) 인공 기관 과제로서 전 세계 코카서스 인종 성인 중 10%가 이경화증*을 앓고 있으며, 그 결과 청력 상실이 발생하므로 귀 안에 끼우는 작은 장치가 필요하다. 이를 위해 ProJet Multi Jet^(MJP) 3D 프린터는 귀 내부 장치가 요구하는 허용 오차에 적합한 32 마이크론 크기의 작은 레이어 정확도를 제공한다. 결과적으로 Multi-Jet 3D 프린터의 마이크로 3D 프린팅 덕택으로 새 '등골' 인공 기관이 개발 중이다.

자료 : 3D Systems, Inc.

▲ Ekso Bionics 과제 성공 사례

이경화증

귓속 중이(中耳)의 등골판(난원창) 주변 뼈가 자라 청력이 떨어지는 유전성 질환이다.

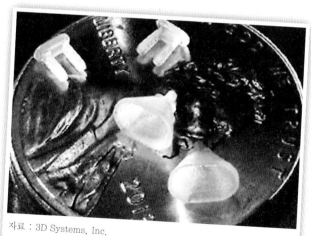

자료 : 3D Systems, Inc.

▲ 중이 인공 기관 과제 성공 사례

Chapter 04

자율주행자동차 스마트컴퍼니(I)

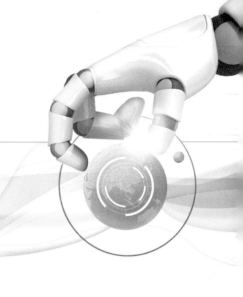
04 자율주행자동차 스마트컴퍼니(I)

1 구글

1) 개요

구글에서는 무인자동차로 통한다. 구글 무인자동차는 구글 슬렉스의 연구소에서 개발하는 무인자동차이다. 구글 카라는 이름으로도 알려져 있다. 스탠포드대 · 카네기멜론대 연구팀, 무인자동차 경주인 그랜드 챌린지 우승자들을 영입해 무인자동차 사업을 시작하였다. 구글은 "래리 페이지와 세르게이 브린은 기술을 활용해 우리가 직면한 중대한 문제를 해결하기 위해 구

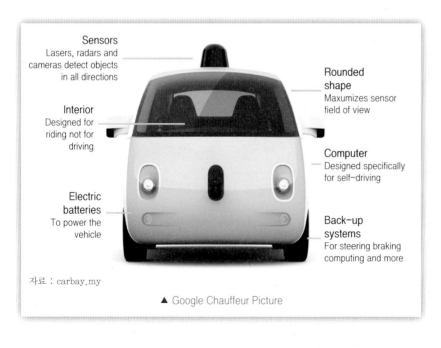

Sensors
Lasers, radars and cameras detect objects in all directions

Rounded shape
Maxumizes sensor field of view

Interior
Designed for riding not for driving

Computer
Designed specifically for self-driving

Electric batteries
To power the vehicle

Back-up systems
For steering braking computing and more

자료 : carbay.my

▲ Google Chauffeur Picture

글을 세웠다."며, "지금 우리의 목표는 자동차 사용을 근본적으로 혁신함으로써 교통사고 예방, 시간의 자유로운 활용, 탄소배출 감축을 꾀하는 것"이라고 말했다. 이미 미국 구글 직원 12명은 매일 무인자동차로 출퇴근한다. 집에서 고속도로까지만 직접 운전대를 잡고 실리콘밸리 고속도로에 진입하면 구글 무인자동차를 작동시키는 소프트웨어인 '구글 쇼퍼(chauffeur)'가 알아서 운전한다.

자동차가 무인자동차임을 알아보기 위해 자동차에 '자기-운전 자동차(self-driving car)'라고 쓰여 있다. 이 프로젝트는 현재 스탠포드 인공지능연구소의 전직 이사였고 구글 스트리트 뷰의 공동제작자였던 구글의 엔지니어 세바스찬 스런이 주도하고 있다. 구글은 2009년부터 도요타의 일반 차량을 개조해 무인주행자동차를 개발하고 시험 주행을 해 왔다. 이 자동차는 비디오 카메라, 방향표시기, 인공지능 소프트웨어, 범지구위치결정시스템(GPS), 여러 가지 센서 등을 기반으로 작동된다.

자료 : guplum.com

▲ 구글 자기-운전 자동차(self-driving car)

2) 기술

구글 카는 운전에 필요한 다양한 정보를 얻은 후 이를 해석해 의사결정을 내린다. GPS(범지구위치결정시스템)를 통해 현재 위치와 목적지를 끊임없이 비교하면서 원하는 방향으로 핸들을 돌린다. 목적지를 설정한 후 규정된 지점(웨이포인트, Waypoint)만 지나면 자동 운전되는 항공기와 같은 원리다. 여기에 레이더·카메라·레이저 스캐너가 도로의 다양한 정보(주변 차량·사물사람·신호)를 확보한다. GPS가 조향장치 개념이라면 이 장비들은 사물탐지·충돌방지 장치다. 이렇게 수집된 데이터는 구글 컴퓨터가 종합·분석해 방향조작, 가·감속,

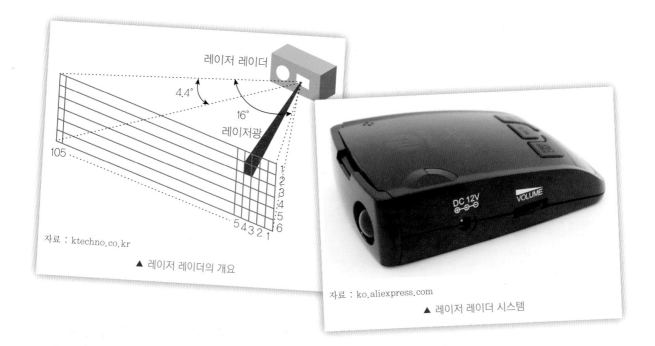

자료 : ktechno.co.kr

▲ 레이저 레이더의 개요

자료 : ko.aliexpress.com

▲ 레이저 레이더 시스템

정지 등 운전에 필요한 최종의사결정을 내린다.

　구글 무인자동차는 약 15만 달러에 해당하는 장비를 가지고 있으며, 여기에는 7만 달러에 해당하는 LIDAR(레이저 레이더) 시스템을 포함하고 있다. 상단에 장착된 거리계(레인지 파인더)는 Velodyne이라고 불린다. 64개의 빔 레이저로 구성되어 있다. 이 레이저를 통해 무인자동차는 차의 환경과 관련한 세부적인 3D 지도를 생성한다. 무인자동차는 이 생성된 지도를 받아들이고 조합하여 고해상도의 세계 지도를 만들어내고, 특수한 데이터 모델을 제공해 자동차가 스스로 운전할 수 있도록 한다.

3) 법률적인 문제들

　2012년 5월 8일에 구글은 처음으로 네바다 주에서 시험 면허 획득에 성공했다. 네바다 주는 2011년 무인자동차의 시험 운행을 위한 법률을 미국 최초로 통과시켰다. 구글은 무인자동차가 일반도로에서 운행할 수 있도록 허용해 달라며 네바다 주를 상대로 조용히 로비를 해왔으며, 이 법안의 의회 통과를 촉구하기 위해 라스베이거스에서 일하는 로비스트 데이비드 골드워터를 고용했다. 네바다 주에 무인자동차가 법적으로 도로에서 운영할 수 있도록 최초로 만든 두 법안에 대해서 로비를 했는데, 첫 번째 법안은 자격증 및 무인자동차의 테스트를 위해 제공하는 전기자동차 법안의 개정이었고, 두 번째 법안은 운전석에 앉아 있는 동안 문자 메시지를 보낼 수 있는 등의 산만한 행위에 대한 제한을 없애는 것과 관련한 것이었다. 2011년 6월, 네바다 주는 주의회의 분기가 끝나기 전에 위 두 법안이 투표에 부쳐졌다. 무인자율자동차에 대한 네바다에서 발행 번호판은 빨간색 배경을 가

자료 : carlab.co.kr

▲ 무한대기호(∞)가 새겨진 구글 자율주행차 번호판
(이미지 : 미국 네바다 주 자동차국 DMV)

지고 있고 왼쪽에는 무한대기호(∞)를 가지고 있다. DMV(Department of Motor Vehicles, 자동차국) 이사에 따르면, "무한대기호를 사용하는 것이 '미래의 자동차'를 표현하는 가장 좋은 방법이었다."라고 밝혔다.

이 법률에 따르면, 시험운행 중에는 의무적으로 두 명이 탑승해야 한다. 컴퓨터 스크린으로 도로 상황을 모니터링하고 문제가 발생하면 브레이크나 운전대를 작동하기 위해서다. 구글의 무인자동차 프로젝트를 담당하고 있는 앤서니 레반도우스키는 최근 자동차엔지니어협회 컨퍼런스에서 "향후 10년 내 무인자동차가 상용화될 수 있을 것"이라고 전망키도 했다. 구글 카에 발급한 운전면허증은 일반인 운전면허증처럼 사진을 붙인

자료 : pikicast.com

▲ 구글의 무인자동차 네바다 주 자동차 운전면허증

신분증 형태가 아니라 빨간색 자동차 운전면허 번호판으로 발급됐다. 구글 카 번호판에는 '미래의 차'라는 의미에서 수학기호로 무한대표시가 왼편에 붙었고, 첫 번째라는 뜻에서 001이라는 숫자가 새겨졌다. 또 자발적으로 움직인다(autonomous)는 뜻의 AU 기호가 가운데에 있다.

2012년 10월 제리 브라운 캘리포니아 주지사가 마운틴 뷰에 있는 구글 본사에서 구글의 공동창업자 세르게이 브린도 참석한 가운데, 최근 주의회를 통과한 무인자동차 운행 허용법안에 최종 서명해 캘리포니아는 미국에서 세 번째로 구글 무인자동차를 승인한 주가 됐다. 미시건 주의 릭 스나이더 주지사는 2013년 12월 미시건 주의 도로에서 자율주행자동차의 테스트를 허용하는 법을 통과시켰다. 그러나 이 법은 자동차가 사용될 때에는 꼭 사람이 타고 있어야 한다는 조항을 달았다. 미국의 네 개 주는 무인자동차를 허용하는 법을 2013년 12월에 통과시켰다. 네바다, 플로리다, 캘리포니아 그리고 미시간 주 순이다. 텍사스에서 발의된 법은 무인자동차 허용과 관련한 기준을 정립했다.

2014년 5월 25일 미 캘리포니아 자동차국(DMV)이 캘리포니아 공공 도로에서 자율주행자동차를 테스트할 수 있는 규정을 네바다 주에 이어 승인했다. 무인자동차는 2014년 9월 18일부터 캘리포니아 도로를 주행할 수 있다. 단 DMV가 제시한 요건을 충족해야 한다. 캘리포니아 차량국은 온전히 사람이 타지 않은 자동차는 허용하지 않는다. 운전석에 운전을 할 수 있는 사람이 반드시 착석해 사고에 대비해야 한다. 평상 시에는 운전대에서 손을 떼고 있지만 긴급 상황에는 운전대를 잡아야 한다. 또한 아무나 자율주행자

자료 : v.auto.daum.net

▲ 자율주행차가 도로에서 주행할 때 만일의 사태에 대비해 운전자가 의무적으로 탑승하도록 규정하고 있는 캘리포니아

동차 운전석에 앉을 수도 없다. 운전자는 위험 상황 대처법 등 방어운전 교육을 이수해야 한다. 그 뒤 특별 면허를 취득해야 운전할 수 있다. 자율주행자동차 제조업체는 시험주행차량을 DMV에 등록해야 되고, 사고가 나면 최대 500만 달러(약 51억 원) 보험금을 내야 한다. DMV는 테스트 차량에서 일반 자율주행자동차로 도로주행을 점차 허용할 계획이다.

4) 주행 테스트

구글 무인자동차 프로젝트 팀은 도요타 프리우스, 아우디 TT, 렉서스 RX(450h) 등을 개조해 시험운전을 해왔다. 이 자동차들은 숙련된 드라이버가 운전석에 자리 잡고 조수석에는 구글의 엔지니어가 탑승하며, 캘리포니아 해안도로(PCH), 금문교, 헐리웃대로 등 캘리포니아에서 14만 마일 이상을 운행했다. 특히 한 대는 경사와 굴곡이 심한 것으로 유명한 샌프란시스코 롬바드 거리를 아무 문제없이 운행했다.

구글은 2012년 3월 28일 시각장애인을 태우고 시험주행에 성공한 무인자동차 동영상을 유튜브에 공개했다. 구글은 무인자동차의 성능 등을 검증하기 위해 시각장애인을 태우고 20만 마일 주행 시험을 시행하였고, 이에 성공했다. 무인자동차 탑승 기회를 거머쥔 주인공은 캘리포니아 주민인 스티브 마한이었다. 그는 시력의 95%를 잃은 법정 시각장애인이다. 구글은 이와 같은 특수 검사를 위해 세밀하게 준비된 경로 등을 이용했다. 무인자동차는 그를 태우고 타코벨, 세탁소 등 실생활에 필요한 장소를 오가는 데 전혀 무리가 없음을 보여주었다. 스티브 마한은

자료 : carguy.kr

▲ 구글의 자회사 웨이모(Waymo) 자율주행차 시각장애인 운전시험

"내가 해본 운전 중 최고"라며 "(무인자동차 덕에) 가고 싶은 곳을 갈 수 있고, 가야할 곳을 갈 수 있다는 것은 내 삶을 바꾸게 될 것"이라고 의미를 부여했다. 구글은 주행 성공을 기념하여 관련 동영상을 공개하고, 구글 플러스에도 무인자동차와 관련 "기술을 시험하기 위한 테스트였지만 앞으로 엄격한 기술 및 안전 기준을 충족시킨다면 조만간 만나볼 수 있을 것"이라고 밝혔다.

2012년 8월, 구글의 프로토타입 무인자동차 플릿(fleet)은 약 48만km 이상을 미국의 공공 도로에서 달렸다. 48만km는 지구를 약 12바퀴 돈 거리에 해당한다.

2014년 4월 구글 무인자동차 팀은 무인자동차가 약 112만km 주행 기록을 갱신했음을 발표했다.

5) 사고

2011년 8월, 캘리포니아 마운틴 뷰에 있는 구글 본사 주변에서 한 건의 추돌사고가 있었지만 그건 사람이 운전할 때 일어난 일이었다. 이전의 사고는 구글 무인자동차가 운전 중 멈추는 동안 다른 자동차가 무인자동차를 들이받은 것으로 알려졌다. 구글은 어떠한 사고도 무인자동차의 문제로 발생한 것이 아니며 다른 사람의 운전이 실수라고 주장했다.

6) 특허 출원

2011년 12월 16일 영국 BBC 방송에 따르면, 구글이 미국 특허청으로부터 관련 기술의 특허를 획득했다고 보도했다. 구글은 무인자동차 관련 기술을 2011년 5월 특허청에 신청해 2011년 12월 13일 최종적으로 특허를 획득한 것으로 보인다. 특허를 획득한 무인자동차 관련 기술에는 자동차가 정지할 경우 주차공간을 자동으로 인식하는 기술과 현재의 위치와 진행 방향에 대한 정보를 파악하는 기술이 포함되어 있다. 구글은 2013년 말 기준 미국에서

1 레이저 레이더(뇌와 눈)

360도로 회전하며 레이저를 쏴 반사돼 돌아오는 시간을 측정해 위치 파악 오차범위 2cm의 제도와 연계해 분석

2 지능형 카메라(눈)

여러 각도로 동영상 촬영해 조합, 음파탐지기와 연계해 보행지도 포착 신호등 색깔, 속도제한 글씨도 인식

3 주행 컴퓨터(뇌·손·발)

레이더 등으로 취합된 정보를 종합해 진행 방향과 가속·제동 지시

4 레이더(눈)

장애물과의 거리 차이 인식 → 주행 컴퓨터가 자동으로 속도조절

5 위치 센서(손·발)

바퀴의 움직임 포착해 지도상의 위치와 실제 위치의 오차 없앰

자료 : enjoyourlife.com
▲ 구글의 '스마트 자동차' 관련 특허

(단위 : 건)

310
234
161
35

■ 구글
■ 삼성
■ LG
■ 애플

자료 : portal.changwon.ac.kr
▲ IT 기업 스마트카 관련 특허

310건의 스마트카 관련 특허를 보유했다. 스마트카 관련 업체 중 최다 특허 출원이다.

7) 시제품

구글의 공동창업자인 세르게이 브린은 2014년 5월 27일 캘리포니아 주 남부에서 열린 코드(Code) 컨퍼런스에서 무인자동차의 시제품을 공개했다. 구글이 세 번째 시제품으로 개발한 이 무인주행자동차는 기존 시제품에서 발견된 핸들로 인한 결함을 완전히 해소했다. 핸들이나 페달 등 운전에 필요한 모든 장치를 없앤 것이다. 자동차가 스스로 알아서 움직이기 때문에 이러한 장비를 넣을 필요성을 느끼지 못한 탓이다.

이 프로토타입은 배터리로 움직이며, 구글의 무인자동차 프로젝트 책임자인 크리스 엄슨은 현재 달릴 수 있는 거리는 160km라고 밝혔다. 시작과 종료 버튼이 있으며, 핸들은 조정할 수 없고, 브레이크나 엑셀을 밟을 수도 없다. 그러

자료 : multiwriter.co.kr
▲ 구글의 공동창업자 래리 페이지와 세르게이 브린(오른쪽)

나 자동차의 중앙 콘솔에 있는 전원 버튼을 이용해서 최소한 자동차의 시동을 켜고 끌 수는 있다. 중앙 콘솔에는 컵 홀더도 존재한다. 엄슨에 따르면 새로운 프로토타입 자동차에는 현재 무인자동차에는 없는 360도 전방위를 감지할 수 있는 레이더가 탑재되어 있다. 그는 "우리는 또한 현재 무인자동차에 있는 레이저보다 해상도가 높고 범위가 넓은 새로운 레이저를 달았다. 그리고 이 레이저는 자동차가 정해진 방향대로 가도록 조정해주는 역할을 한다."고 밝혔다.

새로운 무인자동차는 기존의 무인자동차보다 카메라와 센서가 더 많다. 구글에 따르면, 이 센서들은 사각지대를 줄이고 자동차 주위 축구장 두 개만한 공간에 있는 물체를 추적할 수

자료 : bloter.net
▲ 구글의 무인자동차 시제품

있다. 두 사람(혹은 개 한 마리와) 탑승 가능하다. 무인자동차에는 벨트가 있는 좌석이 2개가 있다. 페달이나 대시보드가 없어서 공간이 비교적 넓다. 덕분에 대형 개 한 마리 혹은 쇼핑백을 놓을 자리가 충분하다. 엄슨은 "앞부분과 앞창을 부드럽게 설계했다. 사고에 대비해서 보행자와 탑승자를 모두 잘 보호하기 위함이다."라고 설명했다. 그러나 어떤 원리로 움직이는지, 속도 조절은 어떻게 하는지 등 구체적인 구동원리는 밝히지 않았다.

무인자동차에는 에어백이 없는데, 이 부분에 대해서 구글은 "환경에 맞게 탑승자와 보행자를 보호할 수 있다. 보통의 자동차들이 고속으로 주행할 때와는 많이 다른 환경이다."라고 말했다. 또 다른 안전장치는 최대 속력이 시속 40km라는 점이다. 엄슨은 뉴욕시장이 도심 안전을 위해서 속도 제한을 시속 40km로 줄이려고 한다는 사실을 언급했다.

구글의 무인자동차는 지도에 의존해서 돌아다닌다. 이 프로토타입 역시 마찬가지며, 덕분에 처음에는 테스트 영역이 제한적이다. 엄슨은 "현재 지도 데이터가 매우 적다. 테스트 목적으로 필요한 정도의 지도만 구축했다."라고 설명했다. 지도가 없는 지역에서는 운행이 불가하다. 엄슨은 "센서로 실시간 데이터를 받아 지도와 함께 사용한다. 현재 이 지도는 마운틴 뷰 지역 내에서만 이용할 수 있다."라고 덧붙였다. 아직은 이 무인자동차를 구입할 수 없다.

운전석과 조수석 사이에 달린 '출발' 단추를 누르면 미리 입력해 둔 경로로 자동차가 스스로 움직인다. 목적

자료 : m.blog.naver.com

▲ 구글의 셀프 드라이빙 카

지에 도착하면 알아서 멈춘다. '정지' 단추는 비상 상황에 대비한 장치다. 시승용 자동차에선 안전을 고려해 최고속도를 시속 40km로 제한했다.

물론 현재 공개한 이 셀프 드라이빙 카가 100% 완벽한 것은 아니다. 아직 거리의 신호등까지 완벽하게 감지할 수 없고, 사각지대에서 작은 물체가 갑자기 튀어나올 때 위험한 상황이 벌어질 수도 있다. 구글은 앞으로 이 '셀프 드라이빙 카'를 더욱 발전시켜 100% 완벽한 감지 능력과 더욱 완벽한 위기 대응 시스템을 개발하겠다고 발표했다.

8) 논란

GM 제품개발 대표인 마크루스 대표는 "구글이 충분한 시간과 자본을 토대로 자동차 산업을 계속 추진한다면 무엇이든 될 수 있다."며, "자동차업계에 아주 심각한 위협적인 경쟁자"라고 말했다. 존 린코브 컨슈머 리포트 자동차 편집장은 "상용화까지는 10년 이상이 걸릴 것으로 보입니다. 불완전한 기술로 통제 기능이 전혀 없는 차라면 어떤 일이 벌어질까요?"라고 우려를 표현했으며, 이나 프리드 리 코드 선임 모바일 편집장은 "장기적으로 봤을 때 구글이 자동차 제조업체가 되지는 않을 것입니다. 연구 프로젝트에서 아이디어를 구현하는 데 투자하고 있다고 봅니다."라고 밝혔다. 해리스 폴(Harris Poll)이 2013년 겨울에 시행한 조사에 따르면, 오직 12% 정도만이 긍정적인 의견을 보였고 절반 이상이 자동차의 컴퓨터 시스템이 해킹 당할 위험이 높을 것이라고 예상했다.

2013년 3월 3일 비즈니스인사이더(BI)는 구글 무인자동차가 가진 한 계점에 대해 분석 보도했다. BI는

자료 : misocar.com

▲ 미래의 자동차

법적인 부분을 주목했다. 예컨대, 교통사고가 인명 사고로 이어질 경우 법적인 책임은 누구에게 있는가 하는 문제다. 이 부분에서 소송은 기술적 문제를 포함하면서 긴 논쟁을 유발할 수 있다. 보험료도 비슷한 사례다. 무인자동차는 컴퓨터로 조정되기 때문에 사람보다 뛰어나고 정확한 운전 실력을 보일 것으로 예상된다. 사고가 날 확률도 적다. 때문에 졸음 운전, 휴대폰 조작 등으로 사고 위험이 잦은 사람의 경우 자동차 보험료가 비싸질 가능성이 있다. 또한 구글도 자체적인 기술 문제를 지적한다. 첫째는 눈길 운전이다. 구글 개발자들은 무인자동차가 아직 이 부분을 정확하게 판단하지는 못한다고 설명한다. 아울러 무인자동차에 미리 탑재된 지도도 문제로 작용할 수 있다. 도로와 길은 수시로 바뀐다. 사전 탑재된 지도와 실제 길이 다를 때 무인자동차는 혼란을 겪을 수 있다. 갑작스런 길 변화로 인한 혼동을 막도록 지도 업데이트를 얼마나 빠르게 할 수 있는지도 기술적 관건이다. 교통신호와 경찰 수신호가 다를 경우도 마찬가지다. 이 부분도 차량이 어느 부분을 먼저 인식하느냐, 또는 우위에 두느냐에 따라 운전 결과가 달라질 수 있다. 운전 중 사람이 자의적으로 판단해야 할 경우의 수가 대부분 무인자동차에 기

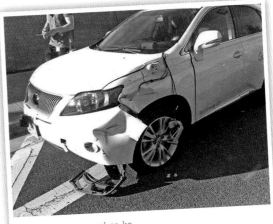

자료 : nownews.seuol.co.kr

▲ 구글 무인자동차 사고 직후 모습*

구글 무인자동차 사고 직후 모습

2016년 2월 14일 미국 캘리포니아 주 마운틴 뷰의 구글 본사 인근에서 시험주행하던 무인자동차가 시내버스와 가벼운 접촉사고를 낸 구글이 사고 검토에 나선 가운데, 사고 당시 상황을 담은 영상과 사고 차량의 모습이 최초로 공개됐다.

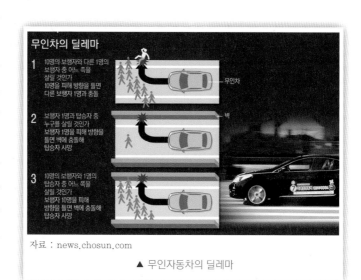

자료 : news.chosun.com

▲ 무인자동차의 딜레마

술적 난제로 꼽힌다. 이와 관련해 BI는 "무인운전은 고속도로 운전 등 제한된 상황에서만 운영될 수 있는 게 현재 수준"이라며, "구글 무인자동차가 상용화되는 시점은 이와 같은 문제를 해결하고 난 이후의 일"이라고 설명했다.

세르게이 브린 구글 공동 창업자는 "2022년까지 무인자동차를 만들어 보이겠다."고 무인자동차 상용화를 공언했다. 미국에서 무인자동차를 허용하는 법안이 통과된 덕분이라고 할 수 있다. 미국 캘리포니아 주가 미국에서는 처음으로 무인자동차 운행을 허용하는 법안에 서명했다.

자료 : news.joins.com

▲ 세르게이 브린

안전성에 대해서는 아직 논란이 많지만, 구글은 무인자동차의 안전성을 자신하는 눈치다. 구글은 지금도 무인자동차를 시범 운행하고 있다. 구글은 도요타의 '프리우스' 모델에 구글의 소프트웨어와 기술을 얹은 개량형 자동차를 이용해 사람의 도움 없이 8천km나 운행한 바 있다. 운전자의 도움을 받은 경우에는 48만km를 운행할 수 있다고 구글 측은 주장한다.

자료 : carlab.co.kr

▲ 프리우스에 '구글 쇼퍼(Goolge Chauffeur)'를 탑재한 첫 구글카

애플

1) 개요

애플 주식회사(Apple Inc.)는 컴퓨터, 휴대전화 등의 전자제품을 생산하는 미국의 기업이다. 이전 명칭은 애플 컴퓨터 주식회사(Apple Computer, Inc.)였다.

최초의 개인용 컴퓨터 중 하나이며, 최초로 키보드와 모니터를 가지고 있는 애플 I을 출시하였고, 애플 II는 공전의 히트작이 되어 개인용 컴퓨터의 시대를 열었다. 이후 매킨토시(Macintosh)로 마우스를 이용한 컴퓨터 조작과 같은 그래픽 사용자 인터페이스의 보급을 선도하였다. 현재 개인용 컴퓨터인 매킨토시, MP3 플레이어인 아이팟, 스마트폰인 아이폰, 가정용 멀티미디어 기기인 애플 TV, 태블릿 PC인 아이패드 등의 제품을 판매하고 있다. 그리고 아이팟에서 재생할 수 있는 음원을 인터넷을 통해 제공하는 아이튠즈 스토어와 OS X, 아이폰 사용자의 편의를 위한 인터넷 서신 아이클라우드(iCloud)를 제공하고 있다. 또한 2014년 Apple Special Event에서 애플 워치가 공개되었다.

자료 : blog.donga.com
▲ 캘리포니아(California) 애플 본사

최근에는 무인자동차 개발 프로젝트도 진행하고 있으며, 캘리포니아 주 자동차국(DMV)에 제출된 애플의 자율주행차량 테스트 신청서가 최근 공개돼 주목을 끌고 있다. 물론 이 문서만으로는 애플이 자율주행자동차 분야에서 어떤 전략을 가지고 있는지 전체를 파악할 수 없지만 약간의 힌트는 얻을 수 있다.

자료 : hanwha.advanced.com
▲ 애플 무인자동차 '타이탄 프로젝트'

그동안 애플이 무인자동차 개발 프로젝트인 '타이탄 프로젝트'를 추진하고 있다는 소문이 널리 퍼졌으며 몇 년 전부터 애플은 '아이무브(iMove)'라는 자율자동차를 개발 중인 것으로 알려졌다.

현재 본사는 미국 캘리포니아 주 쿠퍼티노에 소재하고 있고, 영국, 일본, 한국 등지에 지사를 두고 있다. 최고경영자는 전 애플의 CEO였던 팀 쿡이다.

2011년 8월 9일 미국 증시에서 장중 엑손모빌을 누르고 시가총액 1위가 되었고, 8월 10일에는 종가에서도 1위가 되었다. 2015년 2월 11일 세계 최초로 주식 종가 시가

자료 : enjoyourlife.com
▲ 애플의 CEO 팀 쿡

총액이 7000억 달러를 넘은 기업이 되었다.

세계 스마트폰 수익의 94%를 차지하는 회사다.

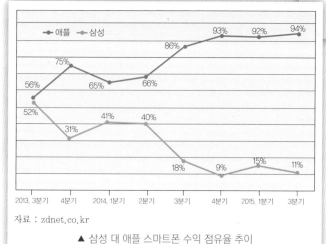

자료 : zdnet.co.kr
▲ 삼성 대 애플 스마트폰 수익 점유율 추이

2) 역사

- 1976년 4월 1일 : 스티브 워즈니악과 스티브 잡스, 론 웨인이 잡스의 부모님의 차고에서 컴퓨터 조립 키트인 '애플 I'을 만들며 애플이 시작되었다.
- 1977년 4월 17일 : 애플 II가 출시되었다.
- 1979년 1월 3일 : 애플 컴퓨터 주식회사가 주식 상장을 하였다.
- 1983년 1월 19일 : 애플 리사가 출시되었다.
- 1984년 1월 24일 : 매킨토시가 처음 공개되었다. '1984년' 광고가 방영되었다.
- 1985년 : 스티브 잡스가 존 스컬리에 의해 애플에서 해고되었다.
- 1993년 : 세계 최초의 PDA이자 태블릿 플랫폼인 애플 뉴턴을 출시했다.
- 1997년 : 스티브 잡스가 12년 만에 다시 애플로 돌아와 임시 CEO가 되었다.
- 1998년 8월 15일 : 아이맥이 공개되었다.
- 2001년 : 스티브 잡스가 CEO가 되었다.
- 2001년 3월 24일 : 맥 OS X가 공개되었다.
- 2001년 10월 23일 : 아이팟이 공개되었다.
- 2007년 1월 9일 : 아이폰과 애플 TV가 공개되고, 기업의 명칭을 애플 컴퓨터(Apple Computer, Inc.)에서 애플 (Apple Inc.)로 바꾸었다.
- 2010년 1월 27일 : 아이패드가 공개되었다.
- 2010년 6월 7일, 6월 24일 : 아이폰 4가 발표 및 공개되면서, 24일 판매를 시작하였다.
- 2011년 8월 9일 : 미국 증시에서 장중 엑손모빌을 누르고 시가총액 1위가 되었다.

자료 : smok95.tistory.com

▲ 아이패드(iPad) 공개

자료 : chosunilbousa.com

▲ 애플 창업주 스티브 잡스 사망

- 2011년 8월 10일 : 미국 증시 종가에서도 시가총액 1위가 되었다.
- 2011년 8월 24일 : 스티브 잡스가 CEO 자리에서 물러나고 팀 쿡이 애플의 새로운 CEO가 되었다.
- 2011년 10월 5일 : 스티브 잡스가 만 56세의 나이에 췌장암으로 사망하였다.
- 2012년 1월 19일 : 뉴욕에서 아이북스 2와 iBooks Author, 그리고 iTunes U 앱을 발표하면서 교육시장에 진출한다.
- 2012년 9월 12일 : 아이폰 5가 출시되었다.
- 2013년 9월 10일 : 아이폰 5s와 아이폰 5C가 공개되었다.
- 2014년 9월 9일 : 아이폰 6와 아이폰 6 플러스 그리고 애플 워치가 공개되었다.

자료 : liverex.net

▲ 아이폰 7 플러스

- 2015년 4월 24일 : 애플 워치 발매가 시작되었다.
- 2015년 9월 25일 : 아이폰 6S와 아이폰 6S 플러스 발매가 시작되었다.
- 2016년 3월 31일 : 아이폰 SE 발매가 시작되었다.
- 2016년 9월 8일 : 아이폰 7, 아이폰 7 플러스, 애플 워치 시리즈 2, 그리고 애플의 무선 이어폰인 에어팟이 공개되었다.

3) 무인자동차

2014년경부터 '프로젝트 타이탄'이라는 이름으로 2020년까지 전기차를 양산하겠다는 목표 아래 비밀리에 자율주행 전기자동차를 개발하고 있다. 테슬라, 메르세데스-벤츠 등에서 전문가들을 영입해 1,000명이 넘는 직원들이 이 프로젝트에서 일했다. 하지만 자율주행자동차 개발이 예상보다 늦어지면서 개발 인원 수십 명을 일시에 해고하고 일부 부서를 폐쇄하는 등 사업을 포기하는 듯한 모습을 보인다.

그러나 미국 도로교통안전국(NHTSA)에 서한을 보내 자율주행자동차에 대한 의견을 개진하였다. 그리고 미국 특허청이 애플의 자율주행자동차 관련 특허인 충돌 회피 시스템 특허를 공개했다. 자율주행자동차 제어의 기본 기술로 보인다. 특허는 "임의 다각형 장애물에 대한 충돌 회피(Collision Avoidance Of Arbitrary Polygonal Obstacles)"로 명명됐다.

자료 : global-autonews.com

▲ 프로젝트 타이탄

자율주행자동차 혹은 무인자동차에 관한 주위의 무수한 소문에도 불구하고 애플은 2016년 8월 현재에도 자동차 개발 프로젝트인 '프로젝트 타이탄(Project Titan)'에 대해 공식적인 입장을 밝히지 않고 있다.

애플의 처음 목표는 2019년까지 개발을 완료해 선보일 계획이었지만 몇 가지 계획에 차질이 생기면서 2021년으로 미뤄졌다. 애플의 전 이사인 마이크 드렉슬러는 "iCar는 스티브 잡스의 꿈

자료 : yputube.com

▲ 애플 iCar 디자인 콘셉트

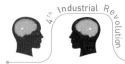
애플의 무인자동차
글로벌오토뉴스,
2016년 8월 19일.

이었다."고 전할 만큼 애플은 자동차 시장 진출에 의욕을 보여 왔다. 애플의 무인자동차 프로젝트가 어디까지 진행되고 있는지는 여러 가지 형태로 보도가 있지만 아직까지는 추측이나 소문에 가까운 소식들이 대부분이다.*

그러나 최근에 공개된 몇 가지 정보에 따르면, 주요 자동차 메이커가 애플의 자동차 개발 프로젝트에 참여한다거나 프로젝트의 방향이 수정되었다고 하는 소문도 나오고 있다. 어찌되었든 애플이 '프로젝트 타이탄'을 진행하고 있는 것은 확실하다.

자료 : nocutnews.co.kr

▲ 스티브 잡스(가운데)와 팀 쿡(왼쪽), 밥 맨스필드

2016년 7월 월스트리트 저널에 따르면 애플은 '프로젝트 타이탄'의 책임자로 애플의 전 임원이었던 밥 맨스필드(Bob Mansfield)에게 개발 총책임을 맡겼다고 한다. 맨스필드는 이전에 맥북 에어와 아이맥, 그리고 아이패드 등 회사의 주요 제품에 대한 하드웨어 개발을 담당해 왔지만 2013년 퇴임하고 애플 워치 프로젝트에 합류하기도 했다. 현재 '프로젝트 타이탄'에는 1,000여명의 직원을 동원하고 있다.

스티브 잡스와 함께 한때 '애플 신화'의 주역이었던 밥 맨스필드가 애플의 자율주행자동차 개발 프로젝트 타이탄을 이끌 수장의 자리로 돌아온 것이다.

실리콘그래픽스 엔지니어 출신인 맨스필드는 2009년 회사가 애플에 인수된 이후 애플의 하드웨어 엔지니어링 부문에서 활약하며 지금까지 맥북 에어와 아이맥 등을 개발하는 데 중추적인 역할을 담당해왔다.*

맨스필드
노컷뉴스, IT/과학,
2016년 7월 27일.

2011년 스티브 잡스의 사망 후 새로운 최고경영자 팀 쿡 체제로 바뀌면서 2012년 6월 맨스필드는 애플을 떠난다고 밝혔다. 그러나 맨스필드가 제출한 '미래의 제품(Work on Future Products)'을 검토한 팀 쿡은 맨스필드의 사표를 반려하고 맨스필드가 애플에 잔류할 것임을 밝혔다.

애플에 돌아온 맨스필드는 팀 쿡 체제 하에서 '특별 프로젝트'를 수행하는 중책을 맡았다. 이것을 통해 개발된 대표적인 제품이 애플 워치로 알려져 있다.

애플의 '프로젝트 타이탄'에는 수많은 애플 내부 직원들과 외부에서 스카웃된 자동차 전문가들을 대거 영입하여 프로젝트 인력만 최대 1000여명에 이르는 것으로 알려졌다. 메르세데스-벤츠의 실리콘밸리 연구개발센터장으로 근무했던 요한 융비르트(Johann Jungwirth)를 비롯해서 테슬라 모터스나 자동차 메이커, 리튬이온 배터리 회사 등 전기자동차 개발에 필요한 최고의 전문 인력을 애플의 연구소에 끌어모았다.

자료 : bloter.net

▲ 애플 워치

자료 : auto.daum.net

▲ 요한 융비르트

그리고 랜드로버의 수석 엔지니어 출신으로 테슬라의 전기자동차 개발에 핵심 멤버로 일해 왔던 크리스 포릿을 영입했다는 소식이 전해지면서 프로젝트 타이탄의 새로운 리더가 될 것으로 예상했지만 아직은 확실하지 않다. 이처럼 무인자동차 전문가를 영입하기 위한 헤드헌팅이 치열하다고 할 수 있다.

전기자동차는 차체를 제외하면 엔진과 같은 내연기관이 필요 없고 전기·전자 부품만으로 이루어지며, 이를 제어할 컴퓨터 주행시스템이 결합된다.

자료 : m.motorgraph.com

▲ 테슬라 재직 당시의 크리스 포릿

여기에다 애플만의 고유한 정체성을 입히기 위해서는 오랫동안 애플의 핵심 제품을 개발해온 내부 인력의 참여가 필요한 것이다.

그러한 점에서 밥 맨스필드의 복귀는 시의적절하며 애플 임원들과 자동차 개발자들을 이어주는 리더 역할로서 제격이라는 평이 나오고 있는 것이다. 그래서 애플이 당초 2019년 내놓기로 한 '애플 카' 공개를 미루고 내부 단속을 위한 '여유 시간'을 가졌다는 해석도 나온다.

스마트폰 시장이 포화상태에 이르면서 애플 매출의 60%, 세계 스마트폰 수익의 94%를 차지하고 있는 아이폰이 더 이상 성장동력으로서의 기능을 하지 못하고 있다는 것은 아이폰 판매량에서 분명하게 드러난다.

애플의 2016년 2분기 매출은 423억5800만 달러로 2015년 같은 기간보다 15% 감소했다. 1분기보다도 16%가 떨어지면서 애플은 2분기 연속 매출이 떨어지는 상황에 직면했다. 이와 같은 상황은 가속화돼 애플의 수익 악화로 이어질 것으로 전망된다.

이러한 상황에서 애플은 아이팟, 아이폰, 아이패드, 애플 워치로 이어지는 성장 나무 가지에 애플 카를 연결했다. 전기자동차는 실리콘밸리 업계가 이른바 '넥스트 빅 싱(Next Big Thing)'으로 꼽는 핵심 플랫폼이다. CES 2015와 CES 2016에서 '커넥티드 카' 열풍이 이어진 것도 이와 같은 맥락이다.

자료 : blog.gm-korea.co.kr

▲ 아이폰과 올 뉴 말리부 카플레이

엔진을 장착한 내연기관 자동차는 진입장벽이 높지만 전기자동차 개발은 생산 비용이나 기간, 유지보수 측면에서 애플과 같은 IT 기업이 진입하기 쉬운 편이다. 애플이 자동차용 인포테인먼트* '카플레이(CarPlay)'를 일찌감치 출시했지만 자동차 자체를 통제할 수는 없다. 자동차까지 통제한다면 이는 플랫폼이 된다. 애플이 통제 가능한 자동차를 직접 만들려는 이유가 여기에 있다.

인포테인먼트

인포테인먼트(infotainment)란 정보(information)와 오락(entertainment)의 합성어로, 정보전달에 오락성을 가미한 소프트웨어 또는 미디어를 가리키는 용어이다.

애플이 전기자동차를 출시할 것으로 알려진 2020년 이후, 전기자동차 시장은 10년간 고속성장해 2030년에는 세계 자동차 생산량의 50%를 전기자동차가 차지할 것으로 전망되고 있다.

한편, 2017년 5월 29일 애플 공동설립자 스티브 워즈니악이 블룸버그*와의 인터뷰를 인용하여, 애플이 테크 업계에 '넥스트 빅 싱(Next Big Thing)'을 가져오기에는 회사가 너무 크다고 전했다.*

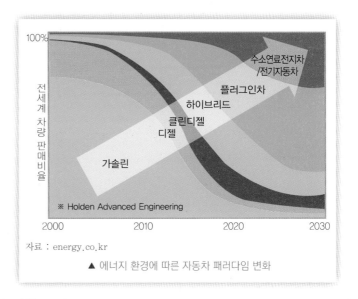
▲ 에너지 환경에 따른 자동차 패러다임 변화

자료 : energy.co.kr

그는 애플이 향후 수년 동안 가장 큰 테크 혁신을 가져올 가능성은 낮다고 말했다. 그는 "세상을 변화시켰던 구글, 페이스북, 애플, 마이크로소프트 그리고 테슬라 같은 회사들을 보라."고 말했다. 혁신은 젊은 사람들로부터 나왔고, 비즈니스가 커졌을 때는 나오지 않았다고 말했다.

인터뷰

ITcle, Tech, 2017년 5월 30일, 소스: 9to5Mac

블룸버그

미국의 경제 미디어그룹. 주식회사가 아닌 유한회사 형태이다. 1981년 마이클 블룸버그가 투자은행인 살로만 브라더스에서 일하다가 해고되고 퇴직금 1천만 달러로 세운 회사이다.

스티브 워즈니악은 작은 규모의 비즈니스는 더 큰 위험부담을 갖지만, 설립자들은 그들이 진정으로 원하는 제품들을 만들고, 여러 결정 단계를 거치면서 일어나는 희석작용이 없다고 말했다.

그는 현재 자율주행자동차와 함께 인공지능이 가장 인기 있는 분야이고,

이는 향후 5년 내로 우리의 삶에 큰 영향을 미칠 가능성이 높다고 말했다. 이런 면에서 본다면, 다른 메이저 자동차 업체들도 자율주행 자동차를 개발하고 있지만, 테슬라가 가장 성공할 가능성이 높다고 말했다.

최근 두 개의 메이저 VC(venture capital, 벤처 캐피털)도 이와 비슷한 견해를 내놓았다. 그들은 테슬라가 iPhone 이전 시대의 애플에 가장 근접해 있는 회사라고 말했다.

자료 : itcle.com

▲ 스티브 워즈니악

테슬라 주식회사는 미국의 전기자동차 회사이다. 2003년, 마틴 에버하드와 마크 타페닝이 창업했다. 2004년 페이팔의 최고경영자이던 일론 머스크가 투자자로 참여했다. 회사 이름은 물리학자이자 전기공학자인 니콜라 테슬라의 이름을 따서 지었다.

스티브 워즈니악의 주장대로 과연 테슬라는 자율주행자동차 메이커로서 성공할 수 있을까?

자료 : blog.naver.com

▲ 테슬라?

사물 인터넷
스마트컴퍼니

사물 인터넷 스마트컴퍼니

1 시스코 시스템즈

1) 개요

시스코 시스템즈(Cisco Systems, Inc.)는 네트워킹 하드웨어, 보안 서비스 등을 제공하고 판매하는 미국의 다국적 기업이다. 본사는 미국 캘리포니아 주 새너제이에 소재하고 있다. 본사는 원래 미국의 샌프란시스코에 있었다고 한다. 그래서 시스코라는 이름이 지어졌다고 한다. 하지만 현재는 본사가 새너제이/산호세에 있는 관계로 호세라고 이름을 바꿔야하지 않겠느냐는 시시한 조크가 있다. 회사 로고는 금문교다. 원래의 로고는 금문교임을 한 눈에 알아볼 수 있었는데 로고의 심플화 추세에 따라 여러 차례 바뀌면서 현재는 알기가 어렵다.

시스코의 주식은 2009년 6월 8일 다우 존스 산업평균지수에 추가되었다.

자료 : cnet.co.kr

▲ 시스코 시스템즈 본사

자료 : m.blog.naver.com

▲ 시스코의 로고 변천사

2) 역사

캘리포니아 주 산호세에 본사를 둔 시스코는 1984년 스탠포드 대학교의 컴퓨터공학 연구원이었던 렌 보삭(Len Bosack)과 샌디 러너(Sandy Lerner) 부부에 의해 설립된 이후 지속적인 성장과 발전을 거듭해 왔다.

자료 : gblogs.cisco.com

▲ 컴퓨터 기술자 샌디 러너와 렌 보삭, 시스코의 창업자

자료 : gblogs.cisco.com

▲ 샌디 러너와 렌 보삭, 시스코의 공동 창업자

3) 내용

네트워크 장비를 만드는 미국의 제조업체이다. 주 생산품은 라우터(Router) 를 비롯한 온갖 종류의 네트워크 장비이다. 네트워크를 새로 깔 때는 이 회

자료 : cisco.com

▲ Cisco 7604 Router

자료 : webex.co.kr

▲ Cisco WebEx

사 장비를 지겹도록 보게 된다. 은행이나 사무실 전화기로도 종종 보인다.

IT 산업이 급속도로 성장하면서 이 기업도 엄청나게 성장하였다. 2000년대 중반까지 인텔, 시스코와 함께 미국산 네트워크 장비로 그 명성을 드높이던 쓰리콤(3Com)이 망해서 휴렛패커드에 인수되고 캐나다의 동종업체인 노텔이 망해서 공중분해되는 와중에도 망하지 않고 오히려 잘 나가고 있다. 하드웨어에만 집착하지 않고 기업용 원격미팅 시스템인 웹엑스(WebEx) 등을 통해 네트워크와 관련있는 서비스 분야로 생태계를 넓혀간 덕이 크다.

그래서 이 회사는 엄청난 규모의 대기업인데, 대부분의 나라의 국가 기간망(backbone network)이나 국가 간 연결망 등 안 보이는 곳에 잔뜩 설치되어 있다. 깔려 있는 네트워크 장비 수가 세계 기준으로 약 40%를 차지하며, 만약 시스코 장비가 없거나 공교롭게도 동시간대에 시스코가 만든 모든 장비들이 고장이라

도 난다면 전 세계 인터넷이 순식간에 불통이 되어버린다. Juniper, 알카텔-루슨트, 화웨이, ZTE 등이 나머지

자료 : chrisgrundemann.com

▲ Juniper 로고

자료 : ddaily.co.kr

▲ '노키아+알카텔-루슨트' 공룡 탄생, 통신장비시장 1위 넘본다

Chapter **5** 사물 인터넷 스마트컴퍼니

약 45%를 나눠 먹고, 그 나머지를 중소 업체들이 점유하고 있다.

경쟁자 화웨이는 중국 내 망을 거의 차지하고 있는데다가 가격 경쟁력이 있어 성장이 엄청나긴 한데, 보안 안정성 때문에 시스코를 선호하는 분위기도 높다. 전국 은행 대부분은 시스코 IP 폰을 사용한다. 보안성이 높기 때문이라고 한다. 할리우드 영화나 미드 회사 장면에서도 종종 볼 수 있다. 협찬으로 VoIP* 전화기를 지원해주기 때문이라고 한다. 최근 스노든의 폭로를 통해, 그동안 NSA(National Security Agency, 국가안보국)가 시스코 본사도 모르게 시스코가 수출하는 네트워크 장비에 백도어를 설치하여 각국의 정보를 불법 해킹하고 있었음이 드러나 신뢰에 큰 타격을 받았다.

자료 : techg.kr

▲ 화웨이 로고

자료 : epd.or.kr

▲ Voip 전화기

시스코의 대부분의 장비는 사실상 표준으로 인정받는데, 그 이유는 다름 아니라 이 회사의 개발자들이 주도하여 네트워크 표준을 만들기 때문이다. 자기네들이 신규 기능을 만들어 보고 이를 문서화해서 표준으로 제안하고 IEEE 등에서 논의를 거쳐 표준으로 확정한다. 물론 이 과정에서 경쟁사들이 두 눈 부릅뜨고 문제점을 찾아내어 스펙을 뜯어 고치려 들기 때문에 그대로 표준화가 되는 경우는 드물긴 하지만, 여하튼 주도적으로 표준화를 진행한다는 점은 확실하다. 이런 방법을 통해서 네트워크 분야 세계 최강의 대기업이 되었다는 점은 분명하지만, 반대로 이들의 표준화 노력 덕분에 21세기의 인터넷이 안정적으로 운영되고 있다고 봐도 틀리지 않을 것이다.

VoIP

인터넷에 이용되는 데이터 통신용 패킷망을 인터넷폰에 이용하는 것으로, 'Voice over Internet Protocol'의 약자이다. 컴퓨터 네트워크상에서 음성데이터를 IP 데이터 패킷으로 변환하여 공중전화망(PSTN)에서의 전화통화와 같이 음성으로 통화를 가능케 해주는 기술이다.

123

그러나 이런 대단한 회사라도 기본적으로는 B2B 사업인지라 일반인들에겐 직접적으로 접할 기회가 없고, 전화기나 개인 PC 등 최종 단말기는 별로 취급하지 않기 때문에 인지도는 낮은 편이다.

4) 관련 자격증

네트워크 업계에서는 나름대로 인정해주는 자격증이 있으며, 시스코에서 직접 관리 감독한다. 등급에 따라 CCNA(네트워크 기초 자격증), CCNP(네트워크 전문 자격증), CCIE(인터네트워크 전문가 자격증)로 나뉘며, 분야별(라우팅, 보안, 무선, 데이터센터 등 다양하다)로 각각 자격증이 세분화되어 있다.

자료 : digimoon.net

▲ CCNA 자격증

그런데 응시료가 만만치 않다. 가장 기초 자격증인 CCNA만 해도 $295의 꽤 비싼 응시료를 자랑한다. CCNP는 3과목 $250으로 최소 $750가 든다. 필기 자격증은 국내 응시가 가능하며 $350 정도지만(2015년 400$이 됨) 실기는 정말 엄청난 가격을 자랑한다. 무려 $1500 + α에 이른다. 국내 응시가 거의 불가능(가끔씩 시스코 코리아에서 이벤트성으로 응시가능)해서 해외로 나가야 하기 때문에 수백만 원 수준의 예산이 필요하다. 게다가 실기는 한 번에 통과하는 사람이 많지 않다. 물론 해외 거주자라면 필요 없다. 다만 해외라고 다 전형이 있지는 않고 몇몇 국가만 있기 때문에 주의가 필요하다.

많은 네트워크 회사들이 실적을 위해 직원들에게 CCNP 자격증 취득을 권유하기도 한다. 사정이 좋은 곳은 응시료를 전액 지원해주기도 한다고 한다.

자료 : blog.daum.net

▲ CCNP 자격증

5) 관련 문서

Cisco Packet Tracer - 시스코의 라우터, 스위치 등을 가상으로 시뮬레이팅하여 운용해 볼 수 있는 네트워크 시뮬레이션 툴이다. 위의 CCNA 자격증이나 정보기기운용기능사 등의 학습용으로도 쓰인다.

6) 시스코 IOS

시스코 IOS^(Cisco Internetwork Operating System)는 시스코 시스템즈의 대부분의 라우터와 현행 모든 스위치에 사용되고 있는 소프트웨어이다^(구식 스위치는 CatOS 를 사용하고 있다). IOS는 멀티태스킹 OS와 통합된 라우팅, 스위칭, 인터네트워킹,

텔레커뮤니케이션 기능의 패키지이다.

Cisco IOS는 독특한 명령 줄 인터페이스(CLI)를 가지고 있으며, 그 형식은 다른 네트워크 제품에서도 널리 모방되고 있다. IOS의 CLI는 여러 단어로 구성되는 고정된 명령어 세트를 제공한다. 사용 가능한 세트는 현재 CLI의 '모드'라고 하는 권한 레벨에 의해서 결정된다. '전역 설정 모드'는 시스템 전체의 설정을 변경하기 위한 명령어를 제공하며, '인터페이스 설정 모드'는 개별 인터페이스의 설정을 변경하는 명령어를 제공한다. 모든 명령어는 0에서 15까지의 권한 레벨을 할당할 수 있고, 사용자는 자신이 가진 권한 레벨에 따라 명령어를 실행할 수 있다. 각 권한 레벨에 따라 이용 가능한 명령어를 정의할 수 있다.

여기에서 명령 줄 인터페이스(CLI, command line interface) 또는 명령어 인터페이스는 텍스트 터미널을 통해 사용자와 컴퓨터가 상호작용하는 방식을 뜻한다. 즉, 작업 명령은 사용자가 컴퓨터 키보드 등을 통해 문자열의 형태로 입력하며, 컴퓨터로부터의 출력 역시 문자열의 형태로 주어진다.

자료 : burnettsonbarney.com.au

▲ Cisco IOS

자료 : itworld.co.kr

▲ 명령 줄 인터페이스

7) 사물 인터넷

수많은 제조업체들이 이미 만물 인터넷(IoE)을 통해 혁신과 효율성을 높이고 있다. 기업들은 센서, 로봇, 머신 등 모든 것이 네트워크와 상호 연결된 작업 환경의 장점을 활용하고 있다.

사물 인터넷(Internet of Things, IoT)은 유무선 통신장비를 활용해 물건과 물건 사이에 사람이 끼지 않고 통신이 이뤄지는 것을 말한다. 사물 인터넷 환경에서는 센서나 통신 기능이 내장된 기기(사물)들이 인터넷으로 연결해 주변의 정보를 수집하고, 이 정보를 다른 기기와 주고받으며, 적절한 결정까지 내릴 수 있다. 사람이 일일이 조작하거나 지시하지 않더라도 기계가 알아서 일을 처리해주는 것이다. 사물 인터넷은 각종 사

자료 : ilovepc.co.kr

▲ IoE의 포괄적 개념

물에 센서와 통신 기능을 내장하여 인터넷에 연결하는 기술을 의미한다. 인터넷으로 연결된 사물들이 데이터를 주고받아 스스로 분석하고 학습한 정보를 사용자에게 제공하거나 사용자가 이를 원격 조정할 수 있는 인공지능 기술이다. 여기서 사물이란 가전제품, 모바일 장비, 웨어러블 컴퓨터 등 다양한 임베디드 시스템이 된다. 사물 인터넷에 연결되는 사물들은 자신을 구별할 수 있는 유일한 아이피(IP, internet protocol)를 가지고 인터넷으로 연결되어야 하며, 외부 환경으로부터의 데이터 취득을 위해 센서를 내장할 수 있다. 모든 사물이 해킹의 대상이 될 수 있어 사물 인터넷의 발달과 보안의 발달은 함께 갈 수밖에 없는 구조이다.

만물 인터넷이 사물 인터넷의 상위개념이라고 볼 수 있지만, 이는 기존 인터넷에 연결된 사물들이 사람의 개입 없이 능동적으로 정보를 주고받는 사

사물과 인터넷으로 대화하는 시대,
사물 인터넷

자료 : blog.khnp.co.kr

▲ IoT의 개념

물지능통신인 M2M(Machine To Machine)의 개념에서 파생되어 확장된 것으로 정리할 수 있다.

요컨대, 만물 인터넷(Internet of Everything, IoE)은 기존에 사물과 사물을 연결하여 데이터를 주고받는 M2M 또는 사물 인터넷의 수준을 넘어서서 말 그대로 만물, 즉 세상에서 연결 가능한 모든 것이 인터넷에 연결되어 상호작용하는 것을 의미한다.

만물 인터넷이란 용어를 대표적으로 주창하고 있는 시스코는 만물 인터넷을 '사람, 프로세스, 데이터 및 사물을 연결시켜 그 어느 때보다 네트워크의 상호 연관성과 가치를 높이고 정보를 기반으로 기업, 개인 및 국가를 위한 새로운 기능과 풍부한 경험 및 전례 없는 경제적 기회를 창출하려는 활동'으로 정의하기도 한다.

Cisco는 만물 인터넷(IoE) 혁신을 최대로 활용할 수 있는 검증된 솔루션, 고급 서비스, 업계 최고의 파트너십을 제공한다. Cisco는 제품 리콜을 없애고, 가동 중단 시간을 줄여 신속하게 시장에 제품을 내놓으며, 변화하는 시장에 실시간으로 적응하고, 새로운 솔루션으로 의사 결정을 개선하도록 노력하고 있다.

- 운영 효율성 및 생산성 개선(Cisco Connected Factory)
- 리스크 방지, 효율성 개선, 사이트 가동 중단 시간 감소(Cisco Secure Ops)
- 공급망 유연성 및 민첩성 향상(Cisco Connected Supply Chain)
- 첨단 통신 및 협업 툴 사용

인터넷이 등장한 이래 우리는 살고 일하며, 여가를 즐기고 교육을 받는 방식 전반에 매우 급속한 변화를 겪어왔다. 그럼에도 불구하고 시스코는 지금까지 인터넷이 이룬 성과는 겨우 시작에 불과하다는 생각이다. 즉, 지구 상

인터넷에 연결돼 있는 것은 겨우 1%에 불과할 뿐 나머지 99%는 아직 '연결되지 않은 상태'로 '연결'을 기다리며 과거 상상조차 할 수 없었던 새로운 혁신을 위해 기다리고 있다고 믿고 있다.

사물 인터넷과 만물 인터넷 현상을 표현하는 단어가 초연결(hyper-connection)이다. 초연결은 네트워크 기술의 발전과 스마트기기의 보급으로 발생하는 데이터와 정보, 이에 기반한 서비스가 증가함에 따라 사람과 사람, 사람과 사물, 사물과 사물 사이의 연결이 폭발적으로 증가하는 현상을 뜻하는 단어다.

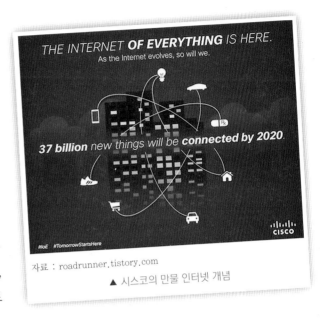

자료 : roadrunner.tistory.com

▲ 시스코의 만물 인터넷 개념

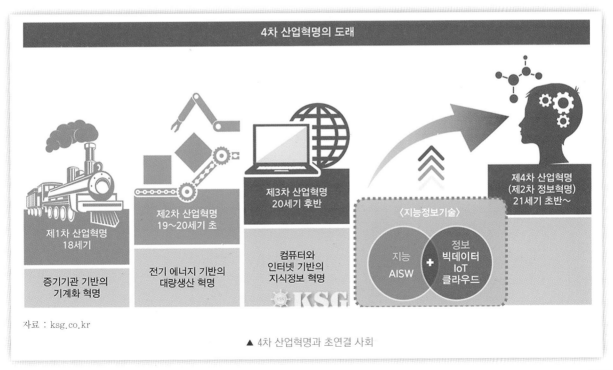

자료 : ksg.co.kr

▲ 4차 산업혁명과 초연결 사회

이에 시스코는 이제 사람과 프로세스, 데이터, 사물(things) 등 연결되지 않은 세상의 나머지 99%까지 모두 인터넷에 연결돼 실시간 상호 소통함으로써 전례 없는 가치를 창출해내는 '만물 인터넷' 시대가 눈앞으로 다가오고 있음을 강조한다. 실제로 시스코는 '만물 인터넷'과 함께 전혀 새로운 사업, 새로운 기회, 새로운 서비스, 그리고 사람과 기업, 국가를 위한 전혀 새로운 잠재된 가능성이 열릴 것으로 전망하고 있다.

'만물 인터넷' 실현을 위해서는 사람, 프로세스, 데이터 및 사물을 인터넷에 연결해 줄 애플리케이션 중심의 분산된 네트워킹, 컴퓨팅 및 스토리지 플랫폼이 필수적이다. 시스코는 이러한 새로운 요구에 부응할 수 있는 똑똑하고 관리가능하며, 안전한 인프라를 제공하는 선도적 기술을 제공하는 기업으로서 이 모든 변화의 중심에 설 수 있을 것으로 기대하고 있다.

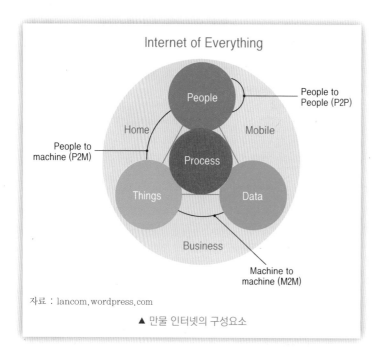

자료 : lancom.wordpress.com

▲ 만물 인터넷의 구성요소

② 삼성전자

1) 개요

삼성전자 주식회사(Samsung Electronics Co., Ltd.)는 전자 제품을 생산하는 대한민국의 기업이다. 삼성전자는 대한민국에서 가장 큰 규모의, 대한민국을 대표하는 기업이자, 삼성그룹을 대표하는 기업으로서, 삼성그룹 안에서도 가장 규모가 크고 실적이 좋은 글로벌 기업이다.

2017년 2분기, 영업이익 14조 원을 달성함으로써, 삼성전자는 2017년 2분기 지난 8년간 글로벌 영업이익 1위를 지켜온 미국 애플을 제치고 세계에서 가장 돈을 많이 번 제조 기업이다. 같은 기간, 세계 최대 유통 업체 미국 월마트나 세계 최고 자동차 기업 일본 도요타의 영업이익은 삼성전자의 절반에도 미치지 못한다.

자료 : blog.daum.net

▲ 삼성전자 본사

삼성전자는 수퍼 호황을 맞고 있는 반도체 부문에서 매출 18조 원, 영업이익 8조 원을 올리며 지난 24년간 세계 반도체 1위를 지켜온 미국 인텔을 매출액과 영업이익 모두에서 앞질렀다. 스마트폰 부문은 2016년 하반기 갤럭시 노트7 발화 쇼크를 극복하며 3조 원 후반대의 영업이익을 낸 것으로 추정된다.

2) 사업 영역

① 사업 분야

삼성전자의 매출은 60% 가량이 스마트폰 판매에서, 20% 가량이 가전 분야에서, 17.5% 가량이 반도체 사업에서 나온다. 반도체 분야는 매출 면에서는 가전 부문보다도 떨어지지만 영업이익에서는 23% 가량으로, 영업이익률은 스마트폰 분야보다 높아 중요한 사업이다.

② 휴대전화

삼성전자에서는 스마트폰 분야에서 갤럭시 시리즈 브랜드를 사용하는 휴

자료: news.samsung.com

▲ 삼성전자 휴대전화의 역사

대폰을 대표 상품으로 내놓고 있다. 스마트폰은 삼성전자의 전체 매출의 60%와 순이익의 약 70%의 비중을 차지하는 가장 중요한 사업이기 때문에, 삼성전자의 전망과 주가는 갤럭시 시리즈의 판매 실적에 따라 움직이는 경향이 있다.

2013년을 정점으로 판매 호조를 보이던 스마트폰 사업은 후발주자의 공세 등으로 2014년 들어 실적이 급감했고, 때문에 앞으로의 전망 또한 다소 어둡다. 중저가폰 시장에서는 화웨이 등 중국 업체의 가파른 성장에 의해 더 이상 점유율을 올리기 어렵게 되고 있고, 고가폰 시장에서는 애플의 iPhone 시리즈와 대결해야 하는 상황이라 다른 기업들에게 끼여 있는 상황이다.

③ 가전 및 반도체

삼성전자의 제품은 텔레비전 등의 음향영상기기(AV), TV, 냉장고, 세탁기, 에어컨, 가전제품, 스마트폰 등 각종 휴대전화, PC, 하드디스크 등의 컴퓨터 및 주변기기에서부터 반도체에 이르기까지 그 종류가 매우 다양하여, 소수의 제품에만 역량을 집중하는 애플과 대비되고 있다. 가전제품 중 매출의 비중이 큰 것은 LED TV를 비롯한 다양한 TV 제품들이다.

삼성전자의 반도체는 전 세계적으로 TV
와 휴대폰, 컴퓨터는 물론 각종 전자제품에
광범위하게 사용되고 있으며, 경쟁사인 애플
도 삼성전자에서 메모리를 공급받고 있다.

TV 부문에서 삼성전자는 2013년까지 8년
연속 TV 판매량에서 1위를 지키고 있다. 세
계 LCD 패널 시장에서는 9년 연속 시장점유
율 1위를 기록하고 있다.

자료 : kinews.net

▲ 삼성 LED TV

3) 역사

1938년 설립된 삼성물산을 모태로 삼성은 식품과 의복을 주력으로 해 오
다가 1969년 삼성전자를 창립하면서 전자산업에 진출하게 된다. 이듬해인
1970년 삼성 NEC가 설립되어 백색가전 및 AV 기기의 생산이 이루어졌다.
1974년에는 한국반도체를 인수하여 반도체 사업에 진출하였고, 1980년에
는 한국전자통신을 인수, 그리고 1983년 2월에는 창업주인 이병철 회장이
DRAM 사업에 진출한다는 '동경 선언'을 발표하였다. 1983년 미국과 일본에
이어 세계에서 세 번째 64K DRAM을 개발하였다. 이때의 메모리 반도체 부
문의 투자는 1990년대와 2000년대로 이어지며 지금의 삼성전자 발전 기틀을
잡았다고 평가된다.

삼성은 1990년대까지만 하더라도 재계 상위권에 속하는 대한민국 내 여
러 대기업 중 하나에 불과하였다. 그러나 1997년 불어 닥친 경제위기를 계
기로 삼성은 광범위한 구조조정을 통해 대한민국 내에서 재계서열 1위의 대
기업으로 자리를 굳히게 된다. 이는 당시 경제위기로 대한민국 내 30대 대규
모 기업집단 중 16곳이 부도를 맞아 해체된 것과 대비된다. 이후 애플의 아
이폰을 필두로 스마트폰 시장이 폭발적으로 확대되자 삼성전자는 소위 패
스트 팔로워(fast follower) 전략을 사용하여 스마트폰 시장의 강자로 자리매김하
게 된다.

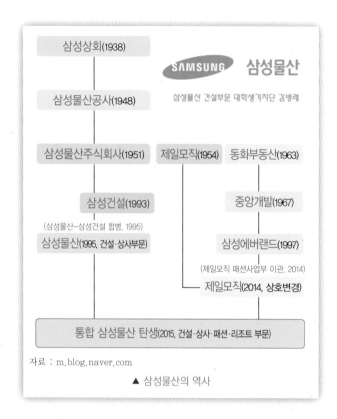

자료 : m.blog.naver.com

▲ 삼성물산의 역사

1980~1990년대만 하더라도 삼성전자의 목표는 경쟁사인 일본 기업을 따라잡는 것이었다. 그러나 2010년 삼성의 세계 점유율은 평면 TV와 반도체 메모리에서 1위를 차지하며 모두 일본 업체들을 앞서고 있다. 또한 삼성은 2007년에는 휴대폰 부문에서 모토로라를 누르고 세계 2위의 핸드폰 제조업체에 등재되었다.

스마트 헬스케어 분야에서 새 성장동력을 모색해 오던 삼성은 2010년 12월에 메디슨을 인수함으로써 헬스케어 사업부문에도 진출하게 되었다.

2009년 스마트폰 시장에도 뛰어들어 갤럭시 라인업을 발표하였으며, 스마트폰 시장에 뛰어든지 2년만인 2011년 3/4분기 스마트폰 세계 1위에 오른다. 삼성전자는, 2012년부터, 노키아와 애플을 제치고, 전체 휴대전화 점유율 1위, 휴대전화 부문 매출액 2위를 유지하고 있다.

2013년 2분기 기준으로 스마트폰 부

1974	1983	1985	1992	1993	1996	2002
한국반도체 인수 (반도체 사업 시작)	세계 3번째 64k D램 개발	반도체 수출 1억 달러 달성	D램 시장 세계 1위 달성	세계 메모리 반도체 1위 달성	세계 최초 1G D램 개발	낸드 플래시 메모리 세계 1위

삼성전자 반도체 역사

						2003
						플래시 메모리 세계 1위

2015. 5	2014	2013	2012	2010		2009
삼성전자 평택 반도체 단지 착공	중국 시안 낸드플래시 라인 준공	20나노급 DDR4 D램 모듈 양산	10나노급 64G 낸드 양산	30나노급 D램 개발 · 양산, 20나노 낸드플래시 양산		세계 최초 4G DDR3 D램 개발

자료 : etoday.co.kr

▲ 삼성전자 반도체 역사

분 영업이익 면에서도 애플을 추월하여 1위를 달성하였다^(2013년 2분기, 삼성 52억 달러, 애플 46억 달러). 또한 애플과 삼성을 제외한 다른 휴대폰 회사의 순이익은 삼성과 애플의 1/100도 안 되는 수준으로 휴대폰 부분 전체 영업이익의 1%마저도 채 점유하지 못하고 있다.

2013년 판매호조를 보이던 스마트폰 사업은 2014년 들어 급격하게 수익이 악화되었다. 이는 스마트폰 시장이 더 이상 성장하지 못하고 있고, 기술의 상향평준화로 샤오미^(Xiaomi) 등 중국 업체들과의 경쟁 또한 심화되고 있기 때문이다. 스마트폰은 삼성전자의 전체 영업이익의 70% 이상을 차지하고 있기

때문에, 이는 삼성전자 전체의 위기로 받아들여지고 있다.

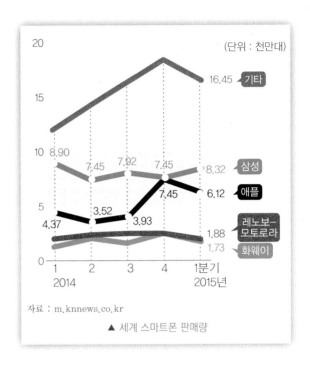

▲ 세계 스마트폰 판매량

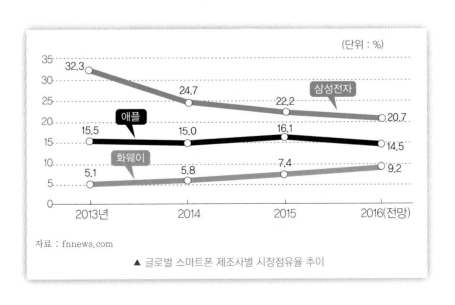

▲ 글로벌 스마트폰 제조사별 시장점유율 추이

4) 주요 제품

① TV

세계 TV 시장에서 삼성전자는 몇 년째 부동의 1위를 차지하고 있으며 연이어 베스트셀러 제품들을 내놓고 있는 히트 제조기다. 2009년 삼성전자는 3,100만 대의 평면 TV를 판매해 4년 연속 세계 시장점유율 1위를 유지했다. 2010년 초 삼성전자는 LED TV 1,000만 대와 더불어 총 3,900만 대의 TV를 판매하는 것을 목표로 세웠다가 다시 이를 28%나 늘어난 5,000만 대로 높여 설정했다 삼성전자는 핑거 슬림의 디자인 혁명이라 일컬어지는 LED TV로 한발 앞서 새로운 시장을 창출하고 있다. 2009년 3월 세계 최초로 선을 보인 LED TV는 260만 대를 판매해 신시장 창출에 성공했다. 삼성전자는 2006년 LCD TV, 2009년 LED TV 등 해마다 밀리언셀러 TV 제품을 탄생시키며, '5년 연속 밀리언셀러' 히트 계보를 이어 가고 있다. 삼성전자는 2010년에도 8월 중 3D TV '100만 대 판매'를 달성해 이 계보를 이었다. 삼성전자는 2009년부터 2014년까지 5년 연속 글로벌 점유율 20%를 넘었다.

② 스마트 TV

TV 부문에서의 큰 특징 중 하나는 '보는 TV'에서 '즐기는 TV'로의 변화다. 기존에 수동적으로 TV를 시청하던 소비자들은 더욱 적극적이고 다양한 콘텐츠를 스스로 선택하기를 원하고 있다. 삼성은 이와 같은 수요를 파악하며 2007년 인터넷 TV 출시로 TV를 시청하면서 실시간 인터넷 정보를 동시에 즐길 수 있도록 했다. 여기에 애플리케이션을 다운로드할 수 있는 이른바 '스마트 LED TV'도 개발하고 있다. 2008년에는 'Power Infolink', 2009년에는 위젯 기능으로 더욱 새로워진 '인터넷@TV'로 시장을 주도했다. 2010년에는 3D TV 출시와 함께 새롭게 선보인 '인터넷@TV 2010' 기능으로 이용자가 뉴스·날씨·증권·UCC·영화 등 기존 인터넷 서비스 외에도 삼성전자의 세계 최초 멀티디바이스 애플리케이션 스토어인 '삼성 앱스'의 애플리케이션을 다운

자료 : news.samsung.com

▲ 삼성전자 2015년형 삼성 스마트 TV

로드해서 사용할 수 있게 하고 있다. 삼성 앱스는 2010년 하반기부터 한국과
미국을 시작으로 이후에는 유럽지역까지 유료 프리미엄 서비스가 확대 실시
됨에 따라 소비자들에게 국가별로 특화된 로컬 콘텐츠 서비스를 제공할 계
획이다.

③ 3D

삼성전자는 3D 입체영상을 즐길 수 있는 3D TV를 출시 6개월 만에 100만
대를 판매, 시장 주도권을 굳히고 있다. 이는 2010년 초 시장조사기관이 예측
했던 전 세계 3D TV 수요 123만대에 근접한 수준이다. 안경이 필요 없는 3D
TV도 개발 중이다. 삼성전자는 3D 입체영상과 프리미엄 입체음향을 동시에
즐길 수 있는 3D 홈시어터(HT-C6950W)도 처음으로 내 놓았다. 삼성전자는 3D
홈시어터까지 출시함으로써 3D TV뿐만 아니라 3D 블루레이 플레이어 · 3D
콘텐츠 · 3D 안경 등을 총 망라한 '3D 토털 솔루션'을 구축하고 3D 엔터테이
먼트 환경을 업계 최초로 완성했다고 말하고 있다.

삼성전자는 3D TV에 3D 콘텐츠 스트리밍을 제공할 계획이다. 자체 온라인 앱스토어를 가진 삼성전자 3D TV는 훌루 플러스 및 냅스터 등의 프로그램을 사용자들이 직접 TV의 하드 드라이브에 다운로드할 수 있게 했다. 또한 삼성 앱스토어는 개발자들이 실제로 새로운 앱 플랫폼으로부터 돈을 벌 수 있는 프리미엄 콘텐츠를 추가할 예정이다. 또한 앱스토어를 통해 3D 콘텐츠도 제공할 계획이다.

④ LCD/LED 패널

삼성전자의 패널은 '더욱 얇게' 기술 개발의 퍼레이드를 벌이고 있다. 2009년에는 세계에서 가장 얇은 두께인 3.9mm의 40인치 LED TV용 초슬림 패널 개발에 성공했다. 'Needle Slim'으로 이름 붙여진 이 패널은 두께가 약 50mm인 기존 LCD 패널의 약 1/12 수준이다. 삼성전자는 패널의 두께를 크게 줄이면서도 풀 HD급 해상도, 120Hz 구동, 5000:1의 명암비 등 고화질 성능은 그대로 유지했다. 삼성전자는 2007년 10월 두께 10mm인 40인치 LCD TV 패널을 처음으로 발표하면서 10mm 벽을 최초로 돌파했으며, 2008년 10월에는 다시 7.9mm 두께를 기록하며 세계 최초 기록을 이어 왔었다.

자료: etnews.com
▲ 삼성전자의 곡면 OLED TV 유럽 상륙

삼성전자는 LCD TV용 패널과 함께 24인치 LCD 모니터용 패널과 12.1인치 노트북용 초슬림 LCD 패널도 개발해, 초슬림 LCD 패널 기술을 주도하고 있다. 모니터용 패널은 두께가 3.5mm이며, 노트북용 패널은 두께가 1.64mm에 불과하다.

삼성전자는 2017년 1월 3일(현지시간) 미국 라스베이거스 킵 메모리 얼라이브 센터에서 2017년형 TV 신제품 '삼성 QLED TV'를 전격 공개했다. 이날 행사에서 삼성전자는 신제품 QLED TV와 OLED TV 비교 시연존

을 마련하고 화질 정면 비교에
나섰다.

⑤ 휴대전화

2009년 한 해 삼성전자의 휴대
전화 판매량은 2억 2700만 대로
노키아에 이어 세계 2위를 기록
했다.

2009년에는 북미 지역 6분기
연속 시장 점유율 1위, 유럽 지역
시장점유율 25% 상회 등 선진 시

자료 : it.donga.com
▲ 삼성전자가 라스베이거스에서 공개한 2017년형 QLED TV 신제품

장에서 지속적인 성장을 했고, 신흥 시장에서는 제품 경쟁력 및 브랜드 인지
도를 바탕으로 시장을 파고들고 있다. 삼성전자는 휴대전화가 터치폰 시장
으로 전환하며 더욱 선명하고 깔끔한 화질을 보여 줄 수 있는 디스플레이 화
질 경쟁이 중요한 화두로 떠오르고 있는 상황에서 AM OLED폰으로 '휴대전
화 화질경쟁' 트렌드 경쟁을 벌이고 있다.

2012년에는 휴대전화 판매 점유율 1위에 올랐다.

⑥ 스마트 디바이스

삼성전자의 스마트 디바이스 시리즈를 크게 나누자면, 플래그십^(주력제품) 디
바이스인 갤럭시 S 시리즈와 갤럭시 노트 시리즈가 대표적이다. 삼성 갤럭
시 S2는 2012년 2월까지 출시 10개월 만에 판매 대수 2천만 대를 돌파하고, 6
월까지 출시 13개월 만에 2천8백만 대를 판매하는 위엄을 달성했다. 삼성 갤
럭시 노트 역시 출시 7개월 만에 700만 대를 판매하였다.

2014년 1월 20일 미국 경제 주간지 포천이 전문가 44명을 대상으로 조사한
결과 2013년의 마지막 4/4분기 스마트폰 판매량에서 삼성은 애플보다 3970

자료 : news.samsung.com

▲ 삼성전자 LTE 스마트 디바이스

만 대 많은 9500만 대의 갤럭시를 판매하였다고 밝혔다. 아이폰 5s, 아이폰 5c 출시 효과에 힘입어 애플이 2016년 4/4분기 약 5530만 대의 아이폰을 판매했으나, 오히려 삼성은 갤럭시로 애플과의 판매량 격차를 작년의 2배로 늘렸다.

⑦ 반도체

창업주 이병철은 회사 내의 모든 이들의 반대를 무릅쓰고 1983년 일본 도쿄에서 반도체 사업에 본격적으로 뛰어들었다. 이병철은 "삼성은 자원이 거의 없는 한국의 자연조건에 적합하면서 부가가치가 높고 고도의 기술을 필요로 하는 제품을 개발하는 것만이 제2의 도약을 기할 수 있는 유일한 길이라고 확신한다."고 반도체 사업 진출 이유를 밝혔었다. 삼성전자는 그로부터 불과 10개월 만에 세계 세 번째로 64K D램을 내놓음으로써 반도체 업계는 물론 한국 내외 경제계를 놀라게 했다. 그러나 이후 반도체 가격 폭락으로 사업초기에 어려움이 컸다. 이런 악조건 속에서도 삼성의 메모리 반도체는 눈부신 성장을 거듭했고, 1992년 64M D램을 최초로 개발, 마침내 세계 최고의 기술력을 확보했으며, 1993년에는 드디어 메모리 반도체 세계 1위로 올라섰다. 1994년, 1996년 256M과 1G D램을 연속 최초 개발, 반도체를 한국의 대표산업으로 키웠다. 2002년에는 낸드플래시 세계 1위에 올랐으며, 2006년 세계 최초 50나노 D램과 2007년 30나노 낸드 등을 최초로 내놓으면서 삼성전자는 메모리업계 점유율 30%가 넘는 절대강자로 군림하고 있다.

삼성전자는 2010년 들어서도 '세계 최초' 기록을 계속 이어가고 있다. 30나노급 D램 양산도 삼성전자가 처음이다. 삼성전자는 30나노급 2Gb DDR3(Double Data Rate 3) D램을 7월부터 양산하기 시작했다. 30나노는 머리카

락의 4천분의 1정도의 굵기 정도다. 30
나노급 D램은 기존 40나노급 D램보다
60% 정도 생산성이 높다. 원가 경쟁력도
50~60나노급 D램의 2배 이상이며, 소비
전력도 50나노급 D램보다 최대 65% 이상
줄일 수 있다.

시장조사기관 가트너에 의하면 D램의
호조세로 삼성전자는 2010년 2/4분기 D
램 순위에서 시장점유율 선두를 고수했
다. 가트너는 보고서에서 "삼성전자는 성
장세를 타고 35%가 넘는 시장점유율을 기
록해 그 위치를 확고히 했다."고 전했다.

자료 : news.hankyung.com
▲ 삼성전자 반도체 공장 내부 전경

삼성전자는 2010년 반도체에 대한 투자 규모를 11조 원으로, 특히 메모리
반도체 시설투자를 당초 계획했던 5조5,000억 원에서 9조 원으로 늘렸다. 이
같은 움직임은 2010년 이후에 삼성전자가 지속적으로 이들 부문에서 세계
최대 공급업체의 지위를 유지할 수 있게 할 전망이다.

삼성전자는 2011년 20나노급 반도체를 생산하였다.

한편, 시장조사기관 IC 인사이츠는 삼성전자가 2014년에 인텔을 제치고
반도체 업계 1위로 부상할 수 있을 것으로 전망했다. 1999~2009년간 삼성전
자의 매출은 CAGR^(연평균성장률) 13.5%를 보였고 인텔은 3.4%를 기록했는데, 이
를 근거로 2014년 삼성전자의 매출이 인텔을 추월할 것으로 예상했다.

다른 또 하나의 관심은 삼성의 이름이 거의 알려지지 않았던 파운드
리* 분야다. 이 분야에 진출한 지 5년이 지난 2010년 삼성전자는 메모리
에 이어 파운드리 사업을 반도체 성장의 새로운 기둥으로 삼기 위해 공
격적 행보를 취하고 있다. 아이서플라이에 따르면 순수 AP 시장에서 삼
성전자 AP 점유율은 2011년 72.9%를 보였다. 2위 TI를 큰 폭으로 따돌
렸다. AP+통신 통합칩까지 포함하면 24.5%로 퀄컴에 이어 2위다.

삼성전자가 세계 최초로 스마트폰에 탑재되는 고성능·대용량 원 메모

> **파운드리**
>
> 파운드리(foundry)란 반도체
> 산업에서 외부 업체가 설계
> 한 반도체 제품을 위탁 받아
> 생산·공급하는, 공장을 가
> 진 전문 생산 업체를 지칭한
> 다. 반대 개념으로, 공장이
> 없이 파운드리에 위탁생산
> 만을 하는 방식을 팹리스 생
> 산이라고 한다.

자료 : etnews.com
▲ 삼성전자 스마트폰용 원 메모리 '이팝'

리 '이팝(embedded Package on Package, ePoP)'을 본격적으로 양산체제에 들어갔다. 삼성전자는 2014년 웨어러블 기기용으로 이팝을 양산, 크기가 작은 웨어러블 기기에 맞도록 D램과 낸드플래시, 컨트롤러를 하나로 묶어 모바일 애플리케이션 프로세서(이하 '모바일 AP') 위에 쌓았다. 사실 이팝이 양산되기 전까지 열에 약한 낸드플래시는 높은 온도로 작동하는 모바일 AP(Application Processor)와 함께 쌓을 수 없다는 게 업계 통념이었다.

⑧ 생활가전 및 기타

생활가전 분야도 삼성전자가 강점을 발휘하고 있는 분야다. 2009년 세계적인 경기침체 속에서도 2008년보다 매출이 27%나 늘어나 업계 최고 수준의 성장률을 기록했다.

대한민국에서는 지펠 냉장고 등의 제품이 높은 시장점유율을 기록하며 1위를 이어갔고, 북미와 유럽, 구소련지역에서는 프리미엄 냉장고와 드럼 세탁기, 에어컨 등이 호조를 보였으며, 스팀 오븐과 로봇 청소기 등의 혁신 제품 출시로 디지털 가전 기업의 이미지를 더욱 굳혔다. 삼성전자는 프리미엄 제품과 보급형 제품으로 양분화되

자료 : news.samsung.com
▲ 삼성전자 2017년형 김치냉장고 '지펠아삭' 신제품 출시

고 있는 가전제품 시장에서 소비자들에게 프리미엄 브랜드 이미지를 심어주는 한편, 신흥시장에서는 현지 생활과 문화에 맞도록 특화기술을 채용하는 전략을 취하고 있다.

2009년 삼성전자는 디자인과 첨단 기능, 휴대성을 모두 갖춘 3세대 프리미엄 미니 노트북 N310과 슬림 노트북 X420 등의 제품으로 모바일 PC의 새로운 트렌드를 제시하며 노트북 600만 대 판매를 달성했다.

차세대 전략사업 중 하나인 프린터 사업 부문에서는 원터치 프린팅 기능을 장착한 모노 레이저 프린터 및 복합기, 통합출력관리 서비스에 최적화된 기업용 초고속 디지털 복합기 등을 선보였다. A4레이저 프린터가 세계 시장점유율 2위에 올랐으며, 모노 레이저 프린터와 복합기, 컬러 레이저 프린터 및 복합기 등 각 분야에서도 세계 1, 2위의 시장점유율을 기록했다. 특히 레이저 복합기 부문에서는 최초로 세계 시장점유율 1위를 달성했다.

자료 : news.samsung.com

▲ 삼성전자 고성능 컬러 레이저 프린터 · 복합기 출시

2010년에는 감각적이고 세련된 디자인을 내세운 프리미엄 노트북 R580과 미니 노트북 N210을 비롯해 세계 최소형 모노 레이저 프린터 ML-1660과 컬러 레이저 복합기 CLX-3185 등 신제품 생활가전 고효율 에너지 제품, 친환경 제품 라인업을 확대하고 있다.

디지털 카메라 캠코더 분야도 집중적으로 공략하고 있는 분야다. 'World's First & Best' 기능의 프리미엄급 카메라를 지향한 WB550과 듀얼 LCD를 적용한 ST550, 64GB SSD를 탑재한 Full HD 캠코더 HMX-

자료 : stores.auction.co.kr

▲ 삼성전자 정품 6mm 디지털 캠코더

H106을 출시했다. 2009년에 삼성전자의 카메라는 컴팩트 카메라 부문에서 세계 시장점유율 3위를 기록했고 프리미엄 제품을 중심으로 매출 구조가 개선되고 있다.

2010년에는 차세대 신개념 렌즈 교환식 카메라 NX10 등을 통해 신규 카테고리 시장의 주도권 확보 경쟁에 나서고 있다. MP3 플레이어 사업에서도 프리미엄 MP3 'M1', 세계 초소형 DivX MP3 플레이어 'R1' 등 멀티미디어 사용성을 강화한 제품을 출시하고 있다.

자료 : edaily.co.kr

▲ 삼성 모바일 와이맥스, 카자흐스탄 진출

무선 네트워크 분야에서는 삼성전자가 개발해 2007년 국제 기술표준으로 채택된 모바일 와이맥스(Mobile WiMAX, WiBRO)가 세계 대형 이동통신 시장에서 본격으로 상용 서비스를 시작하며 급성장하고 있다. 미국, 일본, 러시아 등에서 서비스 상용화에 성공한 이래 2010년 기준으로, 세계 75개국 139개 사업자가 서비스를 추진 중이며 아시아, 중남미, 동유럽 등 개발도상국의 신규 사업자를 중심으로 시장이 더욱 확대되고 있다.

스토리지 분야에서는 2009년에 2.5인치 디스크 1장당 250GB급 HDD 신제품 출시 등으로 세계 시장점유율 10%대를 차지하고 있다. 2010년에는 업계 최고 용량인 장당 320GB급 고성능 2.5인치 HDD 출시와 외장형 제품의 본격 판매에 나서고 있다. 하지만 2011년 4월, 삼성전자의 하드디스크 사업부를 씨게이트에게 매각하고 SSD에 집중하기로 한다. 더불어 삼성전자와 씨게이트 간에 특허를 공유하고 삼성 반도체를 씨게이트의 SSD에 공급하고 씨게이트의 하드디스크 제품은 삼성의 PC와 노트북에 쓰기로 하고 상호 포괄협력하기로 하였다.

5) 브랜드 가치

- 미국 보스턴컨설팅그룹^(BCG)이 2014년 발표한 혁신기업순위에서 구글에 이어서 3위에 올랐다.
- 미국 Brandiroty가 발표한 2013년 'Global 500 2013'에서 삼성은 2위로 선정되었다.
- 미국 포브스지가 발표한 2013년 '세계 브랜드 가치' 순위에서 삼성은 8위로 선정되었다.
- 영국 컨설턴트 Millward Brown이 발표한 100개 기업리스트에 의하면 삼성은 2009~2010년 세계에서 가치 있는 브랜드로서 가장 많이 성장한 기업이다. 브랜드 가치는 80% 상승, 금액으로는 11.3억 달러로 세계 68위를 차지했다.
- 미국 컨설팅 업체 Ruputation Institute가 발표한 2010년 '세계에서 가장 평판 높은 기업' 순위에서 삼성은 22위에 선정되었다.
- 미국 비즈니스위크가 발표한 2010년 '세계에서 가장 혁신적인 기업' 순위에서 삼성전자는 11위에 선정되었다.
- 영국 브랜드파이낸스가 발표한 2012년 500대 글로벌 기업 순위에서 삼성전자는 6위를 차지했다.

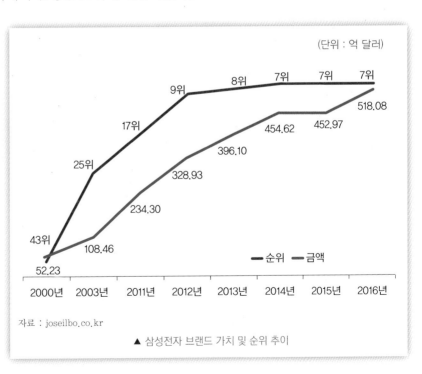

자료 : joseilbo.co.kr

▲ 삼성전자 브랜드 가치 및 순위 추이

6) 디자인

삼성전자는 1990년대 초 이후 소위 '디자인 경영'을 강화하며 디자인에 대한 투자를 늘렸다. 서울 서초구에 있는 43층 본사 빌딩 안에는 디자인센터가 있으며 창업 당시 2명이었던 디자이너가 현재는 900여 명으로 늘었다. 삼성은 2년 주기로 디자인을 재검토한다. 처음 1년 동안 유행을 분석하고 상품전략을 계획, 2년째에 새로운 디자인을 만든다는 것이다. 삼성 측에서는 대한민국 내와 밀라노, 런던 등 7곳에 운영하는 디자인 센터에서 현지 문화와 라이프스타일, 산업 트렌드에 맞는 디자인을 연구하고 실험하고 있음을 홍보하고 있다.

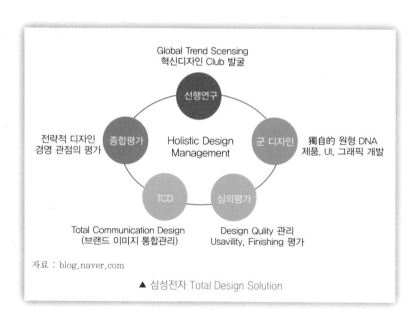

자료 : blog.naver.com

▲ 삼성전자 Total Design Solution

이 같은 노력의 결과로 삼성전자는 2006년 이후 국제적으로 권위있는 여러 디자인 공모제에서 210개의 상을 수상하는 성과를 거두었다. 또한 2009년 IDEA에서 8개의 상을 받아 가장 많은 상을 수상한 기업으로 올라섰으며, iF에서도 역시 최다 수상 기업이었다.

2010년 iF Material Award에서는 골드 어워드를 받은 외장형 하드 디스크를 포함 총 5개 제품을 수상했다. iF Material Award는 독일 하노버 International Forum Design Hannover가 주관하는 디자인 소재, 가공 분야의 권위 있는 상 중 하나이다. 2010년에는 가전, 가구, 산업 디자인 기업 등을 대상으로 총 42개의 제품이 수상작으로 선정되었는데 삼성전자는 외장형 하드 디스크, 풀터치스크린폰 제트·햅틱 아몰레드, 양문형 냉장고, 콤팩트 디지털 카메라, 레이저 프린터 토너 등 총 5개 제품을 수상하였다.

2010년 iF Product Design Award에서도 삼성전자는 21개 제품을 수상, 최다 수상 기업이 됐다. 또 iF에서 주최하는 5개 어워드(제품, 소재, 커뮤니케이션, 패키지, 콘셉트 분야)의 2년간 실적을 누적 집계하여 발표하는 순위에서 디자이너들의 창의성과 누적 수상실적 두 분야에서 1위를 차지했다.

자료 : design.samsung.com
▲ 삼성전자 국제 디자인 공모전 'iF 디자인 어워드 2017(International Forum Design Award 2017)'에서 금상 1개 포함, 총 49개의 상을 수상

자료 : news.samsung.com
▲ 삼성전자, '독일 iF 디자인 어워드 2016' 38개 수상

2014년 출시한 갤럭시 S5는 디자인 면에서 호불호가 있었으나, 삼성의 스마트폰 사업 부진의 시작이라고 봐도 될 만큼 파급이 큰 디자인이다. 월스트리트 저널에서는 '갤럭시 S5 쿠퍼 골드'를 밴드에이드(일회용 반창고)에 비유하며 혹평하기도 했다.

147

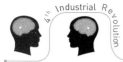
최근 소비자들 사이에서 폼팩터를 변경해야 한다는 지적이 나오는 가운데, 최근 풀 메탈 케이스를 채택한 '갤럭시 A' 금속 소재의 테두리를 사용해 변화를 준 '갤럭시 알파'를 출시, 갤럭시 노트4와 동반출시한 '갤럭시 노트 엣지'에 이르기까지, 소재의 변화에 이어 형태의 변화에 이르기까지 다양한 시도를 하고 있다.

7) 사물 인터넷

① 사물 인터넷이란?

인터넷과 비교
SAMSUNG NEWSROOM,
2014년 9월 17일

한마디로 사물 인터넷은 적절한 디바이스에 연결돼 있는 '사물'들끼리 정보를 주고받으면서 인간의 삶에 변화를 일으키는 것이다. 쉽게 이해하자면, 역시 익숙한 기존 개념에 빗대어 보는 편이 빠를 것 같다. 이제 우리 삶에서 떼려야 뗄 수 없는 인터넷과 비교해보자.*

통상적으로 인터넷은 PC, 스마트폰 등의 디바이스들을 연결해 콘텐츠들을 엮어주는 것이다. 이 때 중요한 것은 콘텐츠를 다루는 인간의 존재, 좀 더 정확히 말해 '인간 의식'의 존재다. 인간의 의식은 단말 디바이스에서 정보를 읽어낸 후 나름대로 조합하고 가공해 행동이나 사고에 변화를 일으킨다. 이와는 달리 사물 인터넷은 인간의 의식을 거치지 않는다.

삼성전자 블로그
SAMSUNG TOMORROW
자료 : news.samsung.com

▲ 사물 인터넷 이미지

👁 사례 1

서울 한복판의 오피스텔로 이사를 간 직장인 지수(의식)는 자주 목이 따끔

거리고 머리가 띵한 증상을 호소했다. 원인을 찾기 위해 갤럭시 S(디바이스)로 인터넷을 검색하다가, 환기를 잘 해주지 않으면 실내에 오염 물질이 축적돼 외부 공기보다 오염도가 수십 배 더 높아진다는 사실(콘텐츠)을 알게 됐다. 깜짝 놀란 지수는 먼지가 들어올까 봐 꼭꼭 닫아뒀던 창문을 열고 환기를 시킨 후 검색을 더 해 좋은 공기청정기를 구입, 실내 공기를 청정하게 유지했다.(변화)

자료 : venturesquare.net

▲ 삼성전자가 미국 사물 인터넷 스타트업 퍼치(Perch)를 인수

👁 사례 2

게임업체에서 일하는 상훈은 퇴근하면서 손목에 찬 갤럭시 기어(디바이스)를 통해 집에 도착하기 전 미리 집안 공기를 환기시킨다. 아파트 창문이 열리게 하거나 인공지능 에어컨이 가동되도록 한다. 관련 가동을 시작하라는 명령(콘텐츠)을 받은 홈오토메이션 시스템(디바이스)은 상훈이 집에 도착하기까지 실내에 축적된 오염 물질을 제거하고 실내 공기를 청정하게 해놓는다.(변화)

👁 사례 3

모 대기업 모바일 파트에 근무하는 영진의 아파트 홈오토메이션 시스템(제1디바이스)은 실내 공기 오염 수준이 어느 정도 이상 되면(콘텐츠) 이를 스스로 인식, 무선 네트워크를 통해 창문을 움직이거나 인공지능 에어컨(제2디바이스)을 가동한다. 영진의 아파트는 거주자가 별다른 수고를 하지 않아도 늘 적정 온도와 청정한 공

자료 : iotdanawa.com

▲ 홈 사물 인터넷

기를 갖춰 쾌적한 상태를 유지한다^(변화).

위 세 가지 사례를 살펴보자. 첫 번째 지수의 행동 방식은 사람이 인터넷을 통해 정보를 얻은 후 이에 기초해서 직접 행동하는 방법이다. 두 번째 상훈의 삶은 사람의 의식이 인터넷을 통해 정보를 줘 사물을 움직이는 방식이다. 마지막 영진의 경우는 사람의 의식을 거치지 않고도 생활공간의 사물들이 인터넷으로 정보를 주고받으며 최적화된 상태를 창출하는 상황이다. 사물 인터넷이 실현된 삶인 것이다.

② 사물 인터넷이 인간에게 왜 중요할까(Why)?

우리가 두뇌를 써서 '의식'하는 활동은 상당한 에너지 소비를 필요로 한다. 반면, 의식을 거치지 않고 자동으로 돌아가는 구조인 사물 인터넷이 실현된 공간에서 인간은 생존에 필요한 에너지를 훨씬 더 많이 절약할 수 있다. 그 과정에서 추가로 확보된 에너지는 상대적으로 고부가가치 창출 활동에 더 많이 투입될 수 있을 것이다. 다시 말해, 사물 인터넷은 인간이 좀 더 자유롭고 생산적이며 높은 소득에 직결되는 일을 하도록 돕는다.

사물 인터넷이 쓰일 수 있는 곳은 비단 위 세 개의 사례 같은 실내 환경 관리에 그치지 않는다. 일단 물·대기·토양 상태와 야생동물의 이동, 그들의 서식지 상태 등 다양한 환경 관리에 쓰일 수 있다. 각종 기반시설 관리와 유지에도 유용하다. 교각 상태, 철도, 폐기물 처

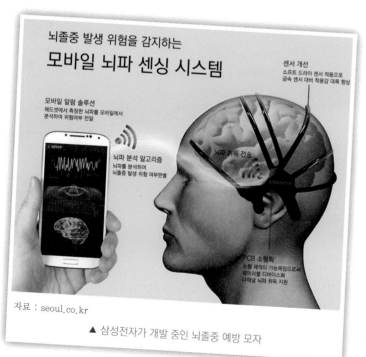

자료 : seoul.co.kr

▲ 삼성전자가 개발 중인 뇌졸중 예방 모자

리 시설 등에서 사물 인터넷은 정확하고도 효율적으로 기능할 수 있다. 산업 과정에서도 여러 단계에서의 프로세스 컨트롤, 통계 자료 처리를 통한 예측 관리 등에 도움이 될 수 있다. 수력 · 화력 · 원자력 발전소와 재생에너지 시설에선 원격 조정 기능을 통해 위험한 현장에 들어가지 않아도 되도록 해준다. 의료 · 건강관리 분야에서도 웨어러블 심장 모니터 등의 디바이스를 이용한 원격 건강관리와 응급상태 알림 시스템 등이 가능해진다.

사물 인터넷은 현재 원격조정이 응용 중인, 혹은 응용 가능한 모든 분야에서 인간 행동이 전혀 개입되지 않고 어려운 과제를 효율적으로 수행하게 하는 데 이용될 수 있다. 그 결과, 인간은 부가가치가 큰 활동을 더욱 안전하게 수행할 수 있는 조건을 갖추게 되는 것이다. 세계 IT업계의 선두주자인 미국 가트너사(社)의 연구에 의하면 오는 2020년엔 사물 인터넷 이용 가능 기기 수가 260억 개에 이를 전망이다. 가히 전 세계 IT업계의 이목을 끄는 차세대 아이템이라고 할 만하다.

자료 : blog.naver.com
▲ 영화 〈그녀(Her, 2013)〉 - 인공지능과 사랑에 빠지다

일각에선 사물 인터넷에 대해 "고독한 현대인의 메마른 정서를 충족시켜주는 공생의 상대도 될 수 있지 않을까?" 예측하기도 한다. 아카데미영화제 각본상을 수상한 영화 〈허(Her, 2013)〉의 주인공 '테오도르'는 포켓에 들어가는 인공지능 여인 '사만타'와 사랑에 빠진다. 마치 실제 연인처럼 테오도르는 매일 사만타와 대화하고 데이트를 하며 감정적 교감을 이룬다.

사람은 다른 존재와의 교감 없인 살아갈 수 없는 존재다. 도시 생활에서 혼자 쉴 수 있는 공간들을 다 갖춰놓고도 늦게까지 친구들과 음식, 술, 이야기, 그리고 사랑을 나눈다. 혼자서 쓸쓸한 집으로 들어가고 싶지 않은 것이다.

사물 인터넷이 잘 실현된 집 공간에서라면 다를 수 있다. 현관 앞에 선 순

간, 문이 저절로 열리면서 빛이 환하게 밝혀진다. 신발을 벗으면 컨베이어 벨트가 자동으로 가지런히 정리해 신발장에 놓아두고 슬리퍼를 대령한다. 알맞게 따뜻한 물과 거품 세제를 곁들여 샤워를 마치고 나면 뽀송뽀송한 수건과 실내복이 기다리고 있다. 소파에 앉으면 조명이 아늑해지면서 TV가 저절로 켜지는 건 기본이다. 쿠션에 기대면 다정한 여인이 반가운 인사와 함께 그날의 주요 뉴스나 정보를 간추려 들려줄지도 모른다. 이런 집에서라면 피로도 풀고 불필요한 에너지 낭비도 줄이면서, 혼자 있더라도 세상과 연결된 듯한 안정감을 갖게 될 것이다.

③ 사물 인터넷 세상을 만들려면 어떻게 해야 할까(How)?

본격적 사물 인터넷 세상이 실현되려면 IT업계는 물론, 관련 분야에 관심 있는 모든 이의 노력이 필요하다. 일단 이 모든 기능을 직접 수행하는 단말 장치가 있어야 할 것이다. 단, 여기서 말하는 장치란 그때그때 정보를 입력해줘야 하는 기기가 아닌, 인터넷으로 끊임없이 정보를 주고받으며 판단하는 '스마트 오브젝트'를 가리킨다.

가정에서 실내 공기가 혼탁해지면 저절로 적당히 열리는 '스마트 윈도우'에서부터 공장에서 컨베이어 벨트를 통해 적정량의 재료가 지속적으로 투입되도록 조절해주는 '스마트 프로바이더'까지 무수한 스마트 오브젝트들이 개발되면 사물인터넷 세상은 한결 원활하게 돌아갈 것이다.

하지만 이런 사물들이 생명력을 가진 듯 작동해 필요한 서비스를 제공하려면 각 사물이 인터넷과 긴밀하게 연결돼 정보를 주고받을 수 있는 환경이 구축돼야 한다. 모든 생명체를 다 품을 수 있는 건강한 생태계가 있어야 개별 생명체가 잘 살아갈 수 있듯이 스마

자료 : youtube.com

▲ 스마트 오브젝트

트 개체도 그들의 활동을 이어주고 지탱해줄 건강한 생태계가 있어야 제대로 작동할 수 있다.

삼성전자는 사물 인터넷 분야에서 가장 앞서가는 행보를 실현하고 있는 기업 중 한 곳이다. 그 비결은 각기 다른 브랜드와 작동 기제를 갖춘 스마트 오브젝트 간 공유를 가능케 하는 개방형 플랫폼 구축이다. 삼성전자는 이미 인텔, 스마트싱스(Smart Things) 등 사물 인터넷 분야를 선도하는 글로벌 기업과 파트너십 관계를 맺고 개방형 사물 인터넷 생태계 구축에 앞장서고 있다.

건강하게 작동하는 생태계의 보호 아래 생동감 있게 활동하는 생명체의 존재처럼 우리의 생활공간을 채우고 있는 사물들이 왕성한 교감을 통해 인간에게 필요한 서비스를 다양하게 제공하는 세계는 말 그대로 '공간의 혁신'이라고 할 만하다. 이 공간은 작게 는 일명 '스마트홈'으로 불리는, 안전하고 쾌적하며 인간과의 교감이 전제된 가정환경에서부터 출발해 크게는 지구 전체를 이어주는 인프라 관리에 이르기까지 거의 무한하게 확대될 수 있을 것이다.

자료 : news.samsung.com

▲ 삼성 스마트홈

사물 인터넷 세상으로 향하는 길 목엔, 현재로선 미처 생각지도 못할 난관이 기다리고 있을지도 모른다. 하지만 인간은 언제나 그래 왔다. 새 로운 길을 찾아 나서고 험한 길을 닦아가며 모두가 수월하게 지나갈 수 있도록 했다. 그런 의미에서 사물 인터넷은 인간을 한 차원 높은 세상으로 이끄는 길이 될지도 모른다.

④ IoT 플랫폼 아틱(ARTIK) 신제품 공개

삼성전자가 IoT 기기 개발 플랫폼인 '아틱(ARTIK)'의 신제품 'ARTIK 0'과

제4차 산업혁명을 이끌어가는 **스마트컴퍼니**

IoT 시장 공략

SAMSUNG NEWSROOM,
2016년 10월 26일

'ARTIK 7'을 공개하고 다양한 파트너사들과 협력 관계를 확대하는 등 본격적인 IoT 시장 공략에 나섰다.*

아틱 플랫폼은 모듈 형태의 하드웨어는 물론 소프트웨어, 클라우드, 보안, IoT 생태계까지 아우르는 통합 솔루션으로 고객들은 아틱 플랫폼을 통해 IoT 제품과 서비스를 개발하는 데 시간과 비용을 절감할 수 있다.

'ARTIK 0'는 저전력, 경량화, 저비용의 특성을 갖춘 모듈로 주로 HVAC(Heating, Ventilation, Air Conditioning), 조명, 건강 정보를 모니터링할 수 있는 제품 등에 특화된 개발 모듈이다.

자료 : news.samsung.com

▲ 삼성전자의 IoT 플랫폼인 'ARTIK(아틱)'

'ARTIK 0'는 개발자들의 요구에 따라 지그비(Zigbee) 또는 블루투스 등 저전력 무선 통신 표준 기능과 저전력 마이크로컨트롤러가 탑재되어 고객과 파트너사들이 더욱 쉽게 네트워킹 기능을 구현할 수 있도록 했다.

'ARTIK 7'은 강력한 무선 통신 기능은 물론 고사양의 멀티미디어 프로세서와 리눅스 OS, 보안 기능 등이 탑재되어, 복수의 컴퓨터와 근거리 통신망 등을 서로 연결하고 컨트롤하는 고성능 게이트웨이에 적합하다.

삼성전자는 2015년 5월 아틱(ARTIK) 모듈 3종(ARTIK 1, ARTIK 5, ARTIK 10)을 선보였으며, 2016년 4월에 열린 '삼성 개발자 컨퍼런스 2016'에서는 개방형 데이터 교환 플랫폼인 '아틱 클라우드(ARTIK Cloud)'를 공개한 바 있다.

삼성전자는 기존 모듈 라인업에 ARTIK 0, ARTIK 7을 추가해 빠르게 확대되고 있는 IoT 시장에서 파트너사와 개발자들에게 좀 더 다양한 솔

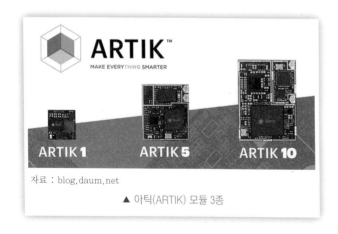

자료 : blog.daum.net

▲ 아틱(ARTIK) 모듈 3종

루션을 제공할 수 있게 됐다.

삼성전자는 국내 최대 포털 기업인 네이버와도 협력 관계를 강화하는 등 다양한 영역에서 IoT 시장 성장을 주도해 나가고 있다.

네이버는 지난 2016년 10월 24일 발표한 '아미카(AMICA)'라는 음성 인식을 비롯한 인공지능 기반 스마트홈 서비스에 아틱 플랫폼을 활용하기로 했다.

송창현 네이버 CTO는 "아틱 플랫폼을 기반으로 운영되는 아미카(AMICA)는 흥미롭고 새로운 IoT 애플리케이션과 제품들의 인공지능 기능을 진일보시킬 수 있을 것"이라며, "앞으로도 삼성전자와의 파트너십을 통해 아시아 IoT 시장에서 더욱 효율적으로 성장 기회를 만들어 나갈 것"이라고 밝혔다.

자료 : ddaily.co.kr

▲ 네이버, 인공지능 기반 대화형 인터페이스 '아미카(AMICA)' 공개

또한 삼성전자와 네이버는 네이버 계정을 가진 사용자들이 별도의 인증절차 없이 아틱 클라우드를 접속할 수 있게 하는 등 IoT 분야의 시너지 창출을 위해 협력해 나갈 계획이다.

삼성전자는 외부 파트너사뿐만 아니라 스마트 공기청정기와 같은 향후 출시될 자사 가전에도 아틱 플랫폼을 활용해 IoT 솔루션을 적용할 예정이다.

자료 : neten.com

▲ 스마트 공기청정기 삼성전자 블루스카이 AX7000

삼성전자 생활가전사업부 도영수 전무는 "아틱 플랫폼을 통해 IoT 기반의 스마트 제품을 더욱 빠르게 시장에 선보이고, 다양한 기기 간의 연결을 통해 혁신적인 사용 사례를 만들어 나갈 것"이라고 밝혔다.

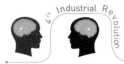

삼성전자 기술전략팀 소병세 부사장은 "한층 강화된 아틱 모듈 라인업을 통해 고객들에게 더욱 다양해진 옵션과 효율적인 솔루션을 제공해 IoT 시장 성장을 견인해 나갈 것"이라고 밝혔다.

이밖에도 삼성전자는 글로벌 기업들과 IoT 표준화 단체인 OCF^(Open Connectivity Foundation)의 멤버로 참여하고, 아틱 플랫폼과 '아이오티비티^{(IoTivity)'} 오픈 소프트웨어를 기반으로 다양한 IoT 기기들과의 호환성을 확대하는 등 IoT 시장이 빠르게 성장할 수 있도록 하는 데 기여하고 있다. 아이오티비티 는 개방형 소스 소프트웨어 프레임 워크로서 끊어짐 없는 장치 간 연결을 가 능하게 하여 사물 인터넷의 새로운 요구를 해결한다.

삼성전자의 아틱 모듈 신제품은 글로벌 유통업체인 애로우^(Arrow), 디지키 ^(Digi-Key), 무진^(Mujin)을 통해 구매할 수 있으며, 아틱 플랫폼과 관련된 다양한 정 보와 개발 툴은 삼성전자 아틱 공식 홈페이지^(www.artik.io)에서 확인 가능하다.

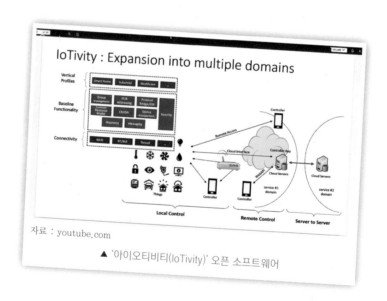

자료 : youtube.com

▲ '아이오티비티(IoTivity)' 오픈 소프트웨어

로봇
스마트컴퍼니

06 로봇 스마트컴퍼니

1 쿠카 로보틱스

1) 개요

독일 KUKA의 기업 연혁은 1898년, 요한 요제프 켈러(Johann Josef Keller)와 야콥 크나피히(Jakob Knappich)에 의해 아우구스부르크에서 시작되었다. 100년 이

자료 : en.wikipedia.org

▲ 요한 요제프 켈러와 야콥 크나피히

상의 시간 동안 회사는 아이디어와 혁신의 대표주자가 되어 왔고, 이를 통해 세계적인 성공을 거둘 수 있었다. 오늘날 KUKA는 로봇, 설비 및 시스템 기술을 제공하는 글로벌 선도 기업 중 하나다. 2014년 로봇 사업분야 매출액 9억 4160만 달러(1조 753억 원)에 이른다. 독일의 산업용 로봇 제조회사로 주력은 자동차 산업용 로봇이다. 1973년 자동차 산업에 사용되는 로봇을 처음 출시했으며, 현재 전 세계에 25개 지사를 두고 있다. 쿠카 산업용 로봇

이 설치된 주요 기업은 제네럴모터스(GM), 폭스바겐그룹, 크라이슬러, 포드, 다임러 벤츠, 보잉, 지멘스, 할리데이비슨 등이 있다.

2) KUKA의 탄생

1898년, 요한 요제프 켈러(Johann Josef Keller)와 야콥 크나피히(Jakob Knappich)는 아우구스부르크에 아세틸렌 조명 제조사를 설립했다. 당시 회사의 목표는 저렴한 가정용 조명과 가로등을 생산하는 것이었다.

1905년 Keller und Knappich GmbH는 자동 용접기라는 새로운 기기의 발명으로 제조 수준을 확장시킨다. 이 시기로부터 계속하여 KUKA는 용접 기술의 기준을 세우고 있다. 1936년 KUKA는 독일 최초로 전자 점용접기를 개발한다.

1920년대부터 Keller und Knappich 사는 전보용 약어를 더 많이 사용하게 되는데, 바로 'Keller und Knappich Augsburg'의 머리글자를 따 만들어진 KUKA이다. 이 약칭으로 시장에 진입하게 된다.

자료 : wikiwand.com

▲ Keller und Knappich Augsburg

3) KUKA의 연혁

① 용접기술의 혁신

곧바로 KUKA는 산업·수공업 용접 및 절단 가공의 노하우를 다른 분야에도 적용시키기 시작했다. 대용량의 컨테이너를 제조하여 차량에 알맞은 구조로 만들었고, 이것이 매우 큰 성공을 거두며 1966년 KUKA는 유럽에서 지역 교통수단 시장의 선도기업이 되었다.

동시에 용접 시설 분야에서도 성장하였다. 1956년 KUKA는 최초로 냉장고 및 세탁기의 자동 용접기기를 개발하고 Volkswagen AG에 최초로 다점용접

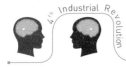
라인을 납품한다. 1971년에 KUKA는 Daimler-Benz사에 로봇을 활용한 용접 이송 라인을 유럽 최초로 납품하게 된다. 이를 통해 현저히 빠르고 비용 절감적인 생산이 가능하게 되었다.

KUKA는 설립 이래로 용접 기술 또한 계속해서 발전시켜 왔다. 1966년에 KUKA는 마찰용접기술을 정립한다. 이후에도 순간용접기술, 포지션 마찰용접기술 등 수많은 혁신이 뒤를 이었다 1972년에는 최초로 Magnetarc 용접기기를 선보였다.

자료 : typewriterdatabase.com

▲ Keller & Knappich 초소형 타자기 'Princess' 300

② 새로운 제품 분야

용접기기 및 공용 서비스 차량 제조에 대한 의존성을 줄이기 위해 새로운 사업 영역을 모색하였다. 1964년, Keller & Knappich사는 초소형 타자기인 'Princess'를 시장에 선보인다.

③ KUKA와 IWK의 합병

1970년 KUKA GmbH는 Industrie-Werke Karlsruhe AG와 합병한다. 합병 직후 기업은 Industrie-Werke Karlsruhe Augsburg Aktiengesellschaft, 줄여서 IWKA AG로 불리게 된다. 본사는 칼스루에에 있다. 아우구스부르크에는 다음의 세 사업부서가 조직되었다.

- 환경기술
- 용접기술
- 방산기술

이외에도 새로 설립된 IWKA AG는 포장 기계, 직물 기술, 제어 기술, 성

형 기술 및 공작기계 분야로 사업 영역을 확
장하였으며, 동시에 KUKA는 용접 기술의 계
속된 혁신을 기했다. 1972년 회사는 최초의
Magnetarc 용접기기를 선보인다. 이 시스템
은 오늘날 고도의 하중을 견뎌야 하는 건축
부품 조립에 있어 가장 빠르고 안전한 시스템
중 하나다.

1979년 IWKA AG의 다양한 사업 활동은 법
적으로 독립적인 회사로 분리되었고, IWKA
AG는 순수하게 국제적인 기계·설비 제조를
맡은 지주회사가 된다.

1995년 KUKA 내의 KUKA Schweißanlagen
+ Roboter GmbH에서 로봇기술이 정립된다.

자료 : boagroup.com
▲ Industriewerke Karlsruhe AG 1972

④ 로봇 기술에 대한 선도기업

1973년 KUKA는 로봇 기술에 대한 선도기업으로서의 역사를 쓰고 FAMULUS
를 개발한다. 이는 세계 최초의 6개의 전기 모
터식 축이 탑재된 산업로봇이다. 1996년 KUKA
는 최초의 로봇 제조업체로서 개방형 PC 기
반 조정 장치를 개발한다. 2007년에는 KR titan
이 시장에 진출한다. 1,000kg의 가반하중과
3200mm의 작업 반경을 실현한 이 로봇은 세계
에서 가장 크고 강력한 6축 산업용 로봇이다.
이 기록으로 기네스북에도 등재되었다.

2013년 KUKA는 새로운 로봇 제너레이션을
소개한다. LBR iiwa의 출시로 KUKA는 매 축
마다 센서가 결합된 세계 최초 산업용 경량

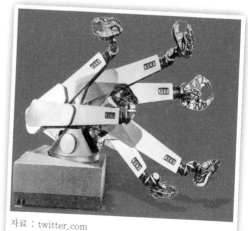

자료 : twitter.com
▲ KUKA 최초의 산업용 로봇 FAMULUS(1973)

구조 로봇(센서티브 로봇)을 선보였다.

⑤ IWKA AG에서 다시 KUKA로

1999/2000년 IWKA AG는 Rheinmetall-Konzern과 영미권 기업 BWI-Gruppe로부터 다양한 포장 사업을 인수받게 된다. 그리고 이를 통해 포장기기 및 설비를 제공하는 선도적인 기업이 된다.

2004년부터 IWKA AG는 로봇 기술 및 설비·시스템 기술과 같은 핵심 산업 분야의 자동화 기술에 집중하게 된다. 기타 사업 분야는 점차 매각되어, 2007년 KUKA는 소비재산업의 공정기술, 제조기술 및 포장기술에서 완전히 분리된다. 뒤이어 IWKA는 2007년 KUKA 주식회사로 개칭한다. 기업의 본사는 아우구스부르크로 이전하였다.

⑥ KUKA가 세계 자동화의 발전소가 되다

KUKA는 세계적인 기업으로 발돋움하였다. 1981년에 북미에는 KUKA 자회사가 세워졌으며, 이 이래로 회사의 시장 지위는 계속해서 확장되었다. 1997년에는 쉘비 타운십(미시건)에 KUKA Robotics Corporation이 설립되었다. 2013년 3월에는 미시건 주 쉘비 타운십에 위치한 용접 기술 전문가이자 자동화기기 납품업체인 설비제조회사 Utica Companies를 얻게 된다. 같은 해에 백만 번째의 Jeep Wrangler JK 차체 외곽이 톨레도(오하이오)에 위치한 KUKA Toledo Production Operation(KTPO)에서 생산된다. KUKA Systems는 오늘날 북미에서 자동차 산업

자료 : automationworld.com

▲ 자동차 산업 KUKA Systems

의 제조 시스템에 대한 최대 생산업체 중 하나다.

몇 년 전부터 KUKA는 아시아 지역에 많은 사업소를 설립하였다. 중국은 전 세계에서 가장 빠르게 성장하는 세계 최대의 로봇 시장이다. 아시아 사업소 본사는 상하이에 있으며, 거기서부터 로봇이 아시아 지역 시장으로 공급된다. 2000년에는 KUKA Robotics China Co., Ltd.가 정식으로 설립되었다. 2014년에는 상하이에 새로운 로봇 제조회사가 세워졌다.

같은 해 오번부르크 암 마인에 위치한 Reis GmbH & Co. KG Maschinenfabrik이 KUKA AG의 한 부분이 된다. 2년간의 회사 소속 활동 후 이 회사는 KUKA Industries GmbH & Co. KG로 명칭을 변경한다. 항공산업 자동화 솔루션의 공급 업체였던 보르도의 Alema Automation SAS 또한 2014년 인수된다. 이 회사는 특별히 항공기 제조 부품 중 드릴과 리벳 자동화 분야에 대한 적용 노하우를 가지고 있다. 2014년 KUKA는 또한 Swisslog Holding Ag와도 합병한다. Swisslog을 통해 KUKA는 창고 물류업 및 의료서비스 산업이라는 특히 매력적인 시장에 진입하게 된다.

KUKA는 오늘날 자동화 솔루션을 제공하는 세계적인 선도 기업이다. 기술 분야 리더로서 KUKA는 전 세계 기준을 정립한다. 생산 및 개발지인 아우구스부르크 본

자료 : blogs.windriver.com
▲ 상하이 KUKA 공장

자료 : news.hankyung.com
▲ 독일 아우크스부르크에 있는 쿠카 로보틱스의 산업용 로봇 생산공정

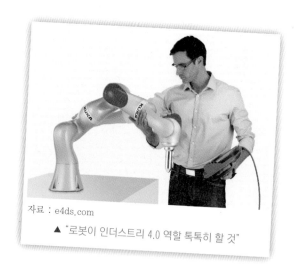

자료 : e4ds.com

▲ "로봇이 인더스트리 4.0 역할 톡톡히 할 것"

사 이외에도 KUKA는 약 100여 개의 자회사를 두고 전 세계에서 활동하고 있다.

KUKA는 자동화 분야의 혁신의 대표주자이며 인더스트리 4.0의 선구자다. 즉, 제4차 산업혁명의 리더라고 할 수 있다.

4) KUKA의 산업용 로봇

KUKA는 포괄적인 제품 범위의 산업용 로봇을 제공한다. 까다로운 작업에 적합한 로봇도 찾을 수 있다.

① 일반 산업용 로봇

- 거의 모든 치수의 여러 가반하중, 작동 범위 및 다양한 기종의 6축 로봇
- 인간과 기계 사이에서 직접 협업을 위한 HRC 가능 경량 로봇
- 극한의 환경 조건을 위한 열과 오염에 강한 로봇
- 높은 위생 요구를 위한 청정실 기종의 산업용 로봇
- 공작 기계에 사용하기 위한 방수 장비가 있는 소형 로봇
- 프레스 상호 연결 작업에서 큰 부품을 로딩/언로딩하기 위한 놀라운 작동 범위의 프레스 투 프레스 로봇
- 모든 종류의 핸들링 작업을 위한 팔레타이징 로봇
- 정확성과 최상의 기동성을 고려하여 설계된 용접 로봇
- 모든 버전의 선반부착형 로봇
- 최고 수준의 정밀성을 위한 로봇

② 고정밀 로봇

고객의 기준에 따라 간편하게 필터링하고 고객의 분야와 애플리케이션에 완벽하게 알맞은 솔루션을 얻을 수 있다.

자료 : 2korea.hani.co.kr

▲ 쿠카의 산업용 로봇을 지켜보는 메르켈 총리와 오바마 대통령

5) 시스템 소개 및 기타 응용사례

① 로봇시스템 소개

각각 하나의 로봇마다 각자의 제어판이 있으며 Windows 및 VxWorks 기반에서 기동한다. 제어판(the KCP, or KUKAControlPanel)의 버튼 또는 통합마우스를 이용하여 위치이동이 가능하며, TouchUp을 통해 대응하는 위치를 보존한다. 또한 자유 이동경로, 직선, 원에 대한 성능, 데이터를 수정할 수 있다.

컨트롤 캐비닛에 장착된 컴퓨터는 MFC 카드를 통해 로봇시스템과 통신하고, 조작기와 컨트롤러의 작동(이동)신호는 DSE-RDW에 의해 전파된다. DSE 카드는 컨트롤 캐비닛 안에 장착되고 RDW 카드는 로봇에 장착된다.

이전 버전(2000년 이전)의 KRC1 컨트롤러가 사용하는 소프트웨어는 윈도우 95 운영 체제이다. 외부 장치는 CD-ROM과 디스크 드라이브가 포함되며, PCI/ISA 슬롯 사용 및 Profibus, Interbus, Devicenet 등의 통신이 가능하다.

새로운 버전 KRC2 컨트롤러는 Windows XP 운영 체제를 사용하며(일부는 윈도우 2000 임베디드) CD-ROM 드라이브와 자동저장 가능한 USB 포트를 포함한다.

대부분 로봇은 모두 등황색(RAL 2003) 혹은 검정색을 사용하며, 전자는 독특한 회사 주요 색상을 표현하고 있다.

② 기타 응용사례

KUKA 로봇은 운반가공 팔레타이징(palletizing, 적재), 용접, 아크 웰딩에 사용될 뿐만 아니라 자동화 금속가공, 식품과 플라스틱 산업분야에도 사용된다. 쿠카 산업용 로봇의 고객은 제너럴 모터스, 크라이슬러, 포드 자동차 회사, 포르쉐, BMW, 아우디, 메르세데스-벤츠, 폭스바겐, 페라리, 할리데이비슨, 보잉, 지멘스, 이케아, 스와로브스키, 월마트, 버드와이저, BSN Medical, 코카콜라 등이다.

자료 : ko.wikipedia.org

▲ 식품 팔레타이징 로봇

- 운반산업 : 산업용 로봇은 운반산업에서 중요한 작용을 일으키고 있으며, 이는 하중과 작동범위에 표현된다.
- 식품산업 : 식품산업에서 쿠카 로봇은 제품의 운반, 스택, 팔레타이징에 사용된다.
- 건축산업 : 제품의 운송, 가공 및 고효율 생산과정에 응용된다.
- 유리제조산업 : 유리 및 석영유리 제조 및 특수가공에 활용된다.

자료 : ko.wikipedia.org

▲ 철강 절삭에 사용

자료 : ko.wikipedia.org

▲ 평면유리처리, Titan로봇-1000KG 부하능력

• 주조산업 : 주조 (鑄造)기계에 장착 되어 고온현장에 사용된다.

자료 : ko.wikipedia.org
▲ 자동화 주조산업, 고온현장에 사용

• 목재산업 : 연삭, 밀링, 드릴링, 절단 등 가공생산은 모두 산업용 로봇으로 완성할 수 있다.

자료 : ko.wikipedia.org
▲ 목재가공, CNC 공작기계 커팅

• 금속가공산업 : 금속 드릴링, 밀링, 절단 절곡 에 사용. 또한 용접, 조립 등에도 사용할 수 있다.

• 석재가공산업 : 석재 커팅, 가공 및 자동 3D 처리에 사용된다.

자료 : ko.wikipedia.org
▲ 금속가공, YAG 레이저 커팅

자료 : ko.wikipedia.org
▲ 석재가공, 석영주방조리대 커팅

자료 : ko.wikipedia.org

▲ 자동차 산업응용, 아크 용접

• 용접 산업 : AR 용접, CO₂ 용접, 혼합가스 용접, 아크 용접 등을 프로그래밍하여 원하는 경로에 용접을 사용할 수 있다.

이외에도 KUKA 산업용 로봇은 할리우드 영화촬영 장면에도 나타나고 있다. 제임스 본드의 영화 〈어나더데이〉에서 국가 안보국 특무 할리베리가 아이슬란드에서 레이저 용접 로봇의 위협을 받고 있는 장면, 론하워드감독의 영화 〈다빈치 코드〉 중 로봇이 로버트 랭던의 출연자 톰 행크스에게 비밀 번호 튜브를 담은 박스를 건네주는 장면 등이 그것이다. 특히 〈트랜스포머 : 최후의 기사〉에는 수많은 로봇이 등장한다.

또한 KUKA 로봇은 놀이공원을 위한 여객운반 Robocoaster 로봇도 생산하고 있다. RoboCoaster Ltd는 영국 워릭셔에 본사를 둔 놀

자료 : youtube.com

▲ 〈트랜스포머 : 최후의 기사〉에 등장하는 로봇

이기구 설계 회사이다. RoboCoaster와의 파트너 관계를 통해 전 세계에 지명도가 높은 제품을 설치했다. 2000년 12월 RoboCoaster Ltd는 로봇 기술을 엔터테인먼트 및 레저 산업에 통합하려는 목표로 설립되었다. 회사의 첫 해에 Gino Daniel De-Gol은 로봇 팔 기반의 놀이기구라는 개념을 발명했다. 2001년 12월, 독일의 로봇 팔 제조업체인 KUKA와의 파트너십을 통해 Robocoaster G1 디자인의 특허 및 제조

는 KUKA 및 Dynamic Attractions

를 확인했다. RoboCoaster는 2004년에 AMEC Dynamic Structures(현재 Dynamic Attraction)와 파트너 관계를 맺고 트랙 장착형 KUKA 암을 사용하는 RoboCoaster G2 시스템을 개발했다.

KUKA와 RoboCoaster의 파트너십은 또한 영화 〈어나더 데이〉, 〈다빈치 코드〉 등에 로봇 팔이 영화에 통합된 것을 보였다.

KUKA의 Robocoaster는 산업용 로봇이 제공할 수 있는 무한한 동작 자유도의 이점을 레저 및 오락 분야에 접목시킨 독창적 제품이다.

자료 : wikiwand.com

▲ KUKA의 Robocoaster

2 화낙

1) 개요

Fuji Automation Numerical Control의 약칭이다. 본사는 사명처럼 후지산 근처에 위치하고 있다.

일본 제조업의 전설 화낙(FANUC)은 1972년 창업 후 개발에만 매진하여 오로지 기술 1위만 보고 달려온 끝에 오늘날 현재 세계에서 둘째가라면 서러워할 일본의 공작기계 컨트롤러 및 산업용 로봇 제조사이다.

참고사항으로, 1958년 후지쯔 CNC 공작기계부문 사내 벤처로 시작하였기

자료 : toyokeizai.net

▲ 은둔의 기업 '화낙'

때문에 이 부분을 화낙의 역사에 포함하기도 한다.

기술 유출을 극도로 경계하여 매우 폐쇄적이고 독선적인 기업문화로 유명하다. 애초에 본사와 공장이 후지산 숲속에 위치하고 있어 외부인들이 접근하기도 힘든데다 기자나 증권 애널리스트 등의 방문을 모조리 차단하고 있다. 또한 일본 이외 해외에는 절대로 생산 공장을 두지 않고 제품 판매와 A/S를 담당하는 지사만 세운다. 게다가 회사 내부의 통신 방식도 종이와 팩스를 이용한 구식 방식을 고수하고 있다. 사장의 허락 없이는 임원들이라도 입도 벙끗 못하며 눈 밖에라도 나면 강등하거나 해고 당하고, 회사에 9만 엔(약 100만 원) 이상의 지출이 있을 때에는 사장에게까지 결재를 받아야 한다고 한다.

자동화 로봇을 만드는 기업답게 공장에선 대부분의 제품을 로봇이 조립·생산하고 있으며, 화낙의 공장은 세계 최고 수준으로 가장 높은 자동화를 달성하고 있어 38개 공장에 1500명의 생산직원만 두고도 단 한 달 만에 30000개의 CNC 선반과 25000개의 모터, 10000개의 로봇 팔과 로보머신(ROBOMACHINE)을 생산할 수 있다고 한다.

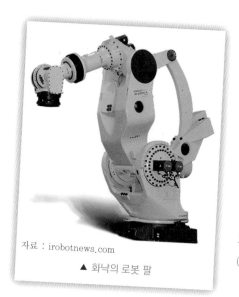

자료 : irobotnews.com

▲ 화낙의 로봇 팔

2) 점유율

2016년 7월 현재 산업용 로봇 전 세계 시장점유율 50%, 연 매출 7조 원, 시가총액 60조 원에 이른다. CNC 시장 1위, 세계 점유율 50%를 차지한다. 스마트폰 가공기기 시장 1위, 세계 점유율 80%를 점유한다.

높은 자동화로 유명한 테슬라 공장의 로봇 팔 대부분이 화낙이 납품한 것이다.

우리나라 공작기계 컨트롤러 점유율은 80% 이상이다. 그러니 재주는 현대위아(Hyundai WIA)가 넘고 돈은 화낙이 챙긴다고 한다.

최근의 공작기계 시장은 두산공작기계, 위아, 화천의 3강 구도인 듯하다. 하지만 화낙으로서는 사용자가 어느 회사 제품을 사든 별 상관이 없다. 거기엔 결국 화낙 컨트롤러가 달려 있을 테니까. 특히 스마트폰 가공기기 시장에선 워낙 압도적인지라 삼성전자조차 갤럭시 S6를 생산하기 위한 CNC를 구매하면서 화낙이 부르는 대로 줘야했다고 한다.

여담으로 국내 PLC(programmable logic controller)* 점유율 1위 브랜드는 MELSEC으로 알려져 있는데 이건 미

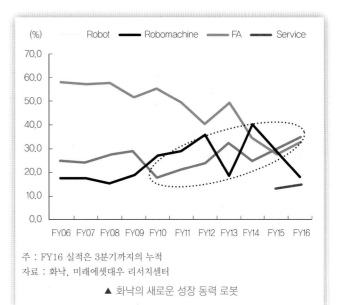

주 : FY16 실적은 3분기까지의 누적
자료 : 화낙, 미래에셋대우 리서치센터

▲ 화낙의 새로운 성장 동력 로봇

쓰비시 전기제품이다. 한마디로 전범 기업이 국내공장을 움직이는 부품에서 점유율 1위인 것이다.

글로벌 공장자동화의 확산으로 공장자동화 설비와 로봇의 수요는 점차 증가할 것이며 수혜주로 예상된다.

PLC

산업 플랜트의 자동 제어 및 감시에 사용하는 제어 장치이다. PLC는 입력을 프로그램에 의해 순차적으로 논리 처리하고 그 출력 결과를 이용해 연결된 외부장치를 제어한다. 순차제어(sequential control)에 사용되는 대표적 장치이다. PLC는 단독으로 쓰일 수도 있고, SCADA 등의 시스템과 함께 사용되기도 한다.

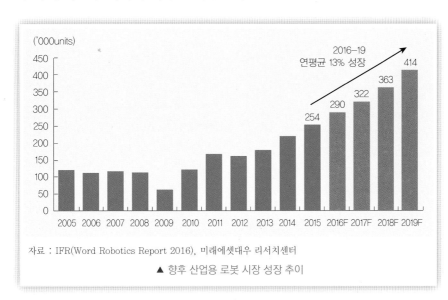

자료 : IFR(Word Robotics Report 2016), 미래에셋대우 리서치센터

▲ 향후 산업용 로봇 시장 성장 추이

3) 수익

매출은 2015년 한 해에 6조8700억 원, 영업이익은 2조8000억 원이다. 제품의 제작과 생산을 인건비가 높은 일본에서만 하고 외부 회사와 아무런 제휴 없이 소프트웨어와 하드웨어 제작을 100% 자체적으로 하는 데도 영업이익률이 무려 40%에 육박한다. 소프트 파워로 실투자 대비 엄청난 이익을 남기는 애플조차 영업이익률이 30%대인데, 마진 남겨먹기 힘든 제조업에서 이 수치는 매우 경이적인 기록이다.

이런 이익이 쌓여 모인 사내유보금은 1조 엔으로 무려 10조 원이 넘는다.

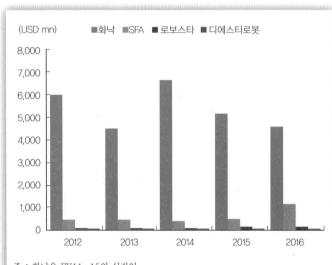

주 : 화낙은 FY11~15의 실적임
자료 : Bloomberg, 미래에셋대우 리서치센터

▲ 매출액 비교

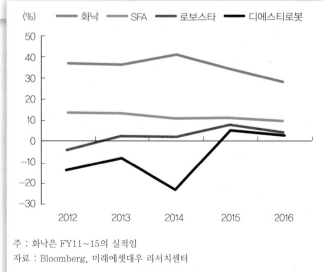

주 : 화낙은 FY11~15의 실적임
자료 : Bloomberg, 미래에셋대우 리서치센터

▲ 영업 이익률 비교

4) 경쟁사

CNC, 산업용 로봇 업체를 위주로 열거하면 다음과 같다.

① 일본

- 야스카와
- 가와사키
- MAZAK
- 오쿠마
- 덴소

② 독일

- 하스
- 지멘스
- 하이덴하인
- DMG MORI
- KUKA

③ 스위스

- ABB

자료 : irobotnews.com

▲ 야스카와 산업용 로봇

자료 : new.abb.com

▲ ABB 산업용 로봇

자료 : youtube.com

▲ 현대중공업 산업용 로봇

④ 대한민국

- 현대중공업로보트
  (Hyundai Heavy Industrial
  Robot)

5) 한국화낙

국내에도 한국화낙이 존재하지만 제작을 일본에서 하기 때문에 유통사에 가깝다. 다만, 국내에 직영 수리센터가 있다.

한국화낙은 일본 FANUC사의 투자회사로 CNC(수치제어장치)와 그 응용상품인 ROBOT, 머시닝센터, 와이어컷 방전가공기, 사출성형기, LASER 발진기 등을 생산, 판매, 교육, 기술지원, 서비스하는 FA 전문 제조회사이다.

자료 : fkc.co.kr

▲ 한국화낙 경남 창원

지분 관계는 일본화낙이 88% 지분 보유로 확인된다.

IMF 사태 이전 국내 업체들이 공작기계 사업에 속속 진출하던 시기에 이런 기사가 나오기도 했지만 현재 국내 컨트롤러 업체는 거의 다 망하고 몇몇 업체가 목숨만 붙어 있다. 센트롤, 터보테크 등이 그것이다.

이 상황을 군이 변명해 보면 국내 메이저급 공작기계 제조사가 목돈 들여서 자체 컨트롤러라고 개발해 봤자 결국 사용자가 선택을 하지 않는다는 것이다. 화낙 점유율이 괜히 80%를 넘는 것이 아니다. 우리나라 사람들의 브랜드 충성도는 가히 타의 추종을 불허한다. 그러니 "우리가 이번에 이거 개발했는데 이거 쓰면 싸게 팔게요."라고 해도 "그거 말고 화낙 달아주세요." 한다는 거다. 이렇게 되면 결국 한 개도 못 팔 수도 있는 셈이다. 상황이 이러니 몇 개 팔릴지도 모르는 컨트롤러를 만들어 봤자 헛수고되기 십상이다. 성능도 떨어지는데 군이 개발해서 이미 시장을 선점하고 있는데다가 기술력과 노하우가 극도로 쌓인 화낙 같은 업체와 경쟁하느니 사서 쓰는 게 더 낫다는 판단인 듯하다.

자료 : fkc.co.kr

▲ 한국화낙 서비스(주)

실제로 컨트롤러와 기계까지 만드는 업체는 몇몇 일본의 업체를 제외하고는 찾기가 어렵다. 화낙을 포함해 마작, 오쿠마, 미쓰비시 등이다. 단, 미쓰비시는 워낙 대기업이라서 엄밀히 따지면 미쓰비시 전기에서 컨트롤러를 만드는 것이고, 기계는 미쓰비시 중공업에서 생산한다.

6) 제품 구성

공작기계 제어장치의 제품구성은 기본적으로 다음과 같다.

주 제어장치 + 앰프와 모터 + PLC 입출력 카드

주 제어장치는 사용자용 화면(CRT, 요즘은 LCD)과 주 제어부를 말한다. 단, 조작반의 경우 화면 조작을 위해 CRT부에 포함된 버튼과 그렇지 않은 버튼이 있는데, CRT부에 포함되지 않은 버튼의 경우에는 PLC 입출력을 통해서 제어한다(예, 비상정지, 모드조작 키 등).

또한 PLC 입출력카드와는 다르게 PLC 제어기능은 주 제어장치에 내장되어 있다. 결코 입출력카드에서 제어하는 게 아니다.

ethernet

이더넷(ethernet)은 컴퓨터 네트워크 기술의 하나로, 전 세계의 사무실이나 가정에서 일반적으로 사용되는 LAN에서 가장 많이 활용되는 기술 규격이다. '이더넷'이라는 명칭(이름)은 빛의 매질로 여겨졌던 에테르(ether)에서 유래되었다.

7) 제품군

화낙 컨트롤러의 제품군은 매우 다양하다. 국내에서는 주로 0i 시리즈를 사용한다. 다만 동시5축제어를 위해서는 특정 제품군을 필요로 한다.

제품군의 네이밍 규칙을 대충 살펴보면 아래와 같다.

예를 들어, 0i-MD와 같이 네이밍되는데 이를 살펴보면,

- 첫번째 0는 제품군
- 다음 i는 ethernet* 지원
- M은 Milling(0i-TD에서 T는 Turning)
  (혹은 MCT와 TCT의 약칭이라 M, T라고도 말한다.)
- D는 버전이다.
- 얼마 전에 0i-MF가 출시되었다.

자료 : youtube.com

▲ FANUC 0i MD USB 전송

8) 앰프와 모터

일본은 공업용 전력이 220V 라서 화낙 제품은 220V 삼상을 사용한다. 고전압용의 HV 모델이 존재한다. 모터도 자체 제작하고 모터도 고압용이 따로 있다.

그리고 서보모터의 엔코더는 무려 1회전에 백만 펄스다. 절대치 엔코더와 증분치 엔코더가 있는데 독일제 하이덴하인 엔코더의 경우에는 배터리

자료 : itempage.auction.co.kr
▲ 화낙 서보앰프 A06B-6096-H208 상태 A급

백업이 필요 없지만 화낙 모터에 사용한 절대치 엔코더의 경우에는 배터리 백업을 해야 한다.

하지만 스핀들의 경우에는 조금 다르다. 스핀들은 256펄스나 512펄스 이렇다. 만일 스핀들을 위치제어하려면 별도의 장치가 필요하다.

앰프구성을 보면 PS, SP, SV 시리즈로 구분되는데, 이름에서 보이듯이 Power Supply(전원공급), SP(스핀들), SV(서보)용이다.

대부분의 공작기계에서는 PS 하나 달고, SP 하나 달고, SV 여러 개 구성으로 조합된다. 또 앰프와 모터의 경우 알파 시리즈와 베타 시리즈가 있는데, 보통 알파 시리즈 앰프로 여러 축을 구성한 후 한 축 정도 추가할 경우에 베타 시리즈로 구성하는 등으로 많이 조합한다.

자료 : endtech.com
▲ 화낙 AC 스핀들 모터

9) 로보머신

① FANUC ROBODRILL α-D*i*B series

주축(主軸) 30번의 고속, 고정밀도, 고효율 소형절삭가공기이다.

자료 : fanuc.co.jp
▲ 화낙 ROBODRILL α-D*i*B series(표준사양)

자료 : fanuc.co.jp
▲ 화낙 ROBODRILL α-D*i*B_ADV series(고성능사양)

자료 : fanuc.co.jp
▲ 화낙 FANUC ROBOSHOT α-S50*i*A

② FANUC ROBOSHOT α-S*i*A series

화낙 표준 CNC를 탑재하여 정밀 성형성능을 대폭으로 향상시킨 전동사출성형기(電動射出成形機)이다.

자료 : fanuc.co.jp
▲ 화낙 FANUC ROBOSHOT α-S150iA

③ FANUC ROBOCUT α-CiB series

고신뢰성, 고성능 와이어컷 방전가공기(放電加工機)이다.

자료 : fanuc.co.jp
▲ FANUC ROBOCUT α-C400iB

자료 : fanuc.co.jp
▲ FANUC ROBOCUT α-C800iB

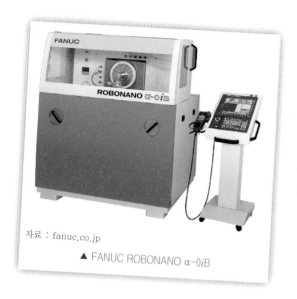

자료 : fanuc.co.jp

▲ FANUC ROBONANO α-0iB

④ FANUC ROBONANO α-0iB

화낙의 제어기술을 결집하여 기계가공의 한계에 도전하는 초정밀나노가공기이다. 광 일렉트로닉스 분야는 물론 반도체, 바이오, 의료분야 등 나노 정밀도가 요구되는 하이테 크 기기 부품의 연구개발에서 양산까지 폭넓게 도움이 된다.

10) 기술력

화낙은 독보적인 경쟁력을 바탕으로 해서 새로운 성장 동력을 찾고자 하는 노력도 남다르다. 화낙은 최근에 전 세계적으로 스마트폰 시장의 성장 둔화로 2016년에 이어 2017년 연속해서 이익이 줄어들 것으로 예측하고 있다.

수익성 악화를 극복할 수 있는 새로운 성장 동력을 인공지능이나 머신러닝(기계학습)에서 찾고 있다.

화낙은 최근 자체 기술력과 인공지능을 융합해 미래를 준비하고 있다. 왼쪽 사진은 2015년 12월 화낙이 도쿄 국제 로봇 박람회에서 선보인 자가학습로봇이다.

전 세계 제조 기업들은 산

자료 : m.post.naver.com

▲ 화낙 자가학습로봇

업용 IoT^(IIoT, Industrial Internet of Things)를 적용해 생산성 증대, 비즈니스 최적화 등 빠르게 실질적 가치를 이끌어내기 위하여 부단히 노력하고 있다. IoT 기반의 생산 공정 및 공급망을 구현하기 위하여 여러 가지 노력을 기울이고 있다. 그 중에서도 효과적인 방안 중 하나로 찾고 있는 것은 프로세스의 간소화 및 통합이다.

화낙은 로크웰 오토메이션^(Rockwell Automation)과 세계적인 차원의 두 회사 간 전략적 제휴 파트너십을 기반으로 해서, 고객이 최선의 생산성과 효율을 실현할 수 있도록 공동의 계획안을 새롭게 마련해 협력하고 있다.

로봇뿐만 아니라 CNC^(computer numerical control), ROBOMACHINE 부문에서 진가를 발휘하고 있는 화낙 아메리카와 산업 자동화 및 정보 솔루션 부문의 세계 최대 기업인 로크웰 오토메이션은 의기투합했다. 제조 현장의 스마트 자산 및 머신의 다운 타임을 줄이고 생산성을 증진시키는 원격 보안 모니터링 및 통합 안전을 위한 최신 기술을 선보이고 있다.

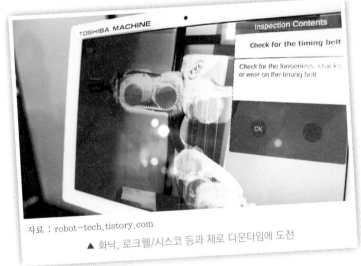

자료 : robot-tech.tistory.com

▲ 화낙, 로크웰/시스코 등과 제로 다운타임에 도전

화낙은 로크웰 오토메이션과의 협업을 통해 기존에는 존재하지 않았거나, 운영과정에서 제대로 활용되지 못했던 데이터에 고객이 접근할 수 있도록 돕고 있다. 이러한 산업용 IoT 기술은 다운 타임 방지에 필요한 적시적이고 논리적으로 상황화^(contextualized)된 정보에 운영자가 접근할 수 있다.

더불어 커넥티드 엔터프라이즈를 한층 더 확장하기 위한 노력으로 원격에서도 공장의 생산 자산에 대한 모니터링 및 유지 관리 분야에서도 큰 진전이 있었다. 화낙은 이러한 경험과 지식을 로크웰 오토메이션 및 전략적 제휴 파트너인 시스코 시스템즈가 제공하는 보안 네트워크 인프라와 결합해, 고객

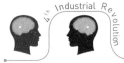

이 생산성 및 최적화 목표를 달성하는 데 큰 목표를 제공한다.

한편, 화낙은 시스코 시스템즈와 협력해 현장에서 가용되는 제조용 로봇을 네트워크로 연결, 효율적인 운영을 도모하기 위해 협력하고 있다. 이미 두 회사는 주요 자동차 메이커에서 12개월에 걸쳐 제로다운타임(ZDT) 파일럿 프로젝트를 실시했다. 기간 중 생산 설비 혹은 제조용 로봇의 다운타임을 거의 100% 절감하여 설비종합효율(OEE)을 향상시키는 데 성공한 바 있다.

자동차 제조현장의 경우 예기치 못한 다운타임이 발생되면 분당 200만 엔(2000만 원) 전후의 손실이 초래되는 것으로 추산되고 있다. 화낙의 ZDT 솔루션은 로봇 및 제어 장치, 또는 제조 공정에서 발생될 수 있는 문제점을 사전에 감지한다. 다운타임이 발생되기 전에 사전 유지보수 일정에 따른 조업 정지 시간 내에 문제를 해결함으로써 예기치 못한 다운타임 발생을 저지한다.*

> **다운타임**
> 로봇기술. 2017년 7월 25일

자료 : robot-tech.tistory.com

▲ 화낙 제로다운타임 프로젝트

Chapter 07

자율주행자동차 스마트컴퍼니(Ⅱ)

07 자율주행자동차 스마트컴퍼니(Ⅱ)

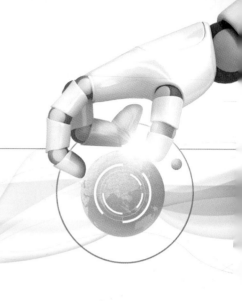

1 BMW

1) 개요

바이에른 자동차공업 주식회사(Bayerische Motoren Werke AG)는 독일 바이에른 주 뮌헨에 본사를 두고 있는 자동차, 모터사이클 및 엔진 제조 회사이다. 부속 브랜드로 영국의 자동차 제조사 롤스로이스 자동차와 BMW 미니를 두고 있다. 영국의 SUV 제조사 랜드로버도 보유하였으나 포드 모터 컴퍼니에 매각하였다.

BMW는 메르세데스-벤츠와 더불어 독일의 2대 고급차 제조사로 손꼽힌다.

자료 : avantgarde.egloos.com

▲ BMW 본사

2) 역사

　1913년 칼 프리드리히 라프가 뮌헨 지역에 항공기 엔진 제조업체인 라프 모토렌 베르케(Rapp Motoren Werke)를 설립해 독일 공군에 엔진을 납품했다. 1916년 경영 위기에 처한 라프 모토렌 베르케를 오스트리아 태생 엔지니어인 프란츠 요세프 포프와 그의 동업자인 막스 프리츠가 인수하였다, 이듬해인 1917년 회사 이름을 '바이에른 자동차 제작소(Bayerische Motoren Werke)'로 변경하고, 1918년 주식회사로 상장시켰다. 그 이후 포프의 경영 하에 BMW는 항공기 엔진을 생산해 독일 군대에 납품했다.

　이후 BMW는 전쟁 후 독일의 힘든 경제 상황에 맞추어 보급형 콤팩트 차량인 BMW 700을 제작했다. BMW 700은 모노코크 바디(일체형 프레임 차량구조)와 후방 엔진 구조가 특징적이었으며, 세단, 쿠페, 컨버터블 총 세 가지 종류로 출시되었다. BMW 700은 출시 전부터 1만5천 대의 주문을 기록했으며, 1965년 생산이 종료될 때까지 총 18만1천 대가 판매되었다.

자료 : momentcar.com

▲ BMW 700

　BMW 700의 초기 선전에도 불구하고 1959년까지 BMW의 자동차 부문은 재정난에 빠져 있었으며, 사업을 청산할 것인지 계속할 방안을 마련할 것인지에 대한 주주총회가 열렸다. 경영진은 당시 인수합병을 제안해 온 다임러-벤츠의 제안을 받아들이려 했지만 BMW가 다임러-벤츠의 하청업체로 전락하는 것을 반대하는 주주들의 의견으로 이는 무산되었다. 회의는 사업을 계속하기로 결정하였고 전 항공기 제조사인 Messerschmitt사와 Heinkel사처럼 인기 있는 독일의 소형차 사업에 들어가기로 했다. BMW의 오토바이 엔진을 변형하여 이용하고 있던 소형차인 이탈리아의 Iso Isetta의 제조권을 구입하였다.

자료 : blog.daum.net

▲ BMW 로고의 유래 – 바이에른 주의 문장

이로써 BMW 600이 생산되었다. 이 방안은 성공적이었고 회사가 정상 궤도로 돌아오는 데 도움이 되었다. 이후 헤르베르트 콴트가 BMW의 나머지 주식을 모두 사들이면서 BMW는 독립회사로 존속할 수 있게 되었다. 1959년부터 BMW AG의 지배 대주주는 46%의 주식을 소유한 콴트가(家)였고 나머지는 일반주주들이었다.

1961년 'BMW 뉴 클래스' 시리즈의 첫 번째 모델로 BMW 1500을 시장에 출시했다. 이때 뉴 클래스의 의미는 BMW가 제2차 세계대전 이후 양산하지 않았던 1,500~2,000cc(준중형) 엔진 차량이라는 의미였다. 1500은 대량생산을 겨냥한 실용적인 3박스 세단이었다. 하지만 다른 BMW 차들보다 날카로운 라인이 특징적이었다.

파란색과 흰색이 교차되는 로고는 과거 항공기 제작사였기 때문에 파란 하늘과 회전하는 프로펠러를 형상화한 것이라는 루머가 있지만 이건 나중에 덧붙여진 거짓말이다. 본사 소재지인 바이에른 주의 문장에서 따왔다는 설이 정설이다. 위키피디아에 따르면 프로펠러설은 로고가 지금의 형상을 하게

(1923)   (1936)   Motorsport Roundel(70~80년대)   (1954)   (2000)

자료 : blog.daum.net

▲ BMW 로고의 변천사

된지 12년 후인 1929년에 BMW의 회사 광고에서 처음 등장하였다고 한다.

제2차 세계대전 기간 동안 군용기 엔진과 로켓을 비롯하여 각종 군용장비를 생산한 전범기업이다. 이 때문에 독일이 패전한 뒤 연합국에 의해 3년 동안 생산 금지 명령을 받아 재정적 어려움에 처했으나, 1950년대 후반부터 서서히 부활하기 시작해 오늘날의 BMW에 이르게 되었다.

영국의 경제 악화로 인한 자동차 회사 파이어 세일에 적극적으로 참여해 1994년 1월에 BAe(브리티시 에어로스페이스)로부터 로버 그룹(로버, 랜드로버, 미니 등)을 인수했고, 1998년 폭스바겐과의 치열한 경쟁 끝에 롤스로이스를 인수했다. 롤스로이스 인수과정이 좀 특이하다. 원래 BMW가 거의 인수했던 것을 폭스바겐이 중간에 가로챘다. 하지만 롤스로이스 상표권은 롤스로이스 항공이 보유하고 있었기 때문에 BMW는 롤스로이스의 상표권만을 따로 인수한다. 즉, 크루 공장을 포함한 회사는 폭스바겐이 인수했으나 브랜드는 BMW가 인수한 꼴이 된 것이다. 하지만 폭스바겐의 목적은 공장과 롤스로이스의 자회사인 벤틀리였기 때문에 문제가 없었고, 결국 롤스로이스는 BMW에서 생산하게 된다. 이 때문에 BMW는 영국 굿우드에 새로운 롤스로이스 공장을 지었다. 그러나 계속되는 적자에 2000년 미니를 제외한 로버 그룹의 전 모델을 포드(랜드로버), 피닉스 컨소시엄(로버) 등에 매각하고 롤스로이스는 유지하고 있다.

자료 : blog.naver.com

▲ 롤스로이스 신형 팬텀, 현행 팬텀은 14년 만에 생산종료*

롤스로이스 신형 팬텀

BMW가 1998년 롤스로이스를 인수해 개발에 착수 2003년 발표한 롤스로이스 팬텀이 2016년 12월 말을 끝으로 생산을 종료했다고 발표했다.

독일 외에는 미국 사우스캐롤라이나 주 스파르탄버그, 남아프리카 공화국 로슬린에 현지 공장이 있다. 로슬린 공장은 BMW 최초의 외국 현지공장으로 1973년부터 가동 중이며, 한때 후기형 E90의 남아공 로슬린 현지공장 생산분이 대한민국에 수입된 적이 있었다. 스파르탄버그 공장은 SUV 생산라인이며, X5의 출시를 위해 신설했다. 멕시코에도 현지공장을 신설할 예정이다.

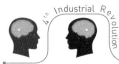

3) 벤츠, 아우디와의 관계

메르세데스-벤츠, 아우디와 함께 일명 독일 프리미엄 3사로 불리며, BMW라는 브랜드의 비공식적인 이미지 자체는 벤츠와는 라이벌 관계지만 한 수 아래이고, 아우디보단 한 수 위라는 이미지를 가지고 있다. 이것은 3사의 프로모션 폭과 빈도를 봐도 명확하게 드러난다. 브랜드 가치가 아닌 차량 자체의 이미지를 떠올리면 세 회사 중에서도 가장 스포티한 성향이 강한 회사다. 지향하는 바 자체가 순수한 운전 재미(sheer driving pleasure) 궁극의 드라이빙 머신(ultimate driving machine)이다. 그 때문에 10년 전까지만 해도 전륜구동 차량을

자료 : blog.naver.com

▲ 벤츠, BMW, 아우디

만들지 않았다. 최근에 아우디가 따라오고 있지만 적어도 이 부분에 있어서는 확실히 BMW가 최고라 할 수 있었다. 그러나 F10 5시리즈의 경향을 볼 때, E60 때 BMW만의 탄탄한 주행 감성은 없어지고 소프트한 승차감만을 많이 올렸다는 이유로 골수 BMW 매니아들에게 비난을 받고 있다. 역으로 경쟁사인 아우디의 A6가 오히려 기존의 BMW 같은 탄탄한 주행감성을 가지고 나와서 더더욱 비교되고 있다. 근래는 스포츠 모델을 기준으로 비교했을 때 가장 소프트하다는 평가도 소수지만 일부 나오고 있는 상황이다. 물론 포르쉐처럼 마니아한테 욕먹을수록 잘 팔린다는 것 또한 증명해 주고 있다.

같은 독일 회사인 벤츠와는 라이벌 관계로, BMW 설립 일화 중에는 벤츠를 아우토반에서 잡기 위해 차를 만들었다는 이야기도 있다. 재미있게도 BMW와 아우디는 바이에른의 대표기업이고, 벤츠는 바덴-뷔르템베르크의 대표기업이라는 경쟁구도도 있다. 실제 바이에른 대 바덴-뷔르템베르크의 지역감정은 사실 저 두 회사가 한 몫하고 있다고 봐도 무방하다. 단, 아우디는 설립 당시 본사가 작센 주에 있었다. 지금처럼 바이에른 주 잉골슈타트로

온 것은 동서독 분단 후의 이야기다. 폭스바겐은 니더작센 주의 볼프스부르크이다.

벤츠, 아우디와 라이벌 관계로 자존심을 높이 세우는 것으로 유명한데, 실제로 사이드미러 일체형 보조 방향지시등을 먼저 도입한 벤츠를 따라하지 않으려 고집을 부리며 펜더에 보조 방향지시등을 달아 왔다. 하지만, F30 3시리즈부터 사이드미러 일체형 보조 방향지시등을 채용한 일도 있으며, "우리는 전륜을 만들지 않는다."고 FR 고집을 세우다가 말을 바꿔 2시리즈

자료 : romabike.eurobike.kr

▲ 바이에른 주 정부 로고와 BMW 로고

액티브 투어러, 2시리즈 그랜드 투어러를 전륜구동으로 만들어 출시했고, 후륜구동 해치백인 1시리즈마저도 전륜구동으로 바꾸기로 결정했다. 또 아우디의 모든 모델에 탑재되고 있는 아우디의 상징인 LED DRL^(주간 주행등)을 벤츠마저 적용모델을 조금씩 늘려가는 상황에서 역시나 경쟁사를 따라 하기 싫다는 이유로 BMW는 도입하지 않았다. 요즘 들어 여러모로 자존심을 버리고 대세를 적절하게 타협하는 중이다. 그런데 벤츠에서 모델 체계를 갈아엎고 얼마 후, 승용디젤 모델을 BMW를 따라 해서 'd'로 바꿔 버렸다. 이런 벤츠의 직관성을 강조하는 네이밍 변화는 AMG 라인업에서도 있어서 S63 AMG와 같은 방식에서 AMG S63과 같은 방식으로 바뀌었다. 마치 BMW의 M#와 비슷한 느낌이다. 어찌 보면 3사가 서로 자존심을 세우는 듯하면서도 상대의 장점을 서로 흡수한다는 점에서는 소비자 입장에서 긍정적일지도 모른다.

4) 모터스포츠에서의 BMW

양산차로서는 명성이 자자한 BMW이지만 의외로 모터스포츠에서의 명성은 보잘것없다.

여러 클래스의 레이싱에 출전해오다가 마침내 자우버팀을 인수하면서 F1

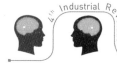

자료 : cms04-qa-edit.bmw.mcon.net

▲ 모터스포츠에서의 BMW

에 공식 데뷔하고 레이스 우승을 1차 목표로 장족의 발전을 해오다가 2008년 로버트 쿠비차가 첫 우승을 일군 후 목표를 달성했다. 챔피언십 우승을 노리기 위해 더 좋은 성적을 노릴 수 있던 2008년 머신의 업데이트를 중지하고는 2009년에 팀의 역량을 올인했다.

규정이 대폭 변화되는 2009년이 BMW가 F1에서 챔피언이 될 수 있는 좋은 기회로 본 것이다. 변화된 2009년 규정의 화두인 에어로 다이나믹과 KERS가 적용된 머신을 최초로 공개하기도 하고 시즌 시작 전까지 페라리, 맥라렌과 더불어 3강으로 주목 받았다.

2009 시즌에서 변경된 에어로 다이내믹의 해답은 더블덱 디퓨저였으며, KERS는 득보다는 실이 많은 시스템이었다는 게 밝혀졌다. 올인하다시피 한 KERS 시스템은 완전히 망했으며, 가장 먼저 변화된 에어로다이내믹을 적용했음에도 불구하고 더블덱 디퓨저를 장착치 못한 BMW는 나락으로 굴러 떨어져 버렸다.

이후 비용 대 효과 면에서 F1에 남는 게 손해라는 회사 방침으로 팀이 철수를 하게 되고 말았다. 하지만, BMW의 엔진은 F1 참여기간 내내 최고의 출력을 발휘했다. 심하게는 상위권팀 대비 25~50마력, 하위권 팀 대비 100마력 넘게 차이가 나기도 했다. 이때 F1을 본 사람들은 윌리엄스가 쓴 BMW 엔진의 미친 듯한 직진 스피드가 기억에 남을 것이다. 당시 드라이버들도 직선에서 추월당하고 나서 앞차 리어윙에 써 있는 BMW POWER 문구를 보면 체념할 수밖에 없었다는 말도 있다. WRC에도 미니를 투입했다가 1년도 안 되어 철수시킨 아픈 역사가 있다.

BMW는 대중들의 인식들과는 달리 모터스포츠 분야에선 기회주의자, 겁쟁이 등으로 욕을 엄청나게 먹는다. 팩토리 팀으로 참가하는 경우 자사에 이익이 안 나오겠다 싶으면 바로 철수했기 때문이다. 덕분에 팩토리 팀으로 제대로 레이스에 참여한 횟수는 손에 꼽을 정도지만 GT 투어링카 대회 같은 경우 개인팀들이 출전하기 때문에 2015년 현재까지 지원해주고 있다.

자료 : post.naver.com
▲ 모터스포츠에서 가장 파격적인 레이스가 바로 'DTM'

DTM(Deutsche Tourenwagen Masters, 독일을 기반으로 한 온로드 서킷 자동차 경주 대회)같은 경우 아우디, 벤츠만 나왔기 때문에 모터스포츠 팬들에겐 다소 실망을 안겼다. DTM 출전 의사를 밝혔을 때도 참가는 반갑지만 응원은 안 하겠다는 반응도 꽤 있었을 정도이다.

하지만 2015년, WEC에 BMW 엔지니어들이 기웃거리는 모습들이 포착되어 팬들은 다시 한 번 내구레이스 시리즈에 나타나지 않을까 예측했는데, 2016년 9월 말에 2018년 시즌부터 GTLM 클래스로 다시 출전한다고 발표했다.

5) 차량 특징

BMW의 대표적 디자인의 특징은 키드니 그릴(kidney grille)이다. 두 개의 콧구멍과 같이 생긴 이 그릴은 1931년에 도입된 이후 BMW의 패밀리 룩을 구축시킴은 물론, BMW의 상징과 같은 존재가 되었다. 사람의 2개 신장(腎臟) 모양과 닮아 '키드니 그릴'이라는 별칭이 붙은 특유의 라디에이터 그릴 덕분이다.

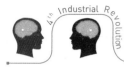

자료 : news.hankyung.com

▲ 86년 역사 '키드니 그릴'은 BMW의 수호신

메르세데스–벤츠와 함께 전 세계 고급차 시장을 양분하고 있는 독일 BMW의 상징인 이 그릴은 70년이 넘는 역사를 담고 있다. 차량 디자인은 본래 심심하면서도 특유의 키드니 그릴이 빛을 발하는 스타일이었고, 특히 3시리즈(E46), 5시리즈(E39) 디자인을 담당한 클라우스 루테의 디자인은 각각 컴팩트카와 중형차의 이상적인 디자인, 불멸의 교과서로 통했다.

그런데 그가 마약 중독자였던 아들 울리히를 칼로 찔러 죽인 사건 이후 미국 출신의 크리스 뱅글이 수석 디자이너 자리에 앉게 된다. 뱅글 시대 이래 눈에 띄지 못해 안달이 난 애증이 확연히 갈리는 파격적인 디자인으로 일신되었다. 심플함이 생명이었던 클라우스 루테의 디자인에 익숙했던 골수 BMW 매니아의 눈에는 기괴하게 보여 거센 비난을 들어야 했다. 한편, 클라우스 루테는 친아들 살해사건으로 구속되었다가 정상이 참작되어 무죄로 석방되었다. 그러나 클라우스는 2008년 타계할 때까지 BMW로 돌아가지 못했고, 단지 외부 어드바이저 자격으로 BMW의 콘셉트 및 양산차량 디자인을 감수했다. 아드리안 반 후이동크의 취임 이후의 차량이 클라우스 루테 시대의 것과 비슷하게 보이는 이유도 그 때문이다.

가장 큰 특징으로는 측면부의 깊은 몰딩과 짧고 가운데 부분이 위로 올라간 트렁크 디자인이다. 너무나 파격적이라 디자인 부분에서 안티가 늘어났다고도 한다. 오죽 안티가 많은지 특히 후부 디자인을 두고 '뱅글 엉덩이(Bangle-butt)'라고도 하는 모양이다.

BMW 자동차의 트렁크와 범퍼가 만나는 부분, 그러니까 범퍼 한 가운데 부분이 툭 튀어 나와 있는데, 대형 세단의 럭셔리함과 스포티한 스타일이 공존하는 새로운 디자인 요소였다. 심지어 이 차를 디자인한 크리스 뱅글의 이름을 따서 '뱅글 엉덩이'라는 별명까지 붙었던 것이다. 너무 파격적이었던 스타일 때문이었는지 크리스 뱅글 스스로도 기존의 BMW 골수 마니아들에게 살인 협박 전화를 받을 정도였다고 한다.

하지만 이런 뱅글의 디자인은 곧 세계적 트렌드가 되어 벤츠, 아우디, 현대차 등 다른 자동차 메이커들도 과거 직선 위주의 엄숙한 디자인을 버리고 다이내믹하고 굴곡 있는 디자인을 도입하기 시작했다.

현재 뱅글은 퇴사하고 후임인 네덜란드의 아드리안 반 후이동크가 수석 디자이너 자리를 물려받았는데, 뱅글의 디자인을 보수화한 경향을 지니며 전면부의 키드니 그릴을 점점 키워가는 형태로 변화하고 있다.

자료 : blog.naver.com
▲ 크리스 뱅글(Chris Bangle) BMW를 변화시킨 자동차 디자이너

잘 보면 신형으로 갈수록 그릴이 점점 커지고 있다. E39는 작아진 것 같다. 베이징 모터

자료 : post.naver.com
▲ BMW의 '뱅글 엉덩이'

자료 : m.blog.naver.com
▲ BMW의 디자인 총괄을 맡고 있는 '아드리안 반 후이동크'

쇼에서 공개한 비전 퓨처 럭셔리 콘셉트카를 보면 앞으로도 더 키워나가겠다는 의지를 보여주고 있다. 헤드램프도 작아져서 더 커 보인다.

자료 : edmunds.com

▲ BMW X3

반 후이동크가 수석디자이너가 된 이후, 3시리즈부터 시작된 헤드램프와 키드니 그릴을 이으려는 경향을 보이고 있다. 애초부터 그렇게 개발된 신형 모델들은 그러려니 하지만, 구형 모델들의 FL을 통해서 강제로 이어 붙인 모델들은 대체로 부정적인 평가가 많다. 이의 정점은 X5와 X3이다.

익스테리어뿐만 아니라 인테리어에서도 혁명적 변화가 있어 2001년형 7시리즈부터 도입한 독특한 원형 컨트롤러인 i Drive는 평이 엇갈리기는 하지만 BMW의 특징 중 하나로 자리 잡았고, 2000년형 Z8부터 도입된 엔진 스타트/스톱 버튼도 다른 회사의 벤치마킹 대상이 되었다.

구형(E65/66) 7시리즈의 차체 전자식 제어시스템 에러 때문에 주행 중에 문이 열려서 새끼줄로 묶고 운전했다는 피해 신고가 한때 끊이질 않았었다. 또 대부분 차량이 후륜구동이기 때문에 눈길에 취약하다.

2005년부터 벤츠가 핸들컬럼식 자동변속기 레버를 새로운 실내 디자인 아이덴티티로 삼고 있다면, BMW는 2007년부터 아날로그 조이스틱 모양의 자동변속기 레버로 바꿨다. 다만, BMW는 4세대 7시리즈에 컬럼식 자동변속기를 달았고, 현재 산하 브랜드로 있는 롤스로이스에 모두 컬럼식 자동변속기를 달고 나온다.

6) BMW M GmbH

BMW M으로 불리는 고성능 모델을 개발·제작하는 자회사이다.

① BMW M

BMW M은 BMW의 자회사이다. 정식 명칭은 유한회사라는 뜻의 Gesellschaft mit beschränkter Haftung의 약자인 GmbH를 붙여 BMW M GmbH이다. BMW에서 생산되는 차량을 전문적으로 튜닝 또는 고유 모델화하여 일반 스포츠카를 능가하는 고성능 모델들을 출시하고 있다.

예전 명칭은 BMW Motorsports GmbH였으며, 이름에서 알 수 있듯이 BMW의 모터스포츠를 담당할 전문적인 부서로서 설립이 되었고, F1 대회에서 BMW팀이 해산한 후 현재는 큰 대회에 참여하는 일은 예전만큼 많진 않다. 지속적으로 소규모 대회라든가 지역 대회(독일)에는 꾸준히 참가하고 있는 편이다.

참고로, BMW M에서 개발되는 모델들은 뉘르부르크링 서킷에서 테스트를 받는 것으로 유명하다.

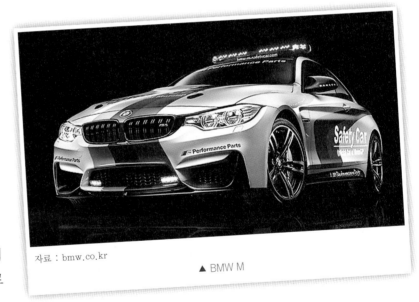

자료 : bmw.co.kr

▲ BMW M

BMW의 슬로건인 Sheer Driving Pleasure(순수한 운전 재미)에 가장 부합하는 모델들을 전문적으로 개발하는 부서라고 생각하면 된다.

참고로, M의 앰블럼에 포함된 세 가지 색상은 각자 상징하는 요소가 있는데, 빨간색은 초기 M경주 때 BMW와 파트너십을 맺었던 텍사코라는 미국의

자료 : namu.mirror.wiki

▲ BMW M 로고

유명한 석유 소매 브랜드/하늘색은 BMW와 바이에른 지역/파란색은 하늘색과 빨간색을 합친 것으로 서로 간의 협력을 굳건히 한다는 의미를 가지고 있다.

② 역사

1975년 5월, 35명의 직원으로 출발했으며, 현재는 약 400여명의 직원을 갖추고 있다. 최초 개발모델은 레이싱 출전을 목적으로 한 BMW 3.0 CSL이었고, 1978년 발표한 M1이 M 넘버링을 갖춘 첫 번째 상용 모델이었다. 이 차량은 데일리카라기보다는 레이싱에 맞춰진 머신에 가까웠다. 대중적으로 M이 널리 알려진 모델은 1979년 발표된 M535i이며, 이 차량은 기존에 출시된 BMW 5시리즈의 차량을 퍼포먼스 튜업한 버전으로 고성능 데일리카로서 일반인도 친숙하게 접할 수 있는 수준의 차량으로 높은 인기를 끌었다.

또한 BMW M은 맥라렌 F1에 자신들이 개발한 V12 6.1리터 엔진을 공급하였는데, 이 엔진을 장착한 머신으로 1995년 르망 24시에서 우승을 이끌어내기도 하였다.

BMW의 M 디비전의 첫 서막을 올린 모델이 바로 1978년에 출시된 BMW의 첫 M 모델인 M1이다. 이 차는 M 넘버링을 갖춘 첫 번째 상용 모델이었다. 간혹 M1하면 최근 등장한 1시리즈를 M 버전으로 만든 차가 아닌가 생각할 수 있지만 M1은 정확히 첫 번째 M 디비전 차량인 이 차를 가리킨다. 실제로 1시리즈의 M 버전이 출시되었으나 이 E26 M1을 기리기 위해서 BMW 1M으로 지칭한 적이 있다.

디자인을 보면 일반적인 BMW보다는 람보르기니 같은 모양새를 하고 있는데, 처음 제작할 때 람보르기니에게 자문을 받아 제작되었고 람보르기니에서 설계와 생산도 했기 때문이다. 실제로 초기 생산 분에는 람보르기니에서 제작했다는 명판도 붙어 있었을 정도다. 그러다가 생산 도중 람보르기니 측이 부도가 나서 생산에 차질이 생기자, 마음이 급한 BMW는 람보르기니와 의 계약을 접고 차기 분을 슈트 트가르트의 바우어(Baur)사에 요 청했으나, 람보르기니에서 생 산할 때보다 더 신통치 않아 결 국 한정으로 465대만 생산하고 끝냈다.

자료 : iautocar.co.kr

▲ 람보르기니 아벤타도르 LP700-4

이 차량은 이탈디자인(Italdesign, 이탈리아의 스타일링 하우스)의 수장인 쥬 지아로가 디자인하고 설계는 람 보르기니에서 하였기에 각이 살 아 있는 스타일을 자랑했다. 데 일리카라기보다는 레이싱에 맞 춰진 머신에 가까웠다. 원체 레이싱에 출전하기 위해 개발된 것이기도 했는 지라 1981년 경주참가 인증을 취득하고 본격적인 슈퍼카 데뷔를 했다. 그러 나 1982년, 아이러니하게도 경주 참가 기준이 양산대수 400대에서 500대로 변경되는 바람에 결국 외톨이 신세가 된 비운의 슈퍼카다. 다만, 당시의 날 카로운 혁신적 스타일링과 BMW 최초의 미드십 형태 차체는 높은 평도 받았 고, 현재는 희귀성과 아름다움 덕에 고가로 경매거래되는 차종이기도 하다.

이 차의 팝업식 헤드램프와 낮고 날카로운 스타일링은 차후 그랜드 투어 러 스타일의 2+2 쿠페인 8시리즈(E31)에 이어졌다. 물론 8시리즈도 훌륭한 차 였고 이탈디자인의 쥬지아로가 직접 마이카로 몰고 다녔을 정도로 초반에는 인기가 있었으나 나중에 얼마 못 팔고 단종되었다.

그리고 2008년엔 이 차의 스타일링을 재해석한 콘셉트카 M1 Hommage도 모터쇼에서 등장했다. 많은 사람들은 저 산뜻한 스타일링을 보고 양산이 되 길 바라지만 BMW측에서는 아직까지는 미정이다. 물론 저 스타일링은 BMW i8에 많은 부분 차용되었다.

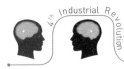

7) 100주년과 새로운 위기

2016년은 BMW의 100주년이 되는 해였지만 BMW에게는 여러 악재가 겹친 한 해이기도 했다. 야심차게 새로 출범한 i 디비전의 부진에 i3과 i8의 개발을 맡은 담당자들이 몽땅 중국회사로 스카우트되면서 큰 타격을 입었다. 이로써 출시 예정이었던 i8 스파이더와 i5^(추정이름)가 1년씩 늦춰지며 개발 예정이었던 차들도 몇몇 폐지된 듯하다^(i8s 등). 뿐만 아니라 MINI의 총괄 디자이

자료 : toomuchmgz.com

▲ 창사 100주년 BMW, 과거를 반성하다

너를 신흥 독일 브랜드 보그와드에게 뺏기는가 하면, 연말에는 BMW 총괄 디자이너 카림 하비브가 회사를 떠난다는 기사가 뜨기도 했다. 뿐만 아니라 벤츠나 아우디에 비해 연식이 오래되거나 너무 늦은 차종들, 10년대 초반에 일어난 모델 라인업 극대화의 부작용, 그리고 그 여파로 인해 아슬아슬하던 럭셔리 판매부문 1위도 결국 벤츠에게 내주는 등, 아주 다사다난한 한 해였다. 현재는 라인업 정리와 코어모델 집중개발 등의 정책으로 위기를 극복하려는 중이다.

BMW가 직면한 또 다른 문제점은 헤일로^(Halo) 모델의 부재를 꼽을 수 있다. 7시리즈는 플래그십이나 S클래스에게 밀리고 있는 중이며, i8은 충분한 헤일로카이기도 하나 럭셔리나 멋보다는 미래지향이 강조되어 약간 시선이 다르다. 이에 비해 아우디는 R8, 벤츠는 SL, S클래스, S클래스 쿠페, 마이바흐 모델들, G바겐, AMG GT, 거기다 새로 나올 예정인 하이퍼카까지 헤일로카가 넘치고 넘쳐나며, 심지어 재규어도 F-TYPE이라는 어마어마한 모델이 하나 있다. BMW도 이를 직감했는지 8시리즈를 새로 개발하고 6시리즈를 포르쉐 911 경쟁차량으로 만들려는 등 이런 저런 노력을 하는 중인 듯 보인다. 그러나 6시리즈는 현재 미래가 불분명

하며 8시리즈도 대형 그랜드 투어러로서 럭셔리를 강조할 예정이다. 진정한 스포츠카는 아니기에 헤일로 모델의 부족문제는 여전하다. 독일 3사에서 가장 스포티한 면모를 보이는 브랜드에게 스포츠카 하나 없다는 점은 아이러니이다. 헤일로 모델은 분명 판매량이나 개발비용에서는 적자를 보겠지만, 반면에 존재가치의 이유만으로도 브랜드의 가치가 올라가기에 필요한 것이다. 스포츠성을 가장 강조하는 BMW에게도 헤일로 모델이 있어야 할 시간이 온 것이다.

8) 전기자동차

① BMW i3

BMW에서 생산하는 소형 RR 전기자동차 모델이다. 달리는 즐거움을 추구하는 BMW의 특성상 타 회사가 항속거리를 늘리는 데 혈안이 되어 있다면, i3는 항속거리는 적당히 타협하면서 달리기 성능 위주의 세팅을 보여주고 있다. i8과 함께 라이프치히에서 생산 중이다.

2011년, BMW는 BMW i라는 전기차 브랜드를 런칭하면서, Mega City Vehicle 이라는 콘셉트의 소형 전기차를 개발할

자료 : caranddriver.com

▲ BMW i3

것이라고 발표했다. 이 모델은 하이브리드가 아닌 순수하게 전기충전으로만 움직이는 100% 전기자동차로 개발될 것이라 하였다. 그 결과로서 2011년 프랑크푸르트 모터쇼에서 i3의 프로토타입이 발표되었다.

이후 지속적인 개발을 거쳐, 2013년 9월경 본격적인 양산에 들어가 현재의 모델이 등장하게 되었다. 구동방식은 차량 후방에 전기모터가 위치한 RR 형식이다. 차체 경량화를 위해 탄소 섬유 강화 플라스틱(CFRP)을 차체에 광범위

자료 : roadsmile.com

▲ BMW C650GT 모터사이클

하게 적용했으며, 앞문과 뒷문 사이에 별도의 필러가 존재하지 않아 공간 활용성을 극대화하였다. 전체적인 차량 외형은 해치백(hatchback, 왜건과 비슷하지만 왜건보다는 짧은 형태의 자동차)에 가깝다.

항속거리는 운전 습관이나 주행 환경에 따라 편차가 존재하지만 대략적으로 130~160km 정도가 보통이며, 공조장치나 전자장치의 작동을 최소한으로 줄이면 200km까지도 가능하다고 한다. 또한 별도 옵션으로 Range Extender를 장비할 수 있는데, 이는 BMW C650GT 모터사이클에 사용된 647cc 소형 가솔린 엔진을 장착하여 발전을 하는 개념으로, 약 7리터 정도의 연료탱크에 완충 시 항속거리는 대략 320km 수준까지 늘어날 수 있다. 다만 이 옵션은 국내 출시 모델에는 선택할 수 없는데, 엔진 장착으로 전기자동차가 아닌 플러그인 하이브리드 자동차가 되므로 완전히 다른 차종이기 때문이다.

애초에 차량 설계 개념 자체가 근거리 도시형 전기차이기 때문에, 장거리 주행 용도로는 이 차량이 썩 좋은 선택은 아니다. 당장 한국이 아니라 거대한 땅덩어리 대륙인 미국을 봐도 플러그인 충전기가 아무 데나 깔려 있지는 않기 때문에 말 그대로 여기나 거기나 출퇴근용 세컨드 카 개념으로 봐야 할 것이다.

장거리 주행이 불가능한 특징을 노려 렉서스가 비교 광고를 만들어 BMW i3를 폄하하기도 했지만 해당 사항은 하이브리드 자동차면 거의 무조건 이기는 싸움이기 때문에 많은 비판을 받았다.

국내에도 2014년부터 판매가 시작되었다. 이는 수입차 최초의 전기자동차 모델이었으며, 친환경을 내세우는 제주특별자치도와 함께 대대적인 홍보를 하였다. 다만, 6천만 원 수준의 높은 차량가격과 충전시설의 문제로 대중적인 인기는 끌기 힘든 상황이다.

② BMW i8

　BMW에서 생산하는 플러그인 하이
브리드 스포츠카 모델이다. 다만, 전
륜과 후륜의 구동계통을 완전히 분리
하여 전기 모터만으로도 어느 정도 주
행이 가능해서, 전기자동차나 풀 하이
브리드의 범주에도 속한다.

　i3와 같이 라이프치히 공장에서 생산
한다.

자료 : carmagazine.co.kr

▲ BMW i8

💿 콘셉트카

　2009년, 프랑크푸르트 모터쇼에서
BMW Vision Efficient Dynamics를
표방하면서 콘셉트카를 공개했다.
당시 개념은 현재와 비슷하게 플러
그인 하이브리드 모델로서, 전기
모터와 터보디젤을 결합한 형태였
다. 당시 표방한 성능지표가 상당
히 엄청났는데, 전기모터를 사용해
100km/h까지 도달시간은 4.4초 수
준, 최고속도는 250km/h 수준, 연
비는 리터당 27km 수준으로 책정
했기 때문이다.

자료 : playwares.com

▲ BMW 콘셉트카

　2011년에는 더욱 양산형에 근접한 콘셉트카가 프랑크푸르트 모터쇼에서
공개되었다. 전륜은 전기모터가, 후륜은 1.5리터 3기통 터보엔진이 각각 구

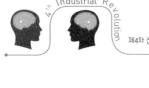

자료 : playwares.com

▲ 한국계 디자이너 Richard Kim

동하는 방식으로 파워트레인이 확정되었다. 또한 50 대 50의 이상적인 무게 배분을 구현하였으며, 컨버터블 모델인 i8 스파이더는 한국계 디자이너 Richard Kim이 작업했다고 한다.

참고로, 이 콘셉트 모델을 토대로 제작된 소품이 영화 〈미션 임파서블 4〉에 등장하여 신선한 호응을 이끌어냈다. 미래 지향적인 멋진 디자인은 물론, 날렵한 주행성능을 보여주면서 영화 속에서도 BMW의 디자인 콘셉트를 잘 표현해 내었다.

👁 양산형

2014년 4월, 양산형 모델이 공개되었으며 판매를 시작했다. 해외에서 생산량이 수요를 따라가지 못해서 예약하고 한참을 기다려야 할 정도로 인기가 대단하다. 국내에는 2014년에 10대가 우선 배정되어 사전예약을 시작했으나 삽시간에 예약이 완료되는 진풍경을 보여주었고, 그마저도 인도시점이 2015년으로 밀렸음에도 여전히 없어서 못 파는 지경의 인기를 보여주었다고 한다. 차량가격이 2억 원대의 고가임에도 불구하고 여전히 공급이 수요를 받쳐 주지 못하는 상태라 예약 후 오랜 시간이 지나야 인도를 할 수 있는 상태이다.

자료 : avantgarde.egloos.com

▲ 2014 BMW i8 양산형 공개

북미에서도 드문 차라 굴러다니는 걸 보기 매우 힘들지만 딜러를 직접 찾아가는 한정으로는 쉽게 볼 수 있다. 가격은 약 13만 달러로 현재 막장 환율로 계산해도 한국 돈으로 1억 원 중후반대 가격이다.

이런 상황 속에 그레이 임포터를 통해 들어온 것으로 보이는 i8 차량이 보배드림(중고차 인터넷 쇼핑몰 겸 자동차 커뮤니티) 매물로 등록되는 일이 벌어지기도 했다. 아직 국내 출시가격이 확정된 상태도 아니지만 대략 3억 원 수준으로 가격이 형성되었다는 얘기도 있다. 이에 네티즌들은 미국의 판매가격을 비춰볼 때 대략 1억 후반~2억 원 정도의 가치가 있는 차에 바가지가 심하다는 반응이었으나, 실제로 도로에서 이 차량이 굴러다니는 것을 본 목격담이 심심찮게 나오고 있어서 어떤 돈 많으신 분께서 장난감으로 별 부담 없이 구입한 것으로 보인다.

양산형 사양은 콘셉트에서 밝힌 사양과 엇비슷하다. 즉, 괴물 같은 성능의 스포츠카가 연비마저 좋은 상태이다. 연비는 국내 공인 연비는 아직 측정되지 않았으나 유럽 연비 기준으로 리터당 47.6km이다. 기존 고성능 스포츠카의 경우 극악의 연비로 인해 유지비용이 엄청나므로 일반인이 섣불리 유지할 수 없는 엄두도 못 낼 돈 먹는 하마였으나 앞으론 i8을 비롯하여, 포르쉐 918같은 고성

자료 : ilyosisa.co.kr
▲ BMW, 플러그인 하이브리드 스포츠카 'i8' 공개

능·고연비 하이브리드 스포츠카가 대세로 자리 잡을 것으로 보인다. 참고로 i8은 전기모터만으로 약 37km를 주행할 수 있다고 한다.

단, 플러그인 하이브리드 스포츠카의 연비를 액면 그대로 받아들이는 것은 곤란하다. 플러그인 하이브리드카들은 외부 전력으로 배터리를 충전해주

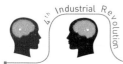

지 않으면 방전이 되어 전력 보조를 받을 수 없고, 즉 다른 스포츠카들처럼 기름을 왕창 먹게 될 것이다. 개인 차고지에 전용 충전기를 마련해두지 않는다면 사실상 존재의미가 없는 차다.

미래지향적인 외형에 걸맞게 각종 첨단사양이 대거 적용된다. 추후 레이저 헤드램프가 적용될 예정이고, 각종 차량 정보를 통제할 수 있는 스마트키가 제공되어 커넥티드카의 면모를 과시한다.

◉ 비판

겉모습은 인기폭발이지만 가격대비 성능은 BMW 매니아층에서 최악이라 심각하게 욕먹는 중인데, 브레이크도 M시리즈가 아니라 일반 BMW와 다를 바 없고, 타사의 비슷한 가격대의 차량들인 소위 '슈퍼카'라 불리는 차들에 비해서 가속력, 마력, 스티어링이 열등하며 궁극적으로 느리다. 물론 M시리즈나 다른 슈퍼카들에 비해서 느리다는 것이지 일반차들에 비해서는 엄청난 거리를 둔다.

다만, 결정적으로 이 차는 슈퍼카가 아니다. 직접 비교는 어렵지만 성능이 비슷한 테슬라 모델 S 역시 BMW보다 싸긴 해도 큰 차이가 나지 않는다. 해당 문서에서 지속적으로 슈퍼카와 비교를 하며 i8이 성능은 떨어지고 가격만 비싸다고 서술하는 경우가 있는데, i8은 기존의 슈퍼카와 지향점이 다르다. 비슷한 예로 애스턴마틴은 비슷한

자료 : autoevolution.com

▲ BMW i8 M

가격대의 포르쉐보다 성능이 떨어지지만 그 누구도 성능을 근거로 애스턴마틴을 평가절하하지 않는다. 하지만 i8은 BMW는 물론, 전문가나 기자들도 슈퍼카라고 부르지도 않는다. 결론은 생긴 것 때문에 사람들 입에 오르내리며 슈퍼카라고 과대포장이 된 차다.

실내 품질과 브레이크는 확실히 2억짜리 차량에 걸맞지 않게 떨어진다. 특히, 실내는 5천~7천만 원짜리 5시리즈와 큰 차이가 느껴지지 않을 정도이다. 위에서 예시를 든 애스턴마틴은 동급 차들에 비해 느릴지언정 돈값 못한다는 생각이 들 정도의 품질을 보여주지 않는다. 또한 이 차가 욕먹는 이유는 기존의 BMW와는 상당히 다른 스티어링 필링을 보여주기 때문이다. 하여튼 친환경적인 스포츠카를 표방하려다 가격이 지나치게 높아지고 사람들의 기대를 충족시킬 만한 성능도 나오지 않았고, 인테리어 품질 또한 고급스럽지 않은 모델이다. 슈퍼카가 아닌 것을 감안해도 많은 사람들에게 돈값 못하는 차로 인식되고, 그것이 틀린 말이 아닌 것이 현실이다. 차라리 원가 절감을 아예 포기하고 성능에 더 투자를 해 진짜 슈퍼카로 만들었으면 오히려 욕을 안 먹었을 정도이다.

자료 : m.auto.daum.net

▲ 신형 BMW i8, 750마력 고성능 전기 슈퍼카로 나올 듯

무엇보다 BMW코리아의 가격책정에서도 보이듯 이 차의 경쟁모델은 아우디 R8, 메르세데스-AMG GT, 포르쉐 911, 마세라티 그란투리스모, 재규어 F-타입 등과 같은 엔트리 슈퍼카다. 이미 시장에서 슈퍼카로 받아들이는 시점에서 기존 슈퍼카와의 비교는 피할 수 없는 것이다.

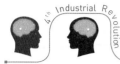
② 테슬라

1) 개요

자료 : namu.wiki

▲ 니콜라 테슬라

테슬라 주식회사(Tesla, Inc.)는 미국의 전기자동차 회사이다. 2003년, 마틴 에버하드(CEO)와 마크 타페닝(CFO)이 창업했다. 2004년 페이팔의 최고경영자이던 엘론 머스크가 투자자로 참여했다. 회사 이름은 물리학자이자 전기공학자인 니콜라 테슬라의 이름을 따서 지었다. 2010년 6월 나스닥에 상장되었다.

차량은 로드스터를 시작으로 세단 모델 S, SUV 모델 X, 그리고 보급형 모델 3를 차례로 선보였으며, 에너지 저장장치로 가정용인 PowerWall과 상업용인 PowerPack을 선보였다.

2017년 2월 1일에는 테슬라 모터스에서 테슬라로 사명변경을 했다.

2) 소개

창립자는 엘론 머스크로 알려져 있으나 엄밀히 말하면 마틴 에버하드와 마크 타페닝이 공동 창업하였고, 엘론 머스크는 초기에 자금을 투자하여 최대주주로 등극한 것이다. 이와 관련해서 나중에는 법적 분쟁까지 벌어졌으나 결국 에버하드는 회사를 떠나고 엘론 머스크의 창립자 지위를 인정했다. 이후 마크 타페닝 역시 2009년 회사를 떠났다. 일각에서는 이를 가지고 머스크를 폄하하기도 하지만, 대다수 사람들의 의견은 "과연 머스크가 아니었으면 테슬라가 오늘날의 테슬라가 될 수 있었을까?"라는 생각이다.

자동차 회사로선 특이하게도 실리콘 밸리에서 탄생했다. 다른 자동차 기업에 비하면 업력이 매우 짧지만 21세기 들어서 가장 주목받는 신생업체 중 하나이다. 그 이유는 그들이 만든 전기자동차 때문이다. 타 회사는 전기자동차를 내연기관 차량의 단점을 보완하는 포지션으로 제작하여 연비가 좋다는 점이나 친환경적이라는 것을 포인트로 하기 때문에 대개 작고, 못생

자료 : blog.naver.com

▲ 엘론 머스크

기고, 느리고, 주행거리가 짧은 형태가 된다. 반면에 테슬라는 이런 고정관념을 깨고 전기자동차만의 장점을 극대화한 고성능 차량을 선보임으로써 자동차 시장과 전기자동차의 역사를 뒤흔들고 있다. 이후 기록적인 성장세로 2003년 창립 이후, 2016년 70억 달러 매출에 3만 명의 직원을 거느린 거대 기업이 되어 제조업의 몰락으로 아메리칸 드림이 사라진 미국의 자존심을 지켜주고 있다.

CEO인 엘론 머스크의 경력부터가 대단하다. 온라인 출판 소프트웨어 회사 Zip2, 민간 우주로켓 회사 스페이스 X, 세계 최대의 주거용 태양광 발전업체 SolarCity(지금은 테슬라와 합병되었다) 등 모두 이 사람이 설립했고, 결제 서비스 PayPal의 설립 멤버이다. 테슬라의 성공은 엘론 머스크의 경력을 바탕으로 좋은 재무구조를 갖추고 미국 에너지부(US DOE)의 지원을 받았던 것도 있지만, 본인의 거대한 비전과 분석적 사고를 통한 정확한 의사결정, 그리고 기술적·사업적 능력이 탁월했기 때문이다. 손대는 사업마다 가장 큰 산업계만 골라(우주산업, 자동차산업, 에너지산업) 새로운 기술로 뒤흔들고 성공하는 모습이 이를 증명한다.

테슬라의 제품 전략은 고가의 스포츠카 버전(10만 달러대), 중고가의 스포츠세단(5만 달러대), 저가의 대량생산차량(3만5천 달러)을 순서대로 발매, 기술 수준을 쌓

자료 : motorgraph.com

▲ 테슬라 모델 X

아올리며 대상 고객의 범위를 확대하는 것이다. 이 전략은 대성공해서 현재 고가의 스포츠카 버전(로드스터), 중고가의 스포츠세단(모델 S)을 발매했으며, 역시 중고가의 스포츠 SUV(모델 X)를 발매했다. 저가의 대량생산 차량은 모델 3로, 2018년부터 인도될 예정이다.

이 회사에서 사용하는 리튬이온 배터리는 일본 기업인 파나소닉에서 독점 공급한다. 파나소닉과 테슬라는 공생 파트너 수준으로 관계가 깊은데, 2000년대 중반 이후 적자에서 헤어 나오지 못하던 파나소닉이 살아난 주요 요인으로 테슬라의 막대한 투자와 주문이 꼽힌다. 테슬라는 파나소닉과 협력해 전 세계 생산량을 총합한 것과 맞먹는 생산량을 자랑하는 엄청난 규모의 리튬이온 배터리 생산 공장인 기가 팩토리를 미국 네바다 주에 건설하여 2017년 초부터 가동 중에 있으며, 테슬라가 태양광 발전 사업에 진출한 이후 태양광 패널도 파나소닉이 독점으로 공급하고 있다.

3) 역사

2010년 중반부터 도요타와 제휴하여 개발·생산 분야에서 협력한다. 자동차업계의 애플이라 불릴 정도로 가파른 브랜드 성장세를 보이고 있는 등 두 각을 드러낸다. 매 분기 5000대 판매가 목표인 조그만 신생회사임에도 불구하고 제너럴 모터스가 전담팀까지 꾸려 경계하고 있을 정도이다. 구글과도 무인자동차 관련으로 협력관계이다.

2014년 6월 12일 테슬라 주식회사는 전기자동차 시장을 키우기 위해 보유 특허를 모두 무료로 공개하겠다고 발표했다. 엘론 머스크는 자신의 회사들은 기술적 진보 그 자체도 중요하지만 기존 산업계의 공룡들을 새로운 시장에 뛰어들게 하여 새로운 기술로의 전환을 앞당기고 미국 산업기술의 경쟁력을 향상시키는 데 더 큰 의의가 있다고 2008년 이전부터 밝혀 왔다.

2014년 자율주행기능인 AutoPilot을 발표했다. 완전한 자율주행시스템은 아니지만 2단계 자율주행(속도 유지, 차로유지, 차로변경)에 해당된다고 한다. 현재 상용차 중 가장 우수한 자율주행시스템을 가지고 있다. 서비스센터를 들르는 등 별도의 절차 없이 차에 내장된 3G(또는 LTE) 네트워크로 자동 업데이트 된다. 완전히 전자제어되는 전기차라서 펌웨어가 있으며, 개선사항이 자동으로 업데이트 된다.

자료 : rockwellcollins.com

▲ AutoPilot(자동조정장치)

2014년 초 자사 전용 초고속 전기충전소인 슈퍼차저 네트워크의 충전속도를 75kw에서 135kw로 업그레이드한다고 발표했다. 충전 전압 및 전류 기준으로 380V 190A 에서 380V 350A로 증가시켰다. 드라이버 회로나 탈착식 커넥터를 대체 어떻게 만드는 것인지 상상이 안 가는 수준이다. 기존 75kw로도 전기자동차 업계에서 가장 강력한 충전 전력이었으나, 이를 다시 두 배 가까이 향상시켰다. 135kw의 출력은 여름에 에어컨을 풀로 튼 중대형 빌딩급의 전력인데, 이것을 차 한 대

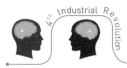

에 밀어넣는 것이며, 한 충전소에는 충전기가 무려 10대씩 설치된다. 그리고 충전은 영원히 무료다. 이 전기는 본인의 태양광 사업인 SolarCity에서 설치한 태양광 패널로부터 얻고, 야간 충전을 위해 자동차와 동일한 기술로 배터리팩을 개발해 설치한다.

2014년 말에 유럽지부 본사를 영국에서 네덜란드로 옮겼다. 영국은 섬이고 유럽의 서쪽 끝에 있기 때문에 유럽 전체의 물류와 업무를 총괄하기에는 너무 불리하기 때문이라고 밝혔다. 노르웨이에서 신차 판매 1위를 했을 정도로 테슬라 모델 S가 북유럽에서도 인기가 좋아 유럽 본사를 중부 유럽으로 옮기려 했는데, 그 중 네덜란드 정부가 가장 적극적이었고 많은 혜택을 주었다고 한다.

자료 : ekn.kr

▲ 테슬라 모델 S

2015년 7월 17일 더욱 강력한 주행 설정인 ludicrous mode를 선보였다. 기존의 고속 설정은 insane mode였는데 배터리 퓨즈 재질을 스페이스 X에서 개발한 로켓용 소재로 업그레이드하여 배터리 최대 출력을 1300A에서 1500A로 끌어올렸다. 새로 판매하는 차량에 적용되며 옵션 가격은 1만 달러(약 천만 원). 기존 차량은 5천 달러(약 500만 원)를 지불하면 배터리 퓨즈를 업그레이드 가능하다. 또한 배터리 에너지 밀도 향상으로 90kwh 배터리 모델이 추가되어 주행거리가 더욱 증가하였다. P85D 모델은 3천 달러(약 3백만 원)를 내면 90kwh로 업그레이드가 가능하나 기존 85kwh 배터리가 아슬아슬하게 모자란 경우가 아니라면 굳이 업그레이드를 추천하지 않는다고 밝혔다. 매년 5%씩 향상시키고 있으므로 몇 년간 기다렸다가 용량차이가 클 때 바꾸는 게 낫다고 언급했다. 그리고 모델 이름은 P90D이다.

2016년 8월 머스크가 최대 주주로 있는 태양광 발전 업체인 솔라시티의 인수계획을 발표했다. 테슬라는 이번 인수를 통한 제조 효율성 증가와 설치비용 감소로 인한 약 1억5천만 달러의 시너지 효과가 예상된다고 밝혔다. 하지만 인수계획 발표 후 테슬라와 솔라시티의 주가가 모두 떨어지는 등 시장반응은 영 좋지 않다. 2017년 공개를 목표로 개발 중인 전기 덤프 트럭과 소형 버스 생산계획도 발표했다.

2017년 6월 테슬라의 지분을 보유하고 있었던 도요타가 보유한 지분을 모두 매각했다고 밝혔다.

4) 비판

테슬라는 위에서 여러 번 설명했듯이 특별한 위치에 있는 회사이기 때문에 비판점도 많다.

일단 가장 큰 문제로 제대로 된 수익을 내지 못하고 있다는 점이다. 벌써 창립한지 14년이나 지났건만 매년 어마어마한 손실을 내고 있다. 70억 달러 매출을 냈다는 2016년에도 실질적으로는 11%의 손실을 기록했는데 초기투자 때문이라는 변명이 벌써 10년이 넘었다. 당연히 이렇게 큰 손실이 나는 이유는 자동차 회사가 자동차를 팔아서 이익을 못 내고 있기 때문이다. 경쟁사들과 차별화되는 주요 부분은 높은 항속거리인데, 이는 기술적인 향상

자료 : deneb21.tistory.com
▲ 테슬라 자동차의 배터리

도 있지만 단순히 더 많은 배터리를 넣은 것이 큰 이유다. 덕분에 단가는 치솟고 효과적인 이익을 내기 어렵다. 그마저 대중화를 노린 모델 3에서는 가격을 내려야 했기 때문에 앞으로도 과연 제대로 된 수익을 낼 수 있을지 의문이다.

그렇기 때문에 테슬라가 특허를 풀고 기술 공유를 했음에도 불구하고 다른 업체가 전기자동차 사업을 추진하지 않는 것이다. 전기자동차는 제조 기술 따위가 문제가 아니다. 배터리로 인한 짧은 항속거리와 배터리로 인한 높은 단가와 배터리로 인한 여러 가지 비효율성이 가장 큰 문제인 것인데, 이것이 해결이 안 된 상황에서 돈이 안 되는 시장에 누가 뛰어들겠는가.

자료 : ie.linkedin.com

▲ 엘론 머스크는 태양광 패널업체 솔라시티(SolarCity) 창립자이기도 하다

그런 상황에서도 회사와 CEO인 엘론 머스크의 인기로 주식 값은 하늘 높이 치솟고 있는지라 종국에는 주식 (+ 정부 지원금) 먹고 튀는 회사가 되지 않을까, 하는 우려를 사고 있다. 행여나 모델 3가 대중화에 실패하면 사실상 공중 분해될 가능성도 있다. 주식 먹튀에 적자만 계속 내는, 그것도 자동차 제조 회사를 인수할 회사는 세상 어디에도 없기 때문이다. 또한 아무래도 네임 파워가 있다 보니 주식회사임에도 불구하고 CEO의 독단도 가끔 보인다. 특히 솔라패널 제조사인 솔라시티의 인수는 많은 비난을 받았다. 엄청난 적자인 솔라시티의 인수 배경에는 솔라시티의 CEO가 엘론 머스크의 사촌이라는 점도 있었을 것이다.

애플과 더불어 미국을 대표하는 제조업 회사이기 때문에 미국 정부로부터 친환경을 명목으로 상당히 많은 지원을 받고 있고 회사도 사실상 거기에 매달려 사는 상황이다. 그러나 최근엔 안타깝게도 화석연료 사용을 권장하는 트럼프 정부가 들어서면서 이에 대한 지원 예산을 삭감했다.

그러다 보니 오토파일럿이나 급발진 등에서 발생하는 차량 안정성 문제에 대해서도 똑같이 급발진 문제를 겪었던 도요타에 비해 상당히 관대하다.

5) 제품

- 테슬라 로드스터 : 2008년 3월 17일 출시
- 테슬라 모델 S : 2012년 6월 22일 출시
- 테슬라 모델 X : 2015년 9월 29일 출시
- 테슬라 모델 3 : 2017년 하반기 출시 예정
- 테슬라 모델 Y : 2019년 말 또는 2020년 초 출시 목표로 개발 중인 미니밴
- 테슬라 세미트럭 : 2019년 출시를 목표로 개발 중

자료 : autoherald.co.kr

▲ 테슬라 모델 3

6) 전망

　전문가들은 테슬라를 포함한 전기자동차의 미래는 배터리 기술의 진보와 가격 하락에 달렸다고 지적한다. 배터리 항목에도 나와 있지만 다른 공학 분야와 달리 유독 배터리 분야는 기술적 발전이 너무나도 더디다. 실제로 많은 전기자동차 업체가 이 문제로 무너졌으며, 테슬라 역시 보급형 모델을 만들기 위해서는 이 벽을 넘어서야 한다. 2013년 말 시점에서 CEO 엘론 머스크는 전문가들의 예상과 달리 2017년 이전까지 배터리 가격이 크게 하락한다면서 중고차 가격보장과 같은 과감한 경영전략을 실행했다.

　다른 자동차 회사들과 차별화되는 테슬라의 강점이자 머스크가 테슬라로 승부수를 띄운 시작점은 테슬라에서 사용할 배터리의 가격 경쟁력이다. 전기자동차에서는 차량 가격의 절반 이상이 배터리 가격인데 테슬라의 배터리 가격은 압도적인 업계 최저를 자랑한다. 저가형 대량생산 모델인 모델 3의 목표가격(35,000달러)은 배터리팩의 가격을 지금보다도 크게 낮춰야만 달성 가능한 것이다. 그에 필요한 가격하락 폭을 계산해보면 머스크가 기가팩토리

자료 : insight.stockplus.com

▲ 세계 최대 전기 배터리 공장 기가팩토리*

기가팩토리

50GW 배터리 생산 용량에 테슬라 자동차 50만 대에 들어갈 배터리 생산이 가능한 규모다.

를 통해 달성할 것이라고 주장해온 장기적 가격 하락폭과 정확히 일치한다.

지금 테슬라의 모든 행보는 2003년에 시작할 때부터 계획된 것이라는 의미다. 이는 배터리 가격의 변화를 자신의 감으로 예상해 도박을 한 것이 아니라 본인이 배터리의 원가 및 공정 등에 대해 공부하고 면밀한 계산을 통해 배터리 가격이 충분히 낮아질 수 있음을 알았기 때문이다. 더구나 이것을 업계가 알아서 하도록 기다린 게 아니라 직접 세계 최대의 배터리 공장을 세우면서 가격을 스스로 낮추려 하고 있다. 안 내린다고? 그럼 내가 내린다는 식으로 회사의 운명을 건 결정이 요행을 바라며 찍는 도박이었다면, 그의 회사들이 지금과 같이 성공을 거두는 이유를 아무도 설명할 수 없을 것이다.

2014년 말 OPEC에서 신규 산유국들의 부상으로 상실한 에너지 헤게모니를 되찾고자 석유생산을 늘리면서 전 세계적으로 유가 치킨게임이 시작되었다. 이에 유가가 크게 낮아지면서 테슬라 자동차에게 타격을 주었다. 특히 미국에서는 2014년 말의 기름 값이 테슬라가 창립되던 시절의 60% 수준으로 내려가면서 테슬라 자동차의 전략 중 하나인 평생 무료 충전의 메리트가 감소하였다. 다만, 치명적인 타격은 아니고 테슬라에서는 2014년 판매량 예측치를 5% 축소하였다. 머스크 본인도 전기자동차로의 전환은 피할 수 없는 흐름이며 저유가는 이것을 조금 지연시킬 뿐이라고 말하고 있다. 단, 주가는 하락했다.

이후 원유는 2015년 8월까지 추락했으며, 2016년 1월 현재 유가가 30달러 이하로 떨어졌다. 비행기 유류할증금도 0가 되었다면 얼마나 떨어진 것인지

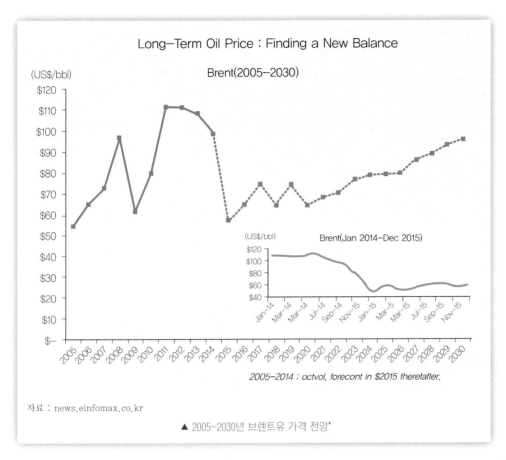

자료 : news.einfomax.co.kr

▲ 2005~2030년 브렌트유 가격 전망*

브렌트유 가격 전망

팩트 글로벌 에너지(Facts
Global Energy, FGE) 자료

알 수 있다. 2016년 1월 18일 기준 주가는 204.99이다.

    다만, 정부보조금에 의지하여 공격적 투자를 계속하고 있기 때문에 기업 재무상태가 좋은 편은 아니므로 투자에는 여전히 주의가 필요하다. 공매도 세력이 매번 나가떨어지면서 손해를 봐도 포기하지 않고 주기적으로 계속 공격을 퍼붓는 이유가 여기에 있다. 더군다나 원래 적자를 해소할 전망이었던 SUV 모델 X가 2년 넘게 출고가 지연되면서 테슬라의 자금 융통은 모델 3 선주문 예치금과 미래 대기수요에만 달려 있는 상황이다. 어쨌든 테슬라는 현재까지는 적자를 면치 못하고 있고 규모의 경제를 통한 이익확보를 위해

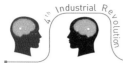
가장 쉬운 방법인 생산량을 늘리기 어려운 형편이다. 기사의 추측대로 주가와 투자금 확보를 위해 양산도 어려운 테슬라 모델 X를 앞당겨 발표했다면 시간이 길어질수록 낙관적인 추측은 어려워질 수도 있다.

2017년 4월 들어서 테슬라의 주가가 250달러대로 복귀하고, 신차 Model 3이 일주일 만에 32만5천 대의 예약 판매수를 기록하는 만큼 테슬라에 대한 낙관적 전망도 점점 늘어나고 있다고 보인다. 누구나 탈 수 있는 가격에 전기자동차를 만드는 것이 테슬라의 1차적인 목표임이 널리 알려져 있기 때문에 그 목표를 달성했다는 점에서 기업 이미지도 좋아졌다.

자료 : ipnomics.co.kr

▲ 주요 전기자동차 사양 비교

7) 기타

엘론 머스크와 스티븐 콜베어와의 인터뷰에 따르면, 현재 미국을 대표하는 심야 호스트 중 하나이자 리버럴 성향 방송인 스티븐 콜베어(Stephen

Colbert)도 테슬라를 보유하고 있다고 한다. 스웨덴 슈퍼카 제조사 코닉세그 (Koenigsegg)의 창업자인 크리스찬 폰 코닉세그(Christian von Koenigsegg)가 모델 S를 출퇴근에 쓰며 자사의 차기 모델인 레게라의 콘셉트에도 영향을 주었다.

2015년 9월 애플이 자체 전기자동차 프로젝트 Project Titan을 위해 1,000명 가량의 테슬라 직원을 자사에 채용하며 인재 유출이 일어났다. 테슬라의 직원을 빼가려고 고군분투 노력하는 애플에 대해 엘론 머스크는 "테슬라에 입사하지 못한다면 애플에 가시면 됩니다."라는 멘트를 날렸다. 2015년 여름에도 수석 엔지니어를 포함해 7명의 테슬라 직원이 이직해 갔고, 이 때문에 2017년 3월 말 발매 예정이던 모델 3 역시 발매가 연기될 거라는 것이 업계 내에서 소문으로 돌았다. 애플이 테슬라를 인수할 것이라는 루머도 꾸준히 제기되고 있지만 루머에 그치고 있다. 반대로 애플에서 테슬라로 이직하는 경우도 적지 않다. 2016년과 2017년에는 애플에서 스위프트를 개발한 직원과 맥북 디자인에 참가한 핵심 디

자료 : hrmac.tistory.com

▲ 애플은 왜 테슬라 인수를 염원하나

자이너가 테슬라로 이직했으며, 테슬라에서 애플로의 인력 유출 문제가 제기됐던 2015년에도 백 명 이상의 애플 직원이 테슬라로 이직한 것으로 알려졌다.

우리나라 지자체의 정책에 따라 편차가 있지만 전기자동차는 국내에서 최대 2천만 원 가량의 보조금을 받을 수 있는 반면, 테슬라가 생산하는 차량은 7kwh 완속충전기로 10시간 안에 완전 충전이 가능한 차량만을 지원 대상으로 규정하는 국내 법규상 모델 3와 모델 S/X의 일부 하위 트림(럭셔리, 프라임)을 제외하면 보조금을 받지 못할 가능성은 적다.

밥 루츠(Bob Lutz) 전 GM 부회장은 "차는 좋은데 기업이 적자만 보는 구조이며, 18개월 안에 파산할지도 모른다."는 이유로 부정적인 입장을 꾸준히 보

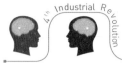
여 왔다. "전기자동차는 손해를 감수해야 되는 사업인데, 제품들의 출시가 미뤄지고 있는 상황에서 전기자동차만 팔다가는 파산할 것이다."라는 것이 그의 논리이다. 특히 테슬라의 창업자 및 경영자인 엘론 머스크와 옹호론자

자료 : orion.mk.co.kr

▲ 밥 루츠

들을 '스티브 잡스'의 '종교 신도'에 빗댄 표현은 머스크 회장 본인이 은근히 비꼬는 투로 대응하기도 했다. 테슬라의 지지층이 워낙 두껍고 밥 루츠가 기성세대 기업인이다 보니, 루츠가 테슬라에 대한 입장을 밝힐 때마다 네티즌들로부터 야유와 비아냥, 비판, 비난을 듣는 상황이다. 반면에, 엘론 머스크라는 인물에 대해서는 "수익성 여부를 떠나서 최고의 세일즈맨이며, 전기자동차 하나로 엄청난 걸 달성했다."고 코멘트하기도 했다.

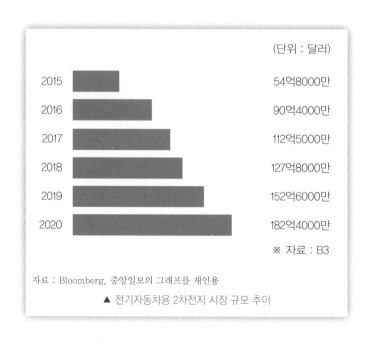

(단위 : 달러)

연도	시장 규모
2015	54억8000만
2016	90억4000만
2017	112억5000만
2018	127억8000만
2019	152억6000만
2020	182억4000만

※ 자료 : B3

자료 : Bloomberg, 중앙일보의 그래프를 재인용

▲ 전기자동차용 2차전지 시장 규모 추이

전기자동차용 2차전지의 수요가 늘어남에 따라 배터리에 들어가는 소재들의 가격 또한 높아졌다. 2차전지의 소재로는 리튬, 코발트, 인조흑연, 망간 등이 있고, 이 소재들의 가격이 급격하게 올라갈 추세이다. 이 중 코발트는 테슬라 모델 S 한 대에 8kg 정도 사용되는 핵심소재이다

세계적인 영화배우 레오나르도 디카프리오, 구글의 창업자 세르게이 브린, 백악관 비서실장의 동생이자 할리우드 에이전트인 아리 임마뉴엘의 공통점은 무엇인가? 미국 신생 전기자동차 회사인 테슬라의 로드스터(Roadster) 소유주라는 점이다. 전 GM 부회장인 밥 루츠조차 테슬라의 로드스터를 보고 자신의 연구진에게 전기자동차인 볼트(Volt) 개발을 지시하게 할 만큼 성공을 거두고 있는 테슬라 뒤에는 회사를 '제2의 GM'으로 키우려고 애쓰는 엘론 머스크가 있다.

자료 : carlab.co.kr

▲ 테슬라의 로드스터

Chapter 08

스마트팩토리
스마트컴퍼니(I)

08 스마트팩토리 스마트컴퍼니(I)

1 지멘스

1) 개요

지멘스 주식회사(Siemens Aktiengesellschaft)는 독일의 유럽 최대의 엔지니어링회사이다. 1847년 10월 12일 에른스트 베르너 폰 지멘스에 의해서 설립되었다.

자료 : economyinsight.co.kr

▲ 독일 뮌헨의 지멘스 본사 건물

자동화 및 제어, 전력, 운송, 의료, 정보통신, 조명 등 6개의 주 사업부문을 가진 복합기업이다. 2015 회계연도에는 세계적으로 약 756억 3000만 유로에 달하는 매출을 기록했다. 독일 프랑크푸르트 증권거래소에 상장되어 있고, 2001년 3월 12일부터는 뉴욕 증권거래소에도 상장되어 있다. 순수하게 기술력만 놓고 본다면 지멘스에 견줄 말한 기업은 흔치 않다. 전자제품 및 전자장비 분야에서 지멘스의 매출액은 이 분야의 세 대가인 히타치 제작소, 파나소닉, 제너럴 일렉트릭의 뒤를 잇는다. 그리고 제너럴 모터스와 IBM에 이어 R&D 분야의 투자금액은 세계 3위이다.

독일 베를린과 뮌헨에 본사를 둔 세계적인 전기전자기업 지멘스는 발전, 송·변전, 스마트 그리드 솔루션, 전력 에너지의 효율적인 애플리케이션에 이르기까지 전력화 가치 체인 전반과 더불어 메디칼 영상과 임상 진단 분야의 글로벌 선도기업이다. 2016년 현재 전 세계 200여 국가에서 351,000여 명의 직원이 근무하는 지멘스는 전력화, 자동화, 디지털화 영역에 핵심 역량을 집중하고 있다.

에너지 효율을 높이고 자원을 아끼는 친환경 기술의 선도주자인 지멘스는 해상 풍력 터빈 분야에서 전 세계 1위이며, 복합 화력발전 터빈 분야에서 시장을 선도하고 있다. 또한 발전소에서 발생된 전력을 공장이나 일반 가정 등에 수송하는 송전을 비롯해 도시 인프라, 자동화 및 산업용 소프트웨어 영역에서도 시장을 선도하고 있다. 컴퓨터 단층촬영, 자기공명영상시스템과 같은 의료 영상 기기, 연구실용 진단 장비, 클리닉 IT 분야에서도 업계 리더이다.

2) 지멘스 코리아

1950년대 국내에 진출한 지멘스는 선진 기술과 글로벌 경험을 바탕으로 국내 기업과의 상생을 위한 다양한 사업협력과 적극적인 투자, 개발 활동에 앞장서고 있으며, 지난 수년간 두 자릿수 이상의 성장세를 지속적으로 기록하는 등 괄목할 만한 성과를 보이고 있다. 아울러 지멘스는 우수한 인재 양성을 위해 국내 여러 대학들과 다양한 산학협력 관계를 맺고, 첨단 산업 분야의 우수한 기술력 확보에 최선을 다하고 있다.

자료 : plastiskorea.co.kr
▲ 한국지멘스 안산 '데모 스마트 공장' 구축

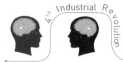
한국 산업의 든든한 동반자인 지멘스는 앞으로도 혁신적인 제품 및 솔루션을 공급하고, 우수한 인재들과 함께 성공적인 현지화를 이룩한 글로벌 기업의 모범 사례가 되고자 최선을 다할 것이다.

3) 상세

베르너 폰 지멘스와 요한 게오르크 할스케가 만든 회사이다. 170년의 긴 역사를 가진 현재 유럽 최대의 엔지니어링 업체로 꼽히며, 본사는 독일 베를린과 뮌헨에 있다. 원래 로고는 두 창업자의 머리글자인 S와 H를 합친 모양이었으나 2차 대전 이후 이것이 연상될 수 있다는 지적이 많아 잘 쓰지 않게 되었고 1973년에는 사내에서도 정식으로 폐기해 버렸다. 이후 1991년 현재와 같은 로고로 바꾸었다.

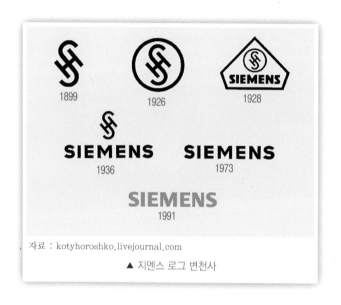

자료 : kotyhoroshko.livejournal.com

▲ 지멘스 로그 변천사

지멘스가 손대지 않은 분야가 없을 정도로 많은 분야에 진출했으며, 진출한 분야마다 독일의 위력을 뽐내고 있다. 세부적인 차이는 있지만 우리나라로 치자면 삼성그룹과 비슷한 위상으로 독일에서 영향력이 큰 대규모 기업집단이며, 전기전자관련 산업에서 지구를 정복한 최강의 기업들 중 하나라고 이해하면 된다.

우선 자동화 및 제어시스템으로도 유명하고 통신 분야에도 진출하였으며, 독일의 모든 원자로를 만든 만큼 전력분야의 기술도 상당하고, 지멘스사가 전통적으로 강했던 철강설비도 오스트리아 합작법인 지멘스-VAI를 통해 운영하고 있다. 의료기기도 상당히 잘 만들어서 이젠 지멘스의 주수입원 중 하나가 되었다. 다만, 자동화 검사시스템은 미국이나 일본 업체에게 꽤 밀린다. 철도 쪽을 보자면 일본의 미쓰비시, 히타치나 같은 유럽의 알스톰 등에 빛이 바래긴 했지만 웬만한 독일철도의 기관차는 지멘스가 생산하고 ICE^{(Inter City Express, 이체에, 독일 철도에서 운영하는 고속철}

자료 : siemens.com

▲ 지멘스 ICE 개발

도)를 개발하는 등 이 바닥에서 중추적인 역할을 하는 회사다. 특히 북미 대륙의 경전철 차량은 거의 대부분 이 회사 차량이며, 한국에서도 의정부 경전철이 지멘스에서 생산한 고무 차륜형 차량을 채택하여 운용하고 있다. 덕분에 철도차량의 빅3사로 불리며, 2010년 22억 유로의 매출을 올려 세계 5위를 차지했다. 게다가 형광등, 밸브 따위를 만드는 오스람이 이 회사의 자회사라는 게 믿겨지는가?

또한 소프트웨어 쪽에도 일가견이 있어 CATIA와 시장을 양분하는 3D CAD/CAM 프로그램 Unigraphics^(NX)의 개발사이기도 하다. 하지만 처음부터 개발했던 것은 아니고 2007년에 NX 개발사인 UGS를 인수했다. 구매가는 35억 달러에 이른다. 그리고 마찬가지로 3D CAD/PLM 프로그램인 Solid Edge도 이 회사 제품이다. Unigraphics^(NX)와의 차이점이라면, 이 쪽은 산업용 기계 설계에 특화되어 있다는 것이다. 두 프로그램 간의 관계는 다쏘시스템의 CATIA-SolidWorks의 관계와 비슷하다고 볼 수 있다.

이러한 까닭에 과거 지멘스는 적자날 일 없이 엄청난 흑자를 내며 승승장구 했으나, 2006년 말부터 지멘스 경영진의 분식회계, 공금횡령, 탈세, 비자금 조성, 뇌물 제공 등 부패 스캔들이 터져 나온 어두운 역사로 상당한 위기에 직면하게 된다. 경영진이 부당하게 빼돌린 회사 공금이 1억 유로를 넘고, 스위스·그리스·오스트리아에 있는 지멘스 간부들의 계좌에서는 수천만 유로의 뭉칫돈이 발견됐다. 총 332건의 프로젝트에서 4283건의 뇌물 제공 사실이 드러났고, 전체 뇌물 공여액은 14억 달러로 집계됐다. 최고경영자(CEO)들이 줄줄이 사임하고, 수백 명의 직원이 해고와 징계를 받았다. 벌금과 부당이득 환수금액이 무려 16억 달러에 달했다. 지멘스의 신뢰와 위상은 땅에 떨어졌을 정도로 엄청난 위기였으나, 기업문화 개혁에 착수하여 오랫동안 조직 내부에 자리잡아온 부패 관행을 척결하는 구조개선을 단행하기 시작했다. 그룹의 주요 성장 동력 중 하나였던 자동차 부품 계열사인 지멘스 오토모티브를 콘티넨탈에 매각한 것을 필두로 문어발식 사업구조를 대대적으로 개편해 의료기기, 산업자동화, 발전설비, 철도차량 등의 네 가지 핵심 사업부로 다이어트 재편하였고, 무엇보다 최고경영진이 강력한 의지를 보이며 솔선수범하는 등 준법 경영을 본격화하여 사상 최고의 경영실적을 연이어 기록하며 위기에서 반전하는 데 성공했다.

1999년에는 후지쯔와 함께 '후지쯔-지멘스 컴퓨터'라는 조인트벤처 형태의 합작기업을 설립하여, 유럽 지역을 중심으로 PC 제조업에도 뛰어들었다. 그러나 최근 에너지와 제조 · 헬스케어 IT시스템에 초점을 두면서 PC사업이 비핵심 사업으로 밀려남에 따라 2009년에 후지쯔에 보유지분을 모두 매각해 버렸다. 참고로, 지멘스에서 만든 컴퓨터 중엔 EMP(전자기펄스) 방어 컴퓨터도 있었다. 사실 지멘스에 연락하면 건물 전체도 EMP 차단으로 만들어준다. 다만, 과거엔 휴대폰도 만들었는데 적자가 심해 BenQ가 휴대폰 분야만 인수했다.

자료 : en.wikipedia.org

▲ 후지쯔-지멘스 컴퓨터

참고로, 지멘스는 전범기업이다. 나치 독일의 주요 군수품 생산 업체였으며, 유태인에 대한 무임금 노동력 착취로 전쟁 물자를 생산했다. 물론 2차 세계대전 종전 이후 강제 노역 유태인들에게 이에 대한 배상을 했다.

4) 사업소개

전기화, 자동화 및 디지털화는 지멘스의 장기 성장 분야이다. 이 분야 시장의 잠재력을 충분히 이용하기 위해, 당사의 사업은 아홉 개의 분과로 묶여져 있으며, Healthcare가 별도 관리 사업으로 운영되고 있다.

① Power and Gas

지멘스는 신뢰를 바탕으로 세계 최고 수준의 제품 및 솔루션을 제공하는 파트너이다. 지멘스는 전 세계 고객들이 화력 발전소를 성공적으로 가동하고, 시장 환경에서 직면하는 다양한 경제적, 생태적 도전들에 대처할 수 있도록 지원한다.

지멘스는 공익사업, 독립 전력 생산업체, 엔지니어링 · 조달 · 건설 기업(EPCs) 그리고 석유와 가스 산업 등 산업 고객들에게 화석 연료나 재생 가능한

자료 : united-europe.eu

▲ Siemens Gas Turbine Power Plant

연료를 사용하는 친환경, 자원절약형 전력 생산을 위한 광범위한 종류의 제품과 솔루션을 제공하다. 이를 통해 고객들이 효율적으로 에너지를 생산하고 안정적으로 석유와 가스를 수송할 수 있도록 지원한다.

지멘스의 포트폴리오는 역동적인 시장의 도전에 최적화되어 있다.

• 5~400MW 규모의 가스터빈 : 당사의 가스터빈은 고효율, 신뢰성, 환경적
  지속가능성, 그리고 생명주기 비용을 낮춤으로써 발전소에 높은 수익률

과 우수한 품질을 제공한다.

- 오랜 생산 전통과 지속적인 개발 노하우를 자랑하는 45kW~1,900MW 규모의 증기터빈

- 25~2,235MVA의 전력을 생산할 수 있는 발전기 : 지멘스의 전문성은 3,500대 이상의 기계가 설치된 설비부터 100년 이상 발전기를 개발 및 생산해 온 경험에 바탕을 두고 있다.

- 장기적인 효율, 가용성 및 신뢰성을 제공하는 컴프레서 포트폴리오 : 지멘스 컴프레서는 석유와 가스 부문, 내륙 가스 생산 또는 파이프라인을 통한 가스 수송, 그리고 공기 분리 등의 산업 애플리케이션 분야에서 업계 특정의 고객 요구 조건을 충족시킨다.

- 지멘스의 통합된 발전 설비 솔루션은 파워트레인에서부터 턴키 발전소에 이르기까지, 가스를 연료로 사용하는 발전소를 위한 최고 품질의 솔루션을 제공한다.

- 'Power and Gas' 부문의 포트폴리오는 발전소 I&C, 전기 시스템 및 IT를 위한 포괄적인 솔루션을 제공하는 동력 & 프로세스 자동화 군으로 완성된다.

② Wind Power

독립 운영 사업체 지멘스 윈드 파워는 환경 친화적이며 비용 효율적인 신재생 에너지 솔루션을 선도적으로 제공하는 신뢰할 수 있는 공급업체다. 풍력의 비용 절감을 주요 목표로 기존 에너지원 대비 신재생 에너지가 완벽하게 비교 경쟁력을 갖출 수 있도록 최선을 다한다.

자료 : inhabitat.com

▲ 지멘스 Wind Power

● 풍력 발전

풍력 터빈의 안정성과 비용의 효율을 보장하는 지멘스는 비즈니스와 환경 두 가지 측면의 요구를 모두 충족시키는 솔루션을 제공한다. 25,000메가와트 이상의 전력 생산 설비를 공급하는 지멘스 풍력 발전 솔루션은 전 세계의 해상 및 육상풍력 단지에 청정한 재생 에너지를 공급한다.

해상 및 육상 풍력발전소를 위한 지멘스의 사업 전략은 풍력 발전의 원가 절감에 있다. 지멘스는 블레이드 설계 및 발전기 기술의 효율성을 혁신적으로 증대시키면서, 체계적인 모듈화로 제조 및 설치의 전 공정을 간소화하는 데 기여한다.

지멘스는 해상 풍력 발전 분야에서 가장 풍부한 경험을 지닌 기업이다. 지멘스는 1991년 세계 최초로 덴마크에 해상 풍력발전소를 신규 건설하면서 해당 산업을 정착시켰다. 최근 몇 년간 산업화 과정을 거쳐, 지멘스는 현재 630MW 규모의 런던 어레이 대규모 해상 풍력단지를 통해 세계 해상 풍력발전소 기록을 세우는 동시에 그 기록을 갱신하였다. 해당 단지에는 지멘스의 3.6메가와트 규모 풍력 터빈 175대가 설치되어 있다.

지멘스는 현재까지 단일 육상 풍력 발전 시설로는 세계 최대 규모의 수주를 획득하여 육상 풍력 발전 분야에서 선두 위치를 점유하고 있다. 일례로 지멘스는 미국 MidAmerican Energy의 의뢰로 아이오와 주에 1,050메가와트 규모의 전력을 생산하는 일련의 육상 풍력 발전소를 건설하였다.

자료 : premium.chosun.com

▲ 덴마크에서 가동을 시작한 지멘스의 해상 풍력 발전소

수력 발전 및 해양 에너지

지멘스는 무려 100년 이상의 오래된 전문성을 바탕으로 고객에게 수력 발전 분야의 종합적인 솔루션을 제공한다. 지멘스는 전 파워 매트릭스에 해당하는 통합 제품, 솔루션 및 서비스 기반의 조수력발전소를 위한 턴키 프로젝트를 구현함으로써 우수성을 입증해 왔다. 2008년에는 지멘스 소유 회사인 마린 커런트 터빈(Marine Current Turbines, MCT)이 세계 최초의 상업용 조수력발전소 SeaGen을 설치했다. 지멘스는 해양 에너지 시장을 선도하는 기업들 중 하나이다.

③ Power Generation Services

자료 : siemens.com

▲ 지멘스 Power Generation Services

지멘스는 다양한 사업영역에서 혁신적인 제품 및 서비스를 제공한다. 특히 풍력터빈, 전력생산용 발전설비, 석유 및 가스 생산 설비, 그리고 산업 공정용 회전기계설비 등과 관련하여 최적의 성능을 보장하며 우수한 서비스를 제공하는 신뢰 높은 선도적 파트너이다.

주요 사업분야

전 세계적으로 널리 분포되어 있는 서비스 네트워크에 힘입어 지멘스는 대형 발전소와 산업용 발전소, 그리고 석유 및 가스 생산용 압축기에 대한 신속하고 종합적인 공장 및 현장 서비스의 전문가 지원, 유지보수, 수리 및 교체, 현대화 및 업그레이드 서비스 등을 제공한다.

공장 및 현장 서비스와 더불어, 지멘스는 원격 감시 및 진단에도 폭넓은 경험을 보유하고 있다. 지멘스 전문가들은 정상적으로 작동하지 않는 가장 작은 신호도 탐지해 내어 심각한 문제가 발생하는 확률을 최소화시키는 선제적 해결방안을 지향한다. 뿐만 아니라, 지멘스는 수집한 데이터를 분석하여 개별 터빈은 물론 동일 사양을 지닌 모든 터빈의 종합적 운전동향을 파악하여, 그 결과 장기적인 터빈의 성능 향상과 이에 따른 에너지 비용 절감을 추구한다.

또한 지멘스는 고객들의 기존 발전소 성능을 향상시킬 수 있는 방안을 지속적으로 모색한다. 기후 변화에 따른 대응 또는 천연자원의 보존 및 세계 인구 증가에 따른 궁극적인

자료 : news.zum.com

▲ 지멘스 직원들이 베를린 공장에서 60.75%라는 세계 최고 에너지효율을 기록한 H급 가스터빈을 조립하고 있다

수요가 증가함에 따라, 노후된 발전소 설비와 기존 발전소의 효율 향상에 대한 시장의 수요도 나날이 증가하고 있다. 지멘스는 제품의 수명 연장 및 첨단 기술을 통해 기존 발전소의 효율과 용량을 증설시켜 동일한 연료로 더욱 많은 전력을 생산할 수 있도록 경제적, 환경적인 기대 그 이상의 성과를 창출한다.

④ Energy Management

세계 전력시장을 선도하고 있는 지멘스는 경제적이며 신뢰성 있는 지능형 송·배전 전력망 구축을 위한 다양한 제품과 시스템, 솔루션 및 서비스를 제공한다.

● 주요 사업소개

전력 시설의 개발 및 확장에 우수한 역량을 갖춘 파트너로서 지멘스는 전력 회사와 산업계의 요구에 부합하는 효율적이고 신뢰성 있는 제품과 솔루션을 제공한다. 지멘스는 저압 및 배전 전력망 설비와 시스템, 스마트 그리드와 전력 자동화 솔루션, 산업 플랜트 전력 공급 설비 및 초고압 송전 시스템 등의 다양한 포트폴리오를 제공한다.

또한, 지멘스는 전 세계 에너지 시스템이 직면한 새로운 도전에 대처할 수 있도록, 효율적인 장거리 친환경 송전, 전력 망 간의 전용 전력 교환 실현, 분산형 전원시스템과 주전력망 연계 등의 혁신적 솔루션을 개발하고 있다.

자료 : siemens.com

▲ 지멘스 Energy Management

지멘스의 다음 도전 과제는 배전 전력망의 지능화를 극대화하는 것이다. 지멘스는 스마트 그리드 스위트(Siemens Smart Grid Suite)라는 업계에서 가장 최적화된 에너지관리 제품군을 통해 개방적이고 유연한 구조의 솔루션을 제공한다. 이를 통해 지능형 전력망을 위한 다양한 맞춤형 솔루션뿐만 아니라 새로운 사업모델 개발, 전력 거래의 최적화 및 전력 계통 안정화를 실현할 수 있다.

스마트 그리드 스위트(Smart Grid Suite)는 전력화 및 송배전을 위한 솔루션 개념인 통합 자동화 전력(Totally Integrated Power)을 통해 완성된다. TIP는 포괄적 범위의 중저압 및 초고압 제품, 시스템과 솔루션을 기반으로 하며, 지멘스 자체 소프트웨어를 사용한 전력망의 기본 입안 단계부터 설치, 운전 및 서비스에 이르기까지의 전 수명주기에 걸쳐 최적의 솔루션을 제공하고 있다.

⑤ Building Technologies

지멘스는 안전하고 에너지 효율적이며 친환경적인 빌딩 및 사회 기반시설 분야의 세계적 리더이다. 지멘스는 기술 파트너, 컨설턴트, 서비스 제공자, 시스템 통합자 그리고 제품 공급자로서 방재, 보안, 빌딩 자동화, 냉난방 공조 및 에너지 관리를 위한 제품과 서비스를 제공한다.

◉ 주요 사업분야

지멘스는 빌딩의 성능을 높이고 운영 비용을 낮춤으로써 빌딩의 에너지 비용과 안정성을 최적화한다. 고객의 구체적인 요구사항에 맞춘 통합 자동화 빌딩 솔루션과 에너지 관리 서비스로 고객에게 만족스러운 결과를 보장한다. 냉난방 공조 애플리케이션, 조명 및 블라인드 제어를 위한 빌딩 자동화 제품 및 시스템은 지멘스 고유의 솔루션으로 간접 유통 채널을 통해 판매된다.

자료 : buildingtechnologies.siemens.com

▲ 지멘스 Building Technologies

지멘스가 제공하는 다양하고 폭넓은 통합 방재 및 IT 기반의 보안 솔루션은 비즈니스의 연속성을 보장하며, 고객의 자산을 보호하고 위험 부담을 최소화한다. 방재 부문에서 지멘스는 최첨단 화재 및 가스 탐지, 자동 소화 제품 및 시스템, 그리고 화재 경보 및 위험 관리 시스템을 제공한다. 관련 제품 및 시스템은 다양한 유통 채널을 통해 판매된다.

빌딩 자동화 사업부의 핵심 비즈니스 영역에는 도시공공 기반시설에서부터 세계적인 기업의 업무빌딩에 이르기까지 각 분야(데이터센터, 병원, 제약회사, 공항,

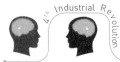
호텔, 에너지 관련사 등)에 맞는 맞춤 솔루션이 있다. 지멘스는 사용자 애플리케이션을 위해 지속가능성을 극대화하고 에너지 효율 및 안전을 보장하는 최첨단 솔루션을 제공한다.

⑥ Mobility

철도와 도로를 통한 효과적이고 통합적인 사람과 재화의 수송에 지멘스는 이동성(mobility)과 관련된 모든 제품, 솔루션 및 서비스를 처리한다.

자료 : m.siemens.co.kr

▲ 지멘스 이동성(mobility) 관련 제품 및 서비스 제공

자료 : w3.siemens.co.uk

▲ 지멘스 영국 이동성 서비스 제공

● 주요 사업분야

효율적인 이동성에 대한 수요는 지속적으로 증가세에 있다. 전 세계적으로 사람과 재화의 수송은 국가경제 인프라에 큰 도전으로, 특히 도시의 운송설비와 물류시설이 이에 해당된다. 어떻게 하면 도시 증가에 따른 도로 교통량 문제를 해결할 수 있을까? 대중교통의 사용이 교통 정체를 최소화하기 위한 해결책으로 적합할까? 어떻게 하면 철도 회사들이 시스템의 효율과 안전성을 증대할 수 있을까? 철도와 도로교통을 어떻게 하면 통합할 수 있을까? 지속적인 물동량의 증가에 있어, 물류 공급망을 어떻게 하면 더욱 최적화할 수 있을까?

지멘스는 총체적인 포트폴리오를 통해 이러한 질문들에 최적의 해답을 제시한다. 이는 현대적이며 상호 연결된 IT 기반의 이동성을 바탕으로 운송사업본부의 핵심 다섯 가지 사업 – 이동성 관리, 턴키 프로젝트 및 전력화, 본선 운송, 도시 운송 그리고 고객 서비스 – 을 통하여 실현이 가능하다. 해당 사업은 도로의 교통 흐름을 더 원활하고 신속하게 관리하며 열차를 더욱 친환경적으로 제작하여 열차 시간표와 화물 배송의 신뢰성을 보장하는 데에 우수한 노하우를 보유하고 있다. 지멘스는 고객과 함께 주어진 도전과제를 극복하기 위한 최적의 솔루션을 개발한다.

자료 : alamy.com

▲ 지멘스 이동성 사업부 ICE 3 M Velaro D

　지멘스 운송사업본부의 주요 포트폴리오는 아래와 같다.

- 철도 교통에 대한 다양한 차량 : 지역 및 도시의 열차 및 고속 열차, 도시 철도 차량, 시내 전차와 경전철, 객차, 무인운행 차량 및 기관차
- 철도 기반의 여객, 화물 수송용 신호 및 제어 기술
- 철도 및 도로 교통 전력화 솔루션
- 차량 및 기반시설 유지와 보수
- 도로 교통 제어 및 정보 시스템, 주차 공간 관리, 시내 및 도시의 교통 요금 전자 지불 및 통행료 시스템
- 턴키 이동 시스템의 자문, 계획, 자금 조달, 건설 및 운용
- 다양한 교통 시스템 연계이용 네트워킹을 위한 통합 이동 솔루션

　2014년 10월 1일자로 조센 아익홀트 박사(Dr Jochen Eickholt)가 운송사업본부의 CEO로 임명되었다. 우수한 전기 엔지니어로서의 명성을 지닌 아익홀트 박사는 1999년부터 지멘스 AG와 함께 해왔다.

⑦ Digital Factory

자료 : industry.siemens.com

▲ 지멘스 Digital Factory

지멘스는 제조 공정의 유연성과 효율성 향상 및 제품 출시 기간 단축을 위한 통합 소프트웨어, 하드웨어 및 기술 기반 서비스로 이루어진 포괄적인 포트폴리오를 제공한다.

⊙ 주요 사업소개

오늘날 산업별 가치 사슬에 따라 데이터를 완전하게 통합하는 일은 갈수록 더욱 중요하게 여겨지고 있으며, 개발 및 제조사들의 생존에 필요한 핵심 요소로 자리 잡고 있다. 디지털팩토리 사업본부는 개발, 생산 및 공급의 과정에서 전체적인 데이터 통합을 가능하게 하는 완벽한 소프트웨어, 하드웨어 제품 포트폴리오를 제공한다. 광범위한 실제 가치 사슬을 완벽하게 디지털화하는 것이 지멘스의 궁극적인 목표이다. 이를 위해 지멘스는 '디지털 엔터프라이즈'라는 솔루션 플랫폼을 개발했다.

디지털 엔터프라이즈를 통해 지멘스는 현재 다양한 제품 포트폴리오와 더불어, 생산 라이프 사이클을 조화롭게 연결하고 있다. 예를 들어, 강력한 제품수명주기관리(PLM) 소프트웨어를 사용하면 완벽한 가상 환경에서 신제품을 개발하고 최적화할 수 있다. 실제 제조 환경에서 이미 20년 넘게 가치를 입증해 온 지멘스의 통합 자동화(totally integrated automation, TIA) 개념을 통한 모든 자동화 요소들의 효율적인 상호 운용이 보장된다. 또한, TIA Portal은 이미 엔지니어링에 필요한 시간과 비용을 현저히 절감해주고 있다.

지멘스의 내부 파트너들과, 특히 공정 산업 및 드라이브 사업본부와의 긴밀한 협업 하에, 디지털 팩토리 사업본부는 다양한 산업 분야의 요구 조건을 반영하도록 설계된 PLM 소프트웨어 툴과 산업 자동화 및 드라이브 기술로 구성된 광범위한 포트폴리오를 제공한다.

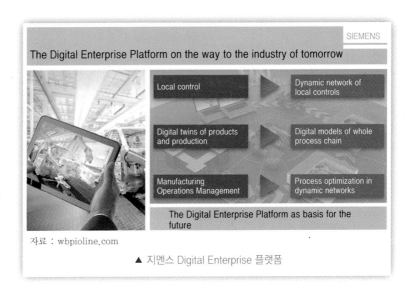

자료 : wbpioline.com

▲ 지멘스 Digital Enterprise 플랫폼

지멘스는 고객의 장기적인 사업 발전에 기여할 것을 약속한다. 소프트웨어 산업에서 특히 중요한 현재와 미래에 대한 투자 보호는 지멘스가 보장하는 핵심 가치이다. 산업의 미래를 구체화하는 데 있어 지멘스는 검증된 선진 기술을 구현하고 있는 전 세계 파트너들과의 협업을 통해 생산성을 높이고, 경쟁력을 제고하며, 주도적이고 선구적인 능력을 발휘한다.

⑧ Process Industries and Drives

전체 라이프사이클에 혁신적인 통합 기술을 적용하여 생산성을 크게 향상시키고, 제품의 시장 출시 기간을 단축할 수 있다. 지멘스는 고객의 제품, 공정 및 생산 공장의 신뢰성과 안전성, 그리고 효율성을 지속적으로 향상할 수 있도록 지원한다.

● 주요 사업소개

공정 산업 및 드라이브 사업본부는 믿을 수 있는 파트너로서 제품, 공정 및

자료 : youtube.com

▲ 지멘스 Process Industries and Drives

생산 공장의 신뢰성, 안전성 그리고 효율성을 지속적으로 개선할 수 있도록 지원한다. 따라서 전체 라이프사이클에 혁신적인 통합 기술을 적용하여 생산성을 향상시키고 시장 출시 기간을 단축한다.

지멘스는 전 세계 고객들에게 통합 자동화(totally integrated automation, TIA) 또는 통합 드라이브 시스템(integrated drive systems, IDS)과 같은 최고의 기술 플랫폼을 토대로 미래형 자동화, 드라이브 기술, 산업용 소프트웨어 및 서비스를 제공한다. 지멘스는 고객들과의 긴밀한 파트너십을 통해 설계와 엔지니어링에서 현대화에 이르기까지 전체 라이프사이클에 걸쳐 지속가능한 솔루션을 개발하고 있다. 언제나 표준화된 컴포넌트로 각 산업에 대한 고유 솔루션을 보완함으로써, 모든 산업 분야에서 고객의 특정한 요구 사항을 충족시킨다. 이를 통해 고객의 제품, 시스템 및 솔루션을 장기간 사용할 수 있도록 돕는다. 또한, 자원 효율성에 중점을 두고 모든 애플리케이션에서 환경적 지속가능성에 기여한다.

공정 산업은 지멘스 핵심 비즈니스 중 하나이다. 광범위한 산업에 설치되는 다양한 애플리케이션이 지멘스의 전문성과 실력을 입증한다. 하지만 그보다 중요한 것은 고객에게 제공할 수 있는 부가가치로서, 이를 통해 가치사슬의 모든 부분에서 생산성을 높일 수 있다. 지멘스는 다양한 산업별 시장에 대한 세부 지식을 토대로 고객의 새로운 시장의 요구와 발전에 더욱 신속하고 명확하게 대응하여 경쟁력을 강화할 수 있도록 끊임없이 노력할 것이다.

⑨ Siemens Real Estate

Siemens Real Estate는 기업의 부동산 포트폴리오 관리, 공간 활용의 최적화, 부동산 관련 서비스와 회사 보유 부동산의 운영 감독, 그리고 부동산 자산의 임대와 배치 및 기업의 건설 프로젝트 구현 등 종합적인 부동산 관리를 담당한다.

자료 : m.siemens.co.kr

▲ Siemens Real Estate

🔘 주요 사업분야

지멘스는 친환경 건축물 계획과 에너지 효율 프로그램 등의 혁신적인 개념을 도입하여 자원 할당을 최적화하는 동시에 건축물의 에너지 효율을 향상시킨다. 지멘스는 전 수명주기에 걸쳐 건축물의 경제적인 설계 및 운영을 가능하게 한다. 새 건축물과 기존의 주요 구조물들은 모두 체계적인 지속가능성 기준을 충족해야 하며 국제 친환경 건축물 표준인 에너지 및 환경 디자인 리더십(Leadership in Energy and Environmental Design)에 따른 공인을 받는다.

에너지 효율에 중점을 둔 건축물 서비스 기술의 혁신과 15개 이상의 생산 시설물에서 구조적인 조치를 취함으로써, 연간 에너지 소비가 무려 4,400만 유로 이상 절감된 사례도 있다. 대부분의 개선은 지멘스 빌딩자동화사업본부와 공동으로 진행되는 에너지 성능 계약으로 진행되었으며, 연간 16,000톤 이상의 이산화탄소 배출량을 절감하는 우수한 결과를 달성하였다.

전략적인 입지선정 개념과 진취적인 부동산 정책은 지멘스가 전 세계 시장을 선도하도록 지원하고 있다. Siemens Real Estate는 회사의 사업 운영을 위한 기반을 마련하고 글로벌 성장을 주도하는 데 필요한 인프라를 구축하고 있다.

지멘스는 새로운 사무 공간 정착이라는 업무 개념의 도입을 통해, 최고의

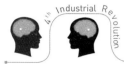

직원들과 미래의 우수 인재들에게 매력적인 기업으로 인식되고 있다. 이는 사무실 공간을 효과적으로 이용하고 직원들 사이의 상호 교류 분위기를 조성해주는 개방적이고 현대적인 사무실 환경 덕분이다.

Siemens Real Estate는 지멘스 전 사업본부의 신뢰받는 파트너로서, 언제나 최적의 경쟁우위를 점유하고 유지하도록 지원한다.

5) 스마트팩토리

자료 : smartfuture-poscoict.co.kr

▲ 스마트팩토리 이미지

스마트팩토리
포스코 ICT, 2016년 6월 22일.

스마트팩토리(smart factory)란 공장 내 설비와 기계에 센서가 설치돼서 데이터가 실시간으로 수집·분석되어 공장 내 모든 상황들을 일목요연하게 볼 수 있고, 이를 분석해서 목적한 바에 따라 스스로 제어될 수 있도록 하는 공장을 말한다.*

과거에는 숙련공이 원료 및 재료의 색깔을 보거나 설비의 소리만 들어도 경험적으로 무엇이 문제인지 알고 손쉽게 그 문제를 해결할 수 있었다. 그러나 고령화에 따라 숙련공들은 점점 줄어들어 문제가 발생할 때 제대로 대응하기가 어려워지고 있는 실정이다. 또한 제품의 수명주기(life cycle)가 단축되고 있고, 맞춤형 대량 생산(mass customization)으로 변화하면서 가볍고 유연한 생산 체계가 요구되고 있다. 이러한 상황에서 제조업 혁신을 위한 새로운 방안으로 떠오르고 있는 것이 바로 '스마트팩토리'이다.

제4차 산업혁명은 디지털 경제·사회의 도래에 대비해 독일이 제안한 '인더스트리 4.0'의 다른 표현이기도 하다. 여기에서 정보통신기술(ICT), 자동화 기술, 차세대 생산 기술을 융합하여 환경친화적이고 경쟁력을 갖춘 미래형 공장을 '스마트팩토리'라고 부른다.

스마트팩토리를 도입하여 생산성을 크게 향상시킨 것으로 높이 평가받는 나라는 독일과 미국, 일본이다. 현재 세계적으로 널리 퍼져 있는 스마트팩토리의 수는 많지 않지만 독일의 지멘스(Siemens), 미국의 로크웰 오토메이션(Rockwell Automation), 일본의 미쓰비시(Mitsubishi) 등이 각 국가들을 대표하는 기업이다.

자료 : fnnews.com

▲ 지멘스의 암베르크 스마트팩토리 내부

이 중에서도 가장 성공적이라는 평가를 받고 있는 공장은 독일 남부 암베르크(Amberg)에 위치한, 전기전자 기업 지멘스의 스마트팩토리 'EWA(Electronics Works Amberg)'라고 할 수 있다. 독일의 제4차 산업혁명 표준 모델이 되고 있는 셈이다.

6) 지멘스 암베르크 스마트팩토리

① 디지털 공장

향후 몇 년 동안 제조업이 어떻게 바뀔지 알고 싶다면 독일 암베르크에 있는 지멘스의 전자공장을 살펴보면 알 수 있다. 제품은 이미 생산 기계와 통신하며 IT 시스템은 모든 프로세스를 제어하고 최적화하여 가능한 가장 낮은 불량률을 보장한다.

모든 것이 깨끗하고 세균이 없다. 여기에서 먼지를 찾는 것은 건초 더미에서 바늘을 찾는 것과 비슷하다. 직원들은 파란색의 작업복을 착용하고 흰색

자료 : epnc.co.kr

▲ 지멘스 암베르크 디지털 공장

과 파란색의 대리석 무늬 PVC 바닥을 통해 잡음이 없는 곳을 걸어간다. 가슴 높이의 파란색과 회색 기계 캐비닛이 나란히 서 있다. 그들 사이에는 폭포처럼 아래로 스크롤되는 데이터의 홍수를 보여주는 모니터가 있다. 표시 램프는 빨간색과 녹색으로 깜박이며 긴 행의 할로겐 램프는 밝고 시원한 빛으로 홀을 목욕시킨다. 작은 일광은 바닥에서 천장까지 도달하는 몇 개의 슬릿 형 창문을 통해 홀로 걸러진다. 빛은 봄

이 마침내 도착했다는 것을 보여준다. 조립 라인이 흔들리고 포크리프트가 윙윙거리고 공기조절 밸브가 울린다. 얼핏 보면 병원 수술실처럼 보이는 것은 사실 지멘스 암베르크 전자 공장의 공장 홀이다.

자료 : dmcinfo.com

▲ 지멘스 SIMATIC S7-1500 PLC

② 자동화 시스템 생산 자동화

환자를 치료하는 대신에, 지멘스가 1989년에 설립한 이 시설은 Simatic PLC(programmable logic control)를 생산한다. 이 장치는 시간과 비용을 절약하고 제품 품질을 높이기 위해 기계 및 장비를 자동화하는 데 사용된다. 그들은 스키 리프트와 크루즈 선상의 시스템은 물론 자동차 생산에서 의약품 분야의 산업 생산 프로세스를 제어한다. 지멘스의 암베르크 공장은 매초 Simatic 컨트롤 유닛 하나를 생산한다.

③ 1년에 12백만 개의 PLC

지멘스는 세계 최고의 PLC(산업 플랜트의 자동 제어 및 감시에 사용하는 제어 장치) 공급 업체이며 EWA는 이 시스템의 쇼케이스 공장이다. 생산 품질은 99.99885%이며 일련의 테스트 스테이션이 발생하는 몇 가지 결함을 감지한다. EWA의 칼 하인츠 뷰트너(Karl-Heinz Büttner) 교수는 "전 세계적으로 비슷한 불량률을 보이는 비슷한 공장에 대해서는 모릅니다. 공장은 연간 1200만 개의 Simatic 제품을 생산합니다. 연간 230일 근무할 때, 이는 EWA가 1초마다 하나의 제어 장치를 생산함을 의미하지요."라고 말한다.

생산은 대부분 자동화되어 있다. 기계 및 컴퓨터는 자체적으로 가치 사슬의 75%를 처리한다. 나머지 작업은 사람들이 수행한다. 제조 프로세스 초기에만 직원이 초기 구성 요소(노출된 회로 기판)를 생산 라인에 배치할 때, 인간의 손으로 만지는 모든 것이 있다. 그 시점부터 모든 것이 자동으로 실행된다. 여기서 주목할 만한 점은 Simatic 단위가 Simatic 단위의 생산을 제어한다는 것이다. 약 1,000개의 컨트롤이 제조 과정의 초기부터 파견 시점까지 생산 과정에서 사용된다.

자료 : silicon-saxony.de

▲ 공장을 방문한 메르켈 총리에게 설명하는 뷰트너 교수

④ 전 세계 60,000명이 넘는 고객

제조공정 초기에 컨베이어 벨트는 노출된 회로 보드를 프린터로 가져와 포토 리소그래피 프로세스를 사용하여 무연 솔더 페이스트를 적용한다. 다음 단계에서, 배치 헤드는 레지스터, 커패시터 및 마이크로 칩과 같은 개별 구성 요소를 회로 보드에 장착한다. 가장 빠른 생산 라인은 시간당 250,000개의 구성 요소를 탑재할 수 있으며, 이는 Simatic 장치에 의해 제어된다. 납

땜 공정이 완료되면 인쇄 회로 기판이 광학 테스트 시스템에 도착한다. 카메라는 납땜된 부품의 위치를 검사하고 X선 기계는 납땜된 연결 지점의 품질을 검사한다. 다음으로, 각각의 인쇄 회로 기판은 하우징에 장착된다. 그런 다음 재시험을 하여 뉘른베르크의 배달 센터로 보내진다. 거기에서 PLC는 전 세계 6만여 고객에게 배송된다. 약 20%가 중국으로 보내진다. 나머지는 주로 독일, 미국 및 이탈리아의 고객에게 판매된다.

자료 : news.kotra.or.kr

▲ 고도로 자동화된 지멘스의 암베르크 공장 내부 전경

암베르크의 생산은 고도로 자동화되어 있지만, 인간이 궁극적으로 결정을 내린다. 예를 들어, 전자 기술자인 Johannes Zenger는 부품 및 회로를 직접 테스트하지는 않더라도 인쇄 회로 기판에 대한 테스트 스테이션을 감독한다. "직장은 컴퓨터입니다." 동료와 마찬가지로 Zenger는 직장에서 전체 가치 사슬을 모니터링할 수 있다. 각 회로 보드에는 프로덕션 시스템과 통신할 수 있는 고유한 바코드가 있기 때문이다. 1000개가 넘는 스캐너는 모든 제조 단계를 실시간으로 기록하고 납땜 온도, 배치 데이터 및 테스트 결과와 같은 제품 세부사항을 기록한다.

⑤ 생산 네트워킹 R&D

이러한 상황에서 매일 약 5천만 개의 공정 정보가 생성되어 Simatic IT 제조 실행 시스템에 저장된다. 뷰트너^(Büttner)는 "간단히 말하면 모든 제품의 수명주기를 마지막 세부 사항까지 관찰할 수 있습니다."라고 설명한다.

소프트웨어는 모든 제조 프로세스 및 명령을 정의하여 생산을 처음부터 끝까지 기록하고 제어할 수 있다. 이 시스템은 또한 R&D 부서와 긴밀한 네트워크로 연결되어 있다. Siemens PLM 소프트웨어 솔루션인 NX와 Teamcenter는 제조 프로세스에 최신 Simatic 업데이트를 직접 제공한다. 암베르크 공장은 수천 가지 제품을 생산하기 때문에 공장의 R&D 부서와 긴밀한 협력이 필수적이다. 약 5천만 개의 프로세스 정보가 매일 생성된다. 이 정보베이스 덕분에 모든 제품의 라이프 사이클을 추적할 수 있다.

⑥ 말하기 제품

그만큼 암베르크 전자공장은 지멘스의 디지털 엔터프라이즈 플랫폼^(Digital Enterprise Platform)의 선진 사례로서 현재 10년 후에 표준이 될 수 있는 생산 환경이다. 여기서 제품은 자체 제조 공정을 제어한다. 즉, 제품 코드는 생산 기계에 그들이 가지고 있는 요구사항과 다음에 수행해야 하는 생산 단계를 알려준다. 이 시스템은 인더스트리 4.0을 만드는 첫 번째 단계이다. 제4차 산업혁

자료 : msdkr.com

▲ 지멘스 디지털 엔터프라이즈 기반 제조 프로세스

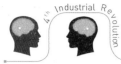
명이라는 비전에서 실제 및 가상 제조 분야가 통합된다. 공장은 생산 프로세스를 최적화하기 위해 제품이 서로 통신하고 생산 시스템과 통신하기 때문에 공장을 크게 제어하고 최적화할 수 있다. 제품과 기계는 납품 기한을 맞추기 위해 어떤 생산 라인이 먼저 완료되어야 하는지를 스스로 결정할 것이다. 소프트웨어 에이전트라고 하는 독립적으로 운영되는 컴퓨터 프로그램은 각 단계를 모니터링하고 생산 규정이 준수되는지 확인한다.

⑦ 개별 생산

인더스트리 4.0 비전은 또한 이익이 없는 단일 제품을 생산할 수 있는 공장을 신속하고 저렴하게 최고 품질로 생산할 것으로 예상하고 있다. 그럼에도 불구하고 EWA는 고도로 자동화된 프로세스에도 불구하고 제품 개발 및 설계, 생산 계획 및 예기치 않은 사고 처리에 의존한다. 그것은 앞으로 변하지 않을 것이다.

"예측할 수 있는 미래에 독립적으로 사고하고 인간의 도움 없이 지능적으로 일할 수 있는 기계가 있을지는 의문입니다."라고 뷰트너 교수는 설명한다. 이 평가는 EWA 홀에서 한눈에 확인된다. 약 300명이 현재 교대 근무를 하며, EWA는 약 1,100명의 직원을 두고 있다.

자료 : m.hellot.net

▲ 2014년 암베르크 공장의 제품 불량률은 11PPM에 불과

⑧ 아이디어를 가진 직원

"우리는 무인 공장을 만들 계획이 아닙니다."라고 뷰트너는 말한다. 결국,

기계 자체가 효율적일지 모르지만 시스템을 개선하기 위한 아이디어는 나오지 않는다. 뷰트너는 직원의 제안된 개선이 연간 생산성 증가의 40%를 차지한다고 덧붙인다. 나머지 60%는 새로운 조립 라인 구매 및 혁신적인 물류 장비 개선과 같은 인프라 투자의 결과이다. 뷰트너는 "직원이 일상 업무에서 작동하는 것과 작동하지 않는 것을 결정하고 프로세스를 최적화하는 방법을 결정할 때 경영진보다 훨씬 낫습니다."라고 말했다. 2013년 EWA는 이러한 아이디어 중 13,000개를 채택하고 직원들에게 인센티브 지불액은 총 1백만 유로이다.

지멘스는 혁신적인 아이디어를 창출하고 이를 적극적으로 실행하여 무한한 가능성을 현실로 만들 수 있는 인재를 원한다. 또한 내일의 세계를 더 나은 곳으로 만드는 해결책을 찾고, 다양한 문화 경험과 뛰어난 언어 능력을 바탕으로 기업과 사회에 공헌할 수 있는 핵심 역량에 초점을 맞추고 있다. 인재들은 지멘스와 함께 다음의 다섯 가지 역량을 중심으로 자기 계발과 혁신을 도모할 수 있다.

- 영민함(Edge)
  미래의 비전을 창조하며, 전략적 의사 결정을 하고, 기업가 정신에 올바르게 행동한다.

- 에너지(Energy)
  업무에 집중하고, 지속적인 변화 및 학습을 주도한다.

- 리더십(Energize)
  팀원들을 지도, 동기부여하며, 차세대 리더로 성장시킨다.

- 실행력(Execute)
  업무를 정확하고 수준 있게 수행한다.

- 열정(Passion)
  고객, 업무, 그리고 회사를 열정적으로 대하는 자세를 지닌다.

2 포스코

1) 개요

주식회사 포스코^(POSCO, Pohang Iron and Steel Company)는 철강 회사이다. 2002년 3월 15일 '포항종합제철주식회사'라는 사명에서 '주식회사 포스코'로 변경되었다.

본사는 경상북도 포항시 남구 괴동동에, 광양제철소는 전라남도 광양시 금호동에, 서울사무소는 서울특별시 강남구 테헤란로에 위치하고 있다. 현재 포스코는 포항시와 광양시에 2곳의 일관 제철소가 있으며, 일본의 오사카부의 물류센터와 미국 캘리포니아 주 피츠버그 시에 US 스틸과 1986년 4월 1일 합작 법인으로 설립한 냉연 단순압연 법인인 UPI^(USS-POSCO Industries)가 있다. 이 밖에도 중국 강소성 장가항에 중국 사강그룹과 합작으로 1997~2006년, 3단계로 완공한 스테인리스 스틸 일관 제철소인 장가항포항불수강 주식회사^(張家港浦項不銹鋼有限公司) 등이 있다.

자료 : kyongbuk.co.kr

▲ 포스코 본사 전경

2) 역사

① 창립기

대한민국 정부에서는 제2차 경제개발계획 기간(1967년~1971년)에 즈음하여, 철강공업의 다각적인 전략성이 인정되기 시작하면서 장기적인 철강공업 육성계획이 수립되었다. 이에 따라, 1963년에 5개국 8개사의 연합체인 대한국제제철차관단(Korea International Steel Associates, KISA)이 결성되어 1968년까지 예비협정, 기본협정, 추가협정의 세 차례에 걸쳐 협상이 이루어졌다. KISA와의 협상

자료 : blog.posco.com

▲ 대한국제제철차관단(KISA)을 발족

이 진행되면서 1967년 7월에는 포항이 제철소의 입지로 결정되었고 같은 해 9월에는 대한중석이 종합제철사업의 주체로 선정되었다. 이어 1968년 4월 1일에 대한중석을 모태로 하여 포항제철이 창립되었다.

대한민국 정부가 3억 원(75%), 대한중석이 1억 원(25%)을 출자하여 1968년 4월 1일에 설립자본금 4억 원으로 설립된 포항종합제철주식회사는 국영기업으로 운영되었다. 박태준은 대한중석에서의 성공을 바탕으로 창업 인력 39명과 함께 포항종합제철주식회사의 창업식을 서울 명동 유네스코 회관에서 개최했다. 하지만 당시 포철이 정상화되기까지는 많은 난관들이 가로놓여 있었다. 제철소를 건설하기 위한 자금은 KISA에 기대하고 있었지만 그 해가 다 가도록 제대로 된 자금 지원이 이루어지지 않았다. 당시 세계은행의 한국 담당자인 영국인 자페가 포철을 경제성이 없다고 판단한 것이 치명적인 약점으로 작용했다. 결국 견디다 못한 박태준은 1969년 1월 KISA의 모기업인 코퍼스의 포이 회장을 만나기 위해 미국으로 갔다. 밤늦은 시각까지 포이에게 한국의 상황과 제철소의 필요성을 이야기했지만 사업적인 면에서 단호했

던 포이 앞에 결국 좌절할 수밖에 없었다. 결국 KISA로부터 차관을 조달하는 데 실패하였다. 내심 미안했던 포이 측의 배려로 박태준은 하와이의 고급 콘도에서 휴식을 보내게 되었다. 이 휴식 기간 동안 박태준은 포철 건설에 관한 자금을 동원할 아이디어를 떠올릴 수 있었는데 그것은 대일 청구권자금이었다. 당시 8천만 달러 정도의 대일 청구권 자금이 남아 있었고, 일본은 자금을 제공하면서 돈의 용처를 명시해뒀으나 그것을 바꿀 수 있다면 문제는 쉽게 해결될 수 있었다. 그 후 박태준은 전원합의체라는 의사결정구조를 가

자료 : blog.posco.com

▲ 포항종합제철 1973년 7월 3일 준공

진 일본의 내각을 집요하게 설득한 끝에 결국 일본의 지원 결정을 얻어낼 수 있었다.

정부는 이후에도 1968년부터 1992년까지 현금출자 2341억 원, 대일청구권 자금 128억 원(5080만 달러), 현물출자 150억 원, 합계 2205억 원을 출자하였다. 조강기준 연산 103.2만 톤 규모의 포항종합제철은 1973년 7월 3일에 준공식을 거행하였다. 포항종합제철은 박정희 정권이 추진한 중화학공업의 상징적 존재였다.

② 포철의 발전

철강 일관작업 형태의 포항제철은 1976년 5월 제2기 설비확장공사를 준공, 조강기준 연산 260만 톤 규모로 확대되었으며, 1978년 12월에는 조강기준 연산 550만 톤 규모의 제3기 설비확장공사를 준공했다. 1981년 2월에는 조강기준 연산 850만 톤 규모의 제4기 설비확장공사를 준공했는데, 제3기 준공 당시 철강수요의 지속적인 증가추세 전망으로 제2제철공장의 건설계획이 수립·추진되었다. 1987년 5월 조강기준 연산 270만 톤 규모의 광양 제1

기 설비공사가 완공되었고, 1988년 10월에는 동일규모의 제2기 설비공사가 준공되었다. 포항종합제철은 포항의 일관제철소에 이은 광양에 제1·2기 설비를 완공·가동시키고 있어 설비능력의 확대에 주도적 역할을 하였다. 포철은 조강기준 연산 270만 톤 규모의 광양 제3기 설비확장사업을 1990년 중에 완공한 후 조강기준 연산 330만 톤 규모의 제4기 설비확장 사업이 1992년 완공되어 조강자급률을 더욱 증가시켰다.

자료 : blog.posco.com
▲ 13년간 포항제철소 4기 설비 준공, 조강 연산 910만 톤

포항제철은 1994년 3월에 김만제 전 부총리를 4대 회장으로, 김종진 부사장을 7대 사장으로 선임함으로써 창립 후 처음으로 외부 인사에 의한 최고경영진을 구성하였다. 김만제 회장의 취임을 계기로 포항제철은 경영 전반에 걸쳐 본격적인 체제변환기를 맞이하였다. 김만제는 1994년 4월의 창립 26주년 기념사에서 조직의 유연성, 민주성, 투명성에 입각한 '녹색경영철학'을 제창하였다.

③ 민영화, 그 이후의 포스코

1998년 7월 3일에 정부는 정부 및 산업은행 보유 지분 26.7%를 1인당 3% 한도로 내외국인에게 분산 매각하는 방안을 발표하였다. 이후 정부 및 산업은행 보유지분이 여러 차례 분할하여 매각되었다. 2000년 10월에 산업은행이 보유하고 있던 지분 36%를 매각하여 완전히 민영화되었다. 2002년에 명칭을 포항종합제철주식회사에서 포스코로 변경하였다. 2003년에 부임한 이구택 회장은 4년간 매출액과 영업이익을 각각 71%, 112% 높이고, 주가도

자료 : kdinos.n-os.co.kr

▲ 포항제철 민영화

2003년 3월에 9만 9000원대에서 2007년 현재 30만 원을 훌쩍 넘겨 놓았다. 또한 2006년부터 철광석 산지인 인도에서 유례없는 국외 제철소 건립을 추진 중이었던 그는 포스코를 세계 속의 기업으로 바꿔놓았다는 평을 듣고 있었다.

뉴욕(1994년 상장), 런던(1995년 상장), 도쿄(2006년 상장) 증권시장에도 포스코 주식이 상장되어 있다. 포스코에 대하여 2007년 아르셀로 미탈 그룹이 적대적 인수합병을 시도하여, 포스코가 경영권의 방어를 위하여 약 1조 원에 달하는 돈을 소비하면서 자사주를 매입하였다. 결국 아르셀로 미탈의 적대적 합병시도는 성공하지 못하였다. 그러나 포스코는 당시 합병 시도가 가능하였던 것은 외국인 지분이 60%를 상회하였기 때문이라고 판단하였다. 우호주식을 확보하기 위하여 2006년 10월 신일본제철과 지분 2%를 상호 매입하기로 하는 약정을 체결하였고, 2008년 국민은행과 3천억 원에 상당하는 주식을 맞교환하였다.

자료 : youtube.com

▲ 위대한 포스코

3) 비전 및 슬로건

포스코는 'POSCO the Great(위대한 포스코)'를 새로운 비전으로 선포하고, 철강사업 본원 경쟁력 강화, 선택과 집중을 통한 미래 신성장 동력 육성, 사업구조 효율화와 재무구조 개선, 경영인프라 쇄신을 4

대 혁신 추진과제로 제시했다. 포스코는 미국 포춘지가 발표한 '2014 글로벌 500대 기업'에서 172위를 기록하였고, 글로벌 철강전문 분석기관인 WSD 선정 '세계에서 가장 경쟁력 있는 철강사'에 5년 연속 1위에 선정된 바 있다.

4) 사업장 소개

① 포항제철소

　포항제철소는 60년대 농업 중심의 1차 산업에서 중화학공업을 육성하기 위해 1970년부터 1981년까지 영일만에 세워졌으며, 역사적으로도 의미가 깊은 곳이다. 포스코 포항제철소의 제1고로는 지난 1973년 6월 9일 이 땅에 최초의 쇳물을 토해냈다. 이어 같은 해 7월 3일 포스코(당시명 포항종합제철주식회사)는 제1고로를 완전 준공해 국내 최초로 일관제철소 가동에 들어가 '한국 철강신화'의 서막을 올렸다. 포스코의 포항제철소가 조강 3억5천만 톤을 달성했다. 2012년 3월 9일 포스코에 따르면 포항제철소 제강부가 지난 1973년 6월 15일 조업을 개시한 이래 38년 9개월 만에 조강 생산 3억5천만 톤을 기록했다.

이 기간에 달성한 누계 생산량은 2천cc 자동차 2억5천만 대를 만들 수 있고, 선재제품으로 환산하면 지구에서 달까지 2천384회 왕복 가능한 엄청난 양이다. 제강부는 그동안 복합취련설비를 도입하고 진공탈가스 설비와 KR용 선탈류설비, 신제강준공 등 설비 증설·보완과 신예화 사업을 지속적으로 추진해 경쟁력 있는 설비 시스템을 확보했다.

자료 : koenergy.co.kr

▲ 포스코 파이넥스

특히 2006년 탈린 전용로 준공을 계기로 탈린용선 사용을 통한 저원가·고품질 기술을 개발해 세계 최고의 제강 경쟁력을 확보한 바 있다.

포항제철소는 2011년 6월 세계 최초로 연산 200만 톤의 파이넥스를 착공하였다. 200만 톤 규모의 파이넥스는 비(非)용광로 쇳물 제조법으로는 세계 최대 규모이다. 포스코는 200만 톤급 파이넥스 설비를 건설함에 따라 근대 철강 제조기술을 도입한지 반세기가 채 되지 않아 대한민국도 철강기술 자립국으로 인정받게 됐다고 회사 측은 의미를 부여했다.

세계의 유수 철강사들도 고품질의 고가 원료사용 한계에 부딪혀 저급원료 사용을 확대하고, 환경을 보호할 수 있는 파이넥스 공법과 비슷한 기술 개발에 열을 올리고 있으나 아직까지 상업생산 단계에는 이르지 못하고 있다. 포스코는 1992년부터 파이넥스 공법의 연구에 들어가 1996년에 파일럿 플랜트를 가동했다. 2003년 6월에 연산 60만 톤 규모의 데모플랜트를 건설했다. 2007년에는 규모를 더욱 확대해 2세대 연산 150만 톤 파이넥스 설비를 가동해 상용화했다. 이 공법은 대한민국의 국가 핵심기술로 지정됐다. 기존 고로 제철방식이 50만 톤에서 200만 톤으로 생산 규모를 확대하는 데 20년 이상이 소요된 것에 비해 파이넥스는 10년이 채 안 되는 기간에 200만 톤까지 확대했다. 포스코는 3세대 200만 톤 규모의 파이넥스 설비는 150만 톤급 파이넥스와 동일한 투자비를 유지하면서도 생산량은 33%나 높아질 전망이라고 밝혔다. 기존 4단 유동환원로(가루 철광석을 순수한 철 성분으로 바꾸어주는 설비)를 3단으로 간소화하고 컨베이어 벨트를 이용해 이송하던 분철광석을 자체 발생하는 가스를 이용해 운송 투입하는 등의 차별화된 기술을 적용했기 때문이다.

한편, 포스코는 파이넥스 3공장에서 생산되는 쇳물을 사용하게 될 4선재 공장과 스테인리스 신제강 공장도 동시에

자료 : etoday.co.kr

▲ 포스코 안에 위치한 200만 톤 규모의 파이넥스 3공장 전경

건설하는 등 총 2조2000억 원을 투자할 계획이었다. 또 25개월간의 건설기간 동안 연인원 125만 명을 동원함으로써 중소기업과의 동반성장은 물론, 지역 경제의 활성화에도 기여할 것으로 예상되었다. 포스코는 파이넥스 3공장이 준공되는 2013년에는 포항제철소 전체 쇳물 생산량의 25%인 410만 톤을 파이넥스 공법으로 생산되며, 저가원료 사용에 따른 추가 원가절감액이 연간 1772억 원에 이를 것으로 전망했다.

② 광양제철소

광양제철소는 1970년대 국가경제가 비약적으로 발전하면서 폭발적으로 증가하는 철강수요에 대응하기 위해 포항에 이어 광양에 우리나라에서 두 번째로 세워진 제철소이다. 광양제철소가 들어서기 전 이곳은 어업과 김 양식을 주로 하던 조용한 바다였는데, 1982년부터 15,074,448m²의 바다를 매립해 불과 10년 만에 여의도 5배 크기의 세계에서 가장 큰 제철소로 발돋움하는 대역사가 이루어진 우리나라 산업발전의 한 전형을 볼 수 있는 곳이다. 광양제철소가 들어선 광양만은 우리나라 최남단 중앙에 위치한 해양 경영의 요충지로 하동, 순천, 여수, 구례와 접한 광양만의 중심지이다. 본래 크고 작은 13개의 섬이 자리 잡고 있었는데, 그 중 11개의 섬이 폭파되어 공사에 사용되었다.

1987년 4월 28일 광양제철소가 철강을 생산한지 24년 3개월 만인 2011년 8월 누적 조강 생산량 3억 톤을 달성하였다. 포스코 광양제철소 제강부가 누적 조강생산량 1억 톤을 달성한 시기는 1998년 3월 5일로 1987년 이후 11년이 걸렸고, 꾸준한 증산실적을 쌓으며 2억 톤을 달성한 시기는 2005년 4월 29일로 초기 1억 톤 달성 기간보다 대폭 단축된 7년이 걸렸다. 광양제철소 제강부는 제강공장에서 연주공장으로 이어지는 전로 ➡ 정련 ➡ 연주를 1:1:1로 최적의 생산 프로세스를 구축함에 따라 양적 성장은 품질저하를 가져올 수 있다는 인식을 송두리째 깨부수고 두 마리 토끼를 잡을 수 있는 시스템을 구축했다.

자료 : m.blog.daum.net

▲ 포스코 광양제철소 전경

그리고 광양제철소는 도금제품 총생산량 5000만 톤을 2012년 3월 달성했다. 광양제철소는 1988년 첫 도금제품을 생산해 23년 만에 이 같은 기록을 세웠다. 도금제품은 강철의 일종인 냉연코일에 아연을 코팅한 것이다. 도금제품은 녹이 잘 슬지 않고 표면이 매끄러워 자동차 뼈대나 외형 자재 등 차체 강판으로 주로 쓰인다. 그만큼 다른 강철제품에 비해 가격이 비싸지만 고도의 기술력이 필요하다. 중국 등 후발주자들은 자동차 외형 자재는 생산하지 못하고 있다. 세계적으로 도금제품 총생산량 5000만 톤을 달성해 기록을 세운 단일 제철소는 일본 제철소 세 곳에 불과하다. 특히 일본 제철소 세 곳은 33~46년 만에 5000만 톤을 생산한 것을 감안하면 광양제철소는 10년이나 기록을 단축한 것이다.

5) 주요 기술

① 파이넥스 공법

포스코가 독자적으로 개발한 '파이넥스(FINEX)' 기술은 철강제품 생산 과정에서 발생하는 온실가스 배출량을 획기적으로 줄이는 신기술이다. 파이넥스는 기존 고로와 달리 원료를 예비 처리하는 코크스 제조공장과 소결공장을 생략하고, 값싼 가루 형태의 철광석과 유연탄을 원료로 사용해 쇳물을 만드

는 기술이다. 투자비나 생
산원가를 15% 낮출 수 있
는데다 용광로보다 황산화
물은 3%, 질산화물은 1%,
비산먼지는 28%만 배출되
는 친환경 녹색기술로 평가
되고 있다.

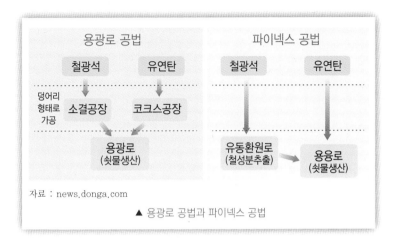

자료 : news.donga.com

▲ 용광로 공법과 파이넥스 공법

자료 : bizwatch.co.kr

▲ 포스코의 파이넥스 공법

② 스트립 캐스팅

스트립 캐스팅은 쇳물을 슬래브로 만들고 이를 다시 가열, 연속 압연해 열
연강판(핫코일)을 만드는 기존의 공정과는 달리 쇳물에서 직접 얇은 강판을 제

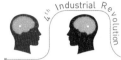

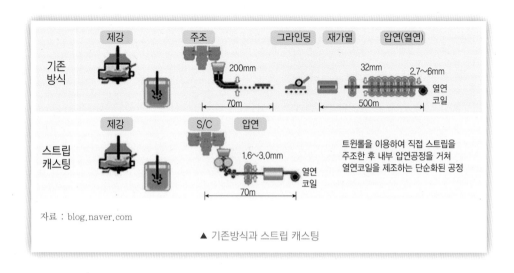

자료 : blog.naver.com

▲ 기존방식과 스트립 캐스팅

자료 : blog.posco.com

▲ 스트립 캐스팅

조할 수 있는 철강제조 공정이다. 스트립 캐스팅은 특히 기존의 가열 압연 공정을 생략할 수 있어 투자비는 물론 에너지 사용량과 공해물질 배출량을 줄일 수 있고 제조공정과 납기도 단축되는 장점이 있다. 포스코는 지난 1989년 산하 산업과학기술연구소와 함께 소규모 시험 설비로 스트립 캐스팅 공정개발을 시작, 자체 기술을 확보했다.

6) 최근 동향

포스코는 '세계에서 가장 경쟁력 있는 철강회사'에 5년 연속 1위로 선정됐다. 세계철강전문분석기관 WSD$^{(World\ Steel\ Dynamics)}$는 전 세계 36개 철강사를
평가한 결과 '세계에서 가장 경쟁력 있는 철강회사'로 포스코를 5년 연속 1위
로 선정했다. 포스코는 기술혁신, 인적자원 등 네 개 항목에서 최고 점수를
획득하는 등 7.91$^{(10점\ 만점)}$의 점수를 받아 종합 1위를 기록했다.

2010~2014년 철강사 경쟁력 순위

순위	'14년 6월	'13년 6월	'13년 2월	'12년 6월	'11년 6월	'10년 6월	'10년 1월
1	POSCO(한국)	POSCO(한국)	POSCO(한국)	POSCO(한국)	POSCO(한국)	POSCO(한국)	POSCO(한국)
2	Nucor(미국)	Severstal (러시아)	NLMK (러시아)	NLMK (러시아)	Nucor(미국)	JSW(인도)	SAIL(인도)
3	NSSMC(일본)	Nucor(미국)	Severstal (러시아)	CSN(브라질)	NLMK (러시아)	Nucor(미국)	NLMK (러시아)
4	Gerdau (브라질)	NLMK (러시아)	JSW(인도)	Severstal (러시아)	Severstal (러시아)	SAIL(인도)	Severstal (러시아)
5	Severstal (러시아)	JSW(인도)	NSSMC(일본)	Bao Steel (중국)	A.Mittal (룩셈부르크)	CSN(브라질)	CSN(브라질)
6	NLMK (러시아)	Gerdau (브라질)	Gerdau (브라질)	JSW(인도)	NSC(일본)	NLMK (러시아)	Nucor(미국)
7	JSW(인도)	NSSMC(일본)	Nucor(미국)	SAIL(인도)	JSW(인도)	Tata(인도)	JSW(인도)
8	JFE(일본)	SAIL(인도)	Hadeed (사우디)	NSC(일본)	CSN(브라질)	Usiminas (브라질)	Bao Steel (중국)
9	Hyundai (한국)	Jindal (인도)	Tata(인도)	Nucor(미국)	SAIL(인도)	Severstal (러시아)	BlueScope (인도)
10	Erdemir (터키)	JFE(일본)	Bao Steel (중국)	Sumitomo (일본)	JFE(일본)	Gerdau (브라질)	Tata/Corus (인도)

자료 : blog.posco.com

▲ 철강 본원 경쟁력 강화에 높은 평가를 받은 포스코

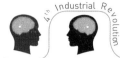

7) 스마트팩토리

① 포스코 ICT

주식회사 포스코 ICT는 1989년 11월에 설립된 포스코 계열의 IT & 엔지니어링 전문기업이다. 엔지니어링, 프로세스 오토메이션, IT 서비스, 스마트 그리드 등을 주요 사업으로 하고 있다.

본사는 경상북도 포항시 남구 호동로 68(호동)에 위치해 있으며, 서울특별시 강남구, 경기도 성남시 분당구, 전라남도 광양시 등지에 사업장이 있다. 해외에는 중국, 인도, 베트남, 인도네시아, 브라질 등에 사업장이 있다.

포스코 ICT도 스마트팩토리를 통해 산업현장의 새로운 미래를 열어가고 있다. 2017년 말까지 국내 제철소를 대상으로 설비, 품질, 조업, 에너지, 안전관리 등의 분야에 스마트팩토리를 적용하는 프로젝트를 추진하고 있다.

스마트팩토리가 적용된 미래의 제철소는 IoT를 활용한 설비관리로 설비의 현재 상태를 실시간으로 진단하고, 수집한 데이터를 분석해 문제가 발생할 가능성이 있는 설비는 원인을 찾아 사전에 조치함으로써 안정적인 조업 환경을 유지함은 물론 설비의 수명까지도 연장할 수 있게 된다.

품질 체계도 획기적으로 개선된다. 기존 문제가 발생된 후에 원인을 분석해 대응하는 체계에서 결함 원인을 사전에 파악해 불량 발생 전 선제적으로 대응하는 체제로 바꿔 불량 발생을 막을 수 있게 관리되기 때문이다.

자료 : posco.co.kr

▲ 포스코 ICT 사옥 전경

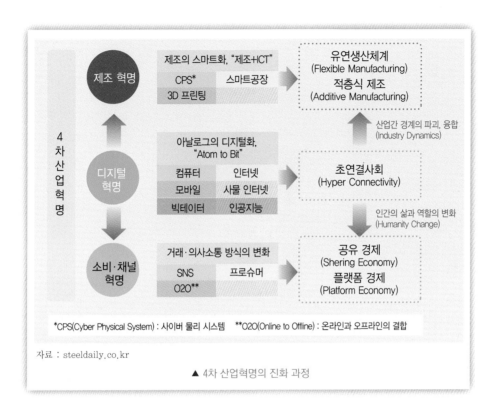

*CPS(Cyber Physical System) : 사이버 물리 시스템   **O2O(Online to Offline) : 온라인과 오프라인의 결합

자료 : steeldaily.co.kr

▲ 4차 산업혁명의 진화 과정

② 스마트팩토리로 제조 혁신

포스코 ICT는 IoT, 빅데이터를 적용해 산업 현장을 더욱 스마트하게 바꿔가고 있다. 현재 포스코 광양제철소에 시범 적용 중으로, 앞으로 국내외 생산 현장에 스마트팩토리를 구축하는 것이 목표이다.

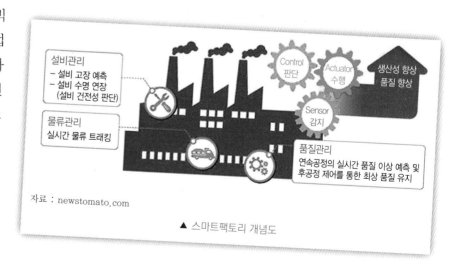

자료 : newstomato.com

▲ 스마트팩토리 개념도

③ 세계 최고 수준의 공항 운영 서비스

자료 : poscoplantecplza.tistory.com

▲ 포스코 ICT가 운영 중인 BHS

지난 2000년 개항 이래로 인천공항의 수하물처리시스템(BHS) 운영을 책임지고 있는 포스코 ICT, 2011년부터는 통신인프라를 구축해 함께 운영하고 있다. 포스코 ICT가 운영 중인 BHS의 수하물 전달 오차율은 세계 공항 평균보다 월등히 우수한 수준이다. 인천국제공항이 10년 연속 세계 최고의 공항으로 선정되는 데 기여했다고 자부심을 가질 만하다.

④ 스마트팩토리, 에너지 등 전략사업 성과 가시화

전체적인 사업구조에 대한 조정을 끝내고 스마트팩토리, 에너지 등 전략

자료 : news.mk.co.kr

▲ 포스코 ICT가 구축한 스마트팩토리

사업에서 성과가 속속 나오고 있다. 포스코 ICT는 포스코 제철소에 IoT와 빅데이터를 접목한 스마트팩토리를 구축해 이를 레퍼런스로 조강생산량 기준 세계 3위 규모의 중국 허베이강철 그룹을 비롯한 해외시장으로의 진출을 본격화하는 한편, 중국 현지 제철소와 발전소를 대상으로 산업현장에서 발생하는 분진을 처리하는 전기집진기 수출을 확대하고 있다.

⑤ ICT기술 접목해 스스로 움직이는 공장 구현

포스코 ICT는 IoT와 빅 데이터를 접목한 스마트팩토리를 제조현장에 적용하고, 이를 새로운 성장동력으로 육성해나가기로 했다.

포스코 ICT는 지난 2015년 2월 10일, 여의도 한국거래소에서 기업설명회를 갖고, 스마트팩토리·에너지·대기환경 등 신성장사업 추진 계획에 대해 설명했다. 포스코 ICT는 첨단 ICT 기술을 적용해 포스코와 패밀리사의 본원 경쟁력 강화를 지원, 월드 베스트 레퍼런스를 확보하여 글로벌 사업 역량을 강화하고, 스마트팩토리와 에너지최적화, 중국 대기환경 솔루션 공급 사업을 본격 추진한다는 계획이다.

우선 최근 관심이 집중되고 있는 산업용 인터넷(industrial internet)의 한 분야인 스마트팩토리 구축 사업을 본격화할 예정이다. 스마트팩토리는 센서와 소프트웨어를 통해 공장 내 모든 활동이 계획대로 진행되는지, 설비는 제대로 가동되고 있는지 등에 대한 정보가 담당자에게 실시간으로 전달되고 제어됨으로써, 작업자의 경험에 의존했던 공정들이 자동으로 이뤄지는 지능형 공장이다. 이러한 스마트팩토리를 포스코를 비롯한 국내 공장에 적용한다는 것이다.

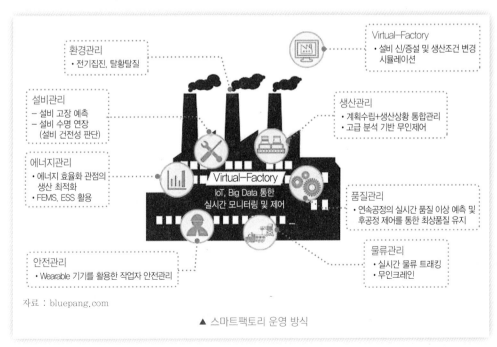

▲ 스마트팩토리 운영 방식

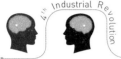

포스코 ICT는 스마트팩토리 사업의 성공을 기반으로 IoT와 빅 데이터를 제조업과 융합시켜 새로운 가치를 창출하는 산업용 인터넷, 즉 제조업 경영 전반의 효율화를 추진하는 인더스트리 4.0을 비롯해 산업용 IoT, 산업용 빅데이터 부분의 세계시장을 선도해 나간다는 계획이다.

자료 : blog.posco.com

▲ 포스피아 3.0 구축에 들어간 2011년 포스코

이와 함께 포스코의 글로벌 경영체제인 포스피아 3.0을 해외법인과 생산기지에 확대 적용해 생산, 구매, 판매, 재무 등 모든 업무에 대한 글로벌 통합 시스템을 구축하고, 브라질 등에 건설 중인 해외 제철소에 생산 인프라를 구축하는 사업을 더욱 확대해나갈 계획이다.

포스코 ICT 관계자는 "포스코와 패밀리사의 본원 경쟁력 강화를 지원하여 월드 베스트 레퍼런스를 확보하고, 스마트팩토리, 인더스트리 4.0 산업용 IoT, 에너지효율화, 환경솔루션 등 신사업도 궤도에 올려 새로운 성장 동력을 확보해 나갈 계획이다."고 설명하면서, "신사업 발굴을 위한 전담조직을 발족해 미래 먹을거리를 만들어나가는 활동도 지속적으로 추진하고 있다."고 설명했다.

자료 : icnweb.kr

▲ 지멘스의 클라우스 헴리히 부회장과 암베르크 공장을 둘러보는 권오준 회장

포스코(회장 권오준)는 2017년 3월 24일 포항제철소에서 '포항 스마트 데이터센터' 착공식을 가졌다. 향후 데이터센터에서는 제철소 공장 설비에 설치된 센서를 통해 필요한 데이터를 수집한 후 이를

빅 데이터, 인공지능 등 최신 IT 기술을 활용해 이를 분석하고 조업을 개선하기 위한 IT 장치들이 24시간 중단 없이 가동된다. 이에 따라 포스코가 스마트팩토리를 조기에 구현하는 데에 핵심적인 역할을 하게 될 것으로 보인다.

이러한 스마트팩토리 추진은 2기 체제로 들어선 권오준 포스코 회장이 직접 챙기고 있는 핵심 사항이다. 권오준 회장은 스마트화(smartization)가 철강 스마트팩토리를 추진하는 중점 방안이라고 강조했다.

또한 권오준 회장은 디지털화(digitalization)를 통해 제조업의 스마트화를 이루어 나가고자 하는 계획이다. 오늘날 전 세계가 제4차 산업혁명 시대에 들어서고 있는 시대를 맞이하여, 포스코도 전 제조공정에 스마트화를 추진할 것이라고 강조했다.

그리고 권오준 회장은 지난 2017년 2월에는 스마트팩토리 선진기업인 독일 지멘스와 미국 GE를 각각 방문하여 포스코형 스마트팩토리 및 스마트인더스트리로의 변신 등을 협의했다.

한편, 포스코는 新중기전략* 중 하나인 비철강사업 경쟁력 확보에 발 벗고 나섰다. 권오준 회장이 포스코켐텍 세종음극재공장 현장에 직접 들러 공장 운영 현황을 살펴보고, 임직원들에게 비철강사업 수익성 향상에 진력해 줄 것을 당부했다.

新중기전략

① 철강산업 고도화, ② 비철강사업 수익성 향상, ③ 미래성장 추진, ④ 그룹사업 스마타이제이션(smartization)

2017년 4월 14일, 권 회장은 세종시 전의산업단지에 위치한 포스코켐텍 음극재공장 신규설비 증설현장과 생산라인을 둘러보고 임직원을 격려했다. 세계 최고 품질의 이차전지 음극재를 자동생산하는 스마트팩토리를 구축하겠다는 포부를 밝히는 자리이기도 했다.

자료 : newslabit.hankyung.com

▲ 권오준 "음극재 생산 스마트팩토리 구축!"

소프트웨어
스마트컴퍼니

Chapter 09 소프트웨어 스마트컴퍼니

1 마이크로소프트

1) 개요

미국의 세계적인 소프트웨어 회사이다. 본사는 미국 워싱턴 주 시애틀 근처의 레드먼드에 있다. 본사가 실리콘밸리에 있다고 착각하는 경우가 의외로 많은데, 실리콘밸리에는 소프트웨어 부문의 일부 핵심 시설들이 있지만 본사는 시애틀 권에 있는 레드먼드다. 설립자는 빌 게이츠와 폴 앨런이며, 현재 최고경영자는 인도 출신으로 썬마이크로시스템즈에서 몸담았던 사티아 나델라다.

자료 : 2proo.net

▲ 빌 게이츠

자료 : news.hankyung.com

▲ 사티아 나델라

윈도우를 통해 가정용 컴퓨터 시장을 지배하고 있다고 해도 과언이 아니다. OS뿐만이 아니라 MS 오피스는 사실상 비즈니스 업계의 표준이다. 심지어 맥에서도 MS 오피스를 쓴다. 엑스박스로 콘솔 게임업계에 도전장을 내밀기도 했고, 후속 작품인 엑스박스 360에서는 콘솔 1인자였던 소니를 누르고 2위로 부상했다. 2013년 9월에는 노키아의 휴대전화 단말기 부문을 인수한다고 발표했다. 이러한 문어발식 확장 때문에 반독점법에 걸려 회사가 사분오열될 위기에 처하기도 했으나, 어찌어찌 살아난 듯하다. 치열한 로비와 마이크로소프트 법무팀의 파워가 MS를 살렸다.

자료 : abctrend.tistory.com

▲ MS 오피스

Xbox를 위주로 한 엔터테인먼트 사업부의 분전으로 손해를 메우고 있다. 게임 사업부의 수익은 2010년 회계년도와 비교해 25%가 올랐다. 2010년 8월 기준으로, 닌텐도 Wii가 244000대/월, Xbox가 357,000대/월$^{(NPD\ Group\ Data)}$ 팔리고 있다. 또한 키넥트를 비롯한 새로운 사업도 순항 중으로, 출시 60일 만에 800만 대가 팔려나갔다. 그렇게나 고전했던 Windows Vista는 대략 1억 장이 팔려나갔다. 다만 대부분이 OEM 판매량이기는 하다.

자료 : ebgames.ca

▲ Xbox One 1TB Console

문제는 주력 사업이 OS인데, 게임 사업부 수입만 올랐다는 것이다. 이는 모바일 시장의 약진으로 PC를 겨냥한 라인업은 서서히 미래가 어두워지고 있기 때문인 것으로 보인다.

그리고 마침내 Vista의 단점을 고쳐서 낸 Windows 7은 2011년 1월 현재 3억 장이 팔렸다. OS 시장에 대한 MS의 장악력을 따라올 회사는 없다는 것이

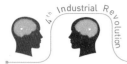

이것으로 다시 한 번 증명됐다.

Windows 8은 지나치게 모바일과 PC와의 통합을 추진한 나머지 좋은 평가를 받지 못하였다. Windows 7까지는 기존의 아이콘 기반 인터페이스를 적용했기 때문에 이용자들도 큰 불만이 없었으나, 8에서는 기존의 아이콘 기반 인터페이스에 터치 기반 인터페이스를 조합했는데, 이 인터페이스는 기존의 아이콘 기반 인터페이스에 익숙했던 사용자들에게 큰 반발을 일으켰다. 이 때문에 초반에는 윈도우 비스타보다도 점유율이 낮을 정도로 고전을 면치 못하였다.

이후 공개된 Windows 8.1에서는 데스크톱 모드로 바로 진입, 시작 화면 대신 자동으로 앱 보기와 같은 기능 추가로 기존의 데스크톱 유저들의 접근성을 어느 정도 향상시켰다. Windows 8.1 공개 이후에도 마이크로소프트는 기존의 데스크톱 사용자를 위한 업데이트를 멈추지 않았다. 2014년 4월 8일에 발표된 대규모 업데이트인 윈도우 8.1 업데이트 1에서도 데스크톱 사용자들의 접근성 향상을 위한 업데이트를 계속 진행하면서 어느 정도 사용자를 확보하였다. 같은 날 윈도우 XP의 연장 지원이 중단되면서 기존 XP 사용자를 약간씩 흡수하여 점유율이 어느 정도 상승하였다. 하지만 아직도 많은 사용자들은 이질적인 윈도우 스타일 UI와 기존 프로그램과의 호환성 문제 때문에 윈도우 7을 이용하고 있어서 윈도우 8.1의 점유율 상승은 여전히 지지부진하다.

자료 : cnet.com

▲ Windows 8.1

2010년대로 접어들면서 마이크로소프트는 일반 소비자 시장에서는 그 위세가 약간 줄어든 것처럼 보이고 있다. 우선 첫 번째 이유로는 태블릿 시장과 스마트폰 시장의 급성장으로 인한 PC시장 비관론과 태블릿 시장 낙관론이 있다. 두 번째 이유로는 인텔의 독점으로 인한 PC 시장의 정체화, 그리고 그에 따른 컴퓨터의 교체주기 장기화로 인한 OS의 사용 장기화를 들 수 있다. 그러나 실제로는 MS는 여전히 기업시장에서 잘 나가고 있으며, Windows 8 역시 XP의 지원 중단으로 서서히 파이가 늘어나고 있다. 그리고 데스크톱 시장은 마이크로소프트 독점 체제여서 8이 망해도 어차피 7이 있기 때문에 매출에는 큰 타격이 없고, MS 오피스의 매출도 무시할 수 없다는 점, 그리고 모바일 기기가 등장했어도 아직 PC의 업무를 완전히 대체하기는 힘들기 때문에 여전히 PC를 원하는 사람들이 많다는 점, 그리고 모바일 시장도 PC 시장처럼 성능이 상향평준화되면서 사용자들이 교체 주기를 늦춘다는 점 때문에 이전만큼은 아니더라도, 여전히 마이크로소프트는 IT 업계에서 엄청난 위상을 차지하고 있다고 볼 수 있다.

Windows 10이 출시된 이후에는 Windows 7, 8, 8.1 사용자들에게 무료 업데이트라는 파격적인 정책을 펼쳤다. Windows 8 때와 다르게 소비자들의 요구를 적극 수용했다는 점, UI가 이제야 제대로 최적화되었다는 점에서 높은 평가를 받고 있으며, 실제로 출시 이틀 만에 6,700만대의 기기를 확보하는 쾌거를 이루면서 다시금 회복세를 보이고 있다. 2016년 6월에는 30조 원에 링크드인을 인수하였다.

자료 : pcmag.com

▲ Windows 10

2) 역사

가정용 컴퓨터의 개념을 마련한 것은 애플Ⅱ를 개발한 애플이다. 이후에 애플 리사나, 애플Ⅲ, 초창기 매킨토시에서 다소 문제가 됐고, 결국 애플의 플랫폼은 MS처럼 퍼지지 못했다. 물론, 그 당시 IBM의 5150 또한 가격대를 비교하면 그다지 싼 것은 아니었지만 라이선스를 주며 복제품을 허가하

자료 : joyseattle.com

▲ 마이크로소프트의 레드몬드 본사

는 바람에, 호환기종이 엄청나게 퍼져버린 것이다. 5150의 최초 가격은 그 당시 $3,000이 넘어갔으며, 상당히 비싼 LISA가 $10,000 수준이었지만 매킨토시는 비슷한 가격대였던 데다가 GUI 인터페이스가 적용되었다는 것을 감안하면 애플이 특별히 비싼 가격은 아니었다.

당시 IBM이나 애플의 하청업체 수준으로 그들의 프로그램이나 짜던 마이크로소프트는 IBM 호환 PC의 공식 OS가 되면서 비즈니스 시장을 석권하고, 회사에서 쓰는 컴퓨터니 당연히 집에서도 쓸 수밖에 없게 만드는 방법으로 가정용 시장을 야금야금 먹어 들어가서 정복에 성공했다.

회사명은 Micro computer의 Software를 만드는 회사라는 의미다. 이 이름 때문에 창업 초기에는 소프트 아이스크림을 파는 회사인 줄 아는 사람이 매우 많았다고 한다. 게다가 당시 국내에서 유명한 컴퓨터 잡지로 '마이크로소프트웨어'라는 것이 있어 혼란을 가중시켰다.

Microsoft Windows로 세계 운영체제 시장의 90% 이상을 점유하는 소프트웨어 시장의 초강자다. 운영체제 분야만이 아니라 오피스 업계(MS 오피스)까지 섭렵한 데다 마우스, 키보드 같은 하드웨어도 제조하고 있다.

3) 사업 부문

2015년 현재, 마이크로소프트가 참여하는 주요 사업은 다음과 같다.

- 마이크로소프트 윈도우(개인용 컴퓨터 운영 체제)
- 마이크로소프트 윈도우 폰(모바일 운영 체제)
- 마이크로소프트 오피스(사무용 제품군)

- 마이크로소프트 서피스^(태블릿 기기)
- 마이크로소프트 서피스 북^(노트북 기기)
- 마이크로소프트 루미아^(휴대 전화)
- 마이크로소프트 빙^(검색엔진)
- 마이크로소프트 스카이프^(인스턴트 메신저)
- 마이크로소프트 엑스박스 원^{(가정용 비디}오 게임기)
- 마이크로소프트 인터넷 익스플로러^{(웹}브라우저)
- 마이크로소프트 비주얼 스튜디오^{(통합 개}발 환경)
- MSN^(마이크로소프트 네트워크, 인터넷 포털)

자료 : windowscentral.com

▲ 마이크로소프트 빙(검색엔진)

4) 주요 제품군

- MS-DOS
- 마이크로소프트 윈도우
- 마이크로소프트 오피스
- 윈도우 라이브 메신저^{(인스턴트}메신저)
  - 2013년 3월부터 스카이프로 대체되었다.
- 마이크로소프트 인터넷 익스플로러^(웹 브라우저)
- 마이크로소프트 비주얼 스튜디오^(통합 개발 환경)
- 마이크로소프트 포켓 피씨^{(PDA}용 운영 체제)

자료 : en.wikipedia.org

▲ MSN 로고

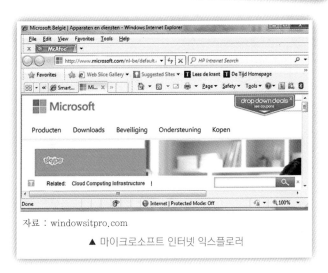

자료 : windowsitpro.com

▲ 마이크로소프트 인터넷 익스플로러

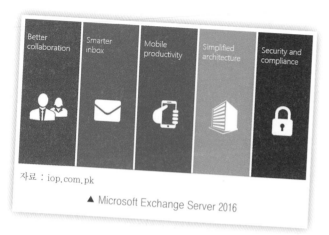

자료 : iop.com.pk

▲ Microsoft Exchange Server 2016

- 윈도우 CE(모바일 기기용 운영 체제)
- 마이크로소프트 SQL 서버
- 마이크로소프트 익스체인지 서버*

익스체인지 서버

마이크로소프트 익스체인지 서버(Microsoft Exchange Server)는 마이크로소프트사가 개발한 메시징, 협업 소프트웨어 제품이다. 마이크로소프트 서버류의 서버 제품의 일부이며 마이크로소프트 인프라 솔루션을 사용하는 기업에서 널리 사용한다. 익스체인지의 주된 기능은 전자 메일, 일정, 연락처로 이루어져 있으며 자료 저장을 지원할 뿐 아니라 정보에 휴대, 웹 기반으로 접근할 수 있게 도와준다.

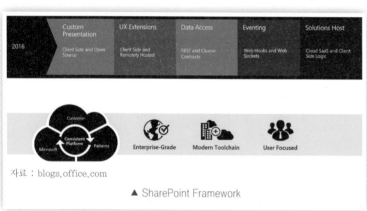

자료 : blogs.office.com

▲ SharePoint Framework

- 마이크로소프트 기타 서버 제품(SMS, ISA, MOM, 등)
- 마이크로소프트 기업용 CRM 제품
- 마이크로소프트 셰어포인트

- 마이크로소프트 준

자료 : ompangday.tistory.com

▲ 마이크로소프트 준(Zune)

278

• 마인크래프트

자료 : frostfire.tistory.com

▲ 마인크래프트

5) 비판

IBM 호환 개인용 컴퓨터(PC)에 MS-DOS를 납품하였고, 때마침 PC의 성공에 힘입어 도스 시장에서 지배적인 입지를 구축했다.

1995년, 윈도우 95라는 GUI 운영 체제를 출시하면서 마이크로소프트는 수많은 개인용 컴퓨터 주변기기 업체들로 하여금 윈도우 전용 드라이버를 중심으로 개발하도록 유도했다. 자사의 MS-DOS 이외의 다른 도스와의 호환성도 인위적으로 버렸다는 지적도 제기되었다.

또한 경쟁 업체들이 인터넷에서 앞서나감에 따라, 윈도우 95용으로 별도 판매된 PLUS! 팩에 처음 제공된 인터넷 익스플로러를 윈도우 98부터는 운영 체제에 포함하여 끼워 팔기를 하여 비판을 받았다. 인터넷 익스플로러와 마이크로소프트 오피스는 지나친 시장 장악으로 경쟁

자료 : crestia.tistory.com

▲ 윈도 95용 Plus! 팩

279

사들을 시장에서 도태시켰다는 주장도 있다. 특히 익스플로러는 점유율 95%의 독점 상태에까지 이르러서, 모질라 파이어폭스(Mozilla Firefox) 등의 대체 브라우저가 등장하기까지 5년여 동안 업그레이드가 없었다.

위에서 언급된 것을 포함하여 말 그대로 다양한 방법으로 돈을 벌어들이기 때문에 어떠한 사람들은 'Micro$oft'라고 비꼬기도 한다. 원래는 네티즌들 사이에서 사용하던 말이었지만 밸브 코퍼레이션이 레프트 4 데드 관련 포럼에서

> "XBOX360은 마이크로소프트의 소유입니다. 그러니 비용을 지불해야 하지요. Micro$oft잖아요, 뭘 더 바랍니까?
>
> Microsoft owns the XBOX360, thats why you need to pay. It's Micro$oft, what do you expect?"

라고 발언하기도 하였다.

6) 로고와 슬로건의 변천사

마이크로소프트사는 연도별로 크게 아래와 같은 로고를 사용했다. 맨 처음 사용된 초기의 로고는 1987년 9월까지 사용되었고, 로고의 이름은 Blibbet 이라고 불렸다.

그 뒤 1987년 10월에 들어서면서 스캇 베이커(Scott Baker)라는 사람이 현재와 같은 모양과 형태를 갖춘 팩맨(Pac-Man)이라는 별명을 가진 로고를 만들었다.

1994년부터 "Where do you want to go today?(오늘은 어디로 가고 싶으십니까?)"라는 광고 캠페인이 진행되면서부터 1987년 디자인된 팩맨 로고 아래에 추가적으로 캠페인 문구가 삽입되었고, 이 캠페인 문구가 삽입된 버전의 로고는 2002년까지 각종 인쇄매체, TV 광고, 웹사이트 로고 등에 쓰인다.

2003년부터는 "Your potential, Our passion(당신의 가능성, 우리의 열정)"이란 슬로건 문자가 삽입된 버전의 로고가 다양한 장소에서 사용되기 시작했고, 이 슬

로건이 삽입된 버전의 로고는 2010년까지 마이크로소프트사가 지속적으로 사용했다. 2010년에 열린 비공개 MGX^(Microsoft Global Exchange) 컨퍼런스에서, 마이크로소프트사는 새로운 슬로건인 "Be What's Next^(다음의 무언가가 되자)"를 공개했다. 이 슬로건은 2011년부터 2012년 8월 22일까지 사용되었다. 이후 2012년 8월 23일 새로운 로고를 선보였다. 이 로고는 물결치는 4색 깃발이 사각형 모양으로 바뀐 형태다.

① 슬로건

스캇 베이커가 디자인한 마이크로소프트사의 팩맨 로고이다. 1987년부터 2002년까지 쓰였으며, 1994~2002년까지는 "Where do you want to go today?"라는 슬로건과 함께 사용되었다.

"Your potential, Our passion."이란 슬로건과 함께 사용된 마이크로소프트사의 로고이다. 2003년부터 2010년까지 사용되었다.

"Be What's Next"란 슬로건과 함께 사용된 마이크로소프트사의 로고이다. 2011년부터 2012년 8월 22일까지 사용되었다.

② 로고

1982년부터 1987년까지 사용한 초기의 로고이다.

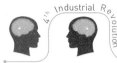

1987년부터 2012년까지 사용한 로고이다.

2012년 8월 23일부터 새롭게 사용하기 시작한 로고이다. 물결치는 4색 깃발이 사각형 모양으로 바뀌었다. 이 사각형은 반시계 방향으로 오피스, 윈도우, 빙(마이크로소프트가 만든 검색엔진), 엑스박스를 의미한다.

7) 한국 마이크로소프트 지사

대한민국은 유달리 마이크로소프트에 종속된 나라라는 소리를 많이 들으며, 이는 IT 강국을 자부하는 대한민국에 좋은 소리로 들리는 게 아니다.

원래는 1980년대 초반 큐닉스라는 대한민국 벤처 1세대 회사와 당시에는 별로 대한민국에서 인지도가 없던 MS 본사가 합작해서 설립되었으나, 1997년 외환위기 이후 무리한 사업 확장을 하던 큐닉스가 망한 이후 MS 미국 본사가 모든 지분을 가지게 되었다.

한글화 관련 폐단 때문에 욕을 많이 먹는지라 매우 이미지가 나빴다. 다만, 많이 써서 당하는 거지 사실 국내 진출한 외국계 IT기업 중에서는 가장 한국어화를 잘해주는 편이다. Bing 번역기는 구글 번역기가 온갖 폐단을 저지를 때도 상

자료 : zdnet.co.kr

▲ MS 빙 번역기 출시

당히 볼 만한 번역을 해줬고 프로그램의 번역도 마찬가지, 특히 게임 쪽에서는 헤일로 시리즈가 게임 한국어화의 귀감이 될 정도다.

국내 다수의 오피스 유저도 워드프로세서만큼은 워드프로세서 자격증 및 컴퓨터 학원, 학교 교육 등으로 손에 익은 아래아 한글을 사용했고, 2000년대 초반까지는 MS 워드가 아래아 한글에 밀려 고전했으나, 아래아 한글의 제작사인 한글과컴퓨터 측의 여러 폐단

자료 : windwaker.net

▲ 한국 마이크로소프트 본사, 선릉역 Posco 건물 내

과, Microsoft Office에 딸려 온다는 경제성, 세계적으로 높은 MS 워드의 점유율 때문에 공공기관을 제외한 사기업에서는 MS 워드가 대세가 되었다. 사기업뿐만 아니라 공공기관도 MS Office는 필수다. 당장 구청에 가보기만 해도 바로 알 수 있다. 엑셀 없으면 업무가 마비될 정도다.

현재 서울 및 부산(영남지사) 두 곳에 자리하고 있으며, 서울지사의 경우 2013년 10월 말 경 포스코 빌딩 서관에서 광화문 The K Twin Tower로 사옥을 이전했다.(경복궁과 안국역 사이) 11층부터 16층까지를 사용하고 있으며, 리셉션은 11층, 12층에서 담당한다.

8) 마이크로소프트 소프트웨어 인증

마이크로소프트에서 제공하는 정품 소프트웨어 인증 방법에 따라 인증을 받아야 한다. 불법복제의 위험성 때문에 상용 소프트웨어를 사면 다양한 방법으로 제조사의 인증을 받아야 한다. 마이크로소프트 또한 인증에 대하여는 예외가 없는 회사의 하나로, 많은 사람들이 자사의 운영체제를 쉽게 복제하여 사용할 수 있도록 방치하고 있음에도 불구하고 점점 인증 방식을 강화

자료 : answer.microsoft.com

▲ MS오피스 정품인증 방법

하고 있다. 국내에도 정품 운영체제와 정품 소프트웨어를 사용하는 사람들이 늘고 있으나, 여전히 인증을 우회하여 불법 설치하여 사용하고 있는 사람들이 많다.

물론 가장 권장하는 사항은 이것이다. 개인이든 기업이든 정품을 사야 한다.

9) 실리콘 밸리의 신화, 빌 게이츠

① 소개

빌 게이츠(Bill Gates, 본명 : William Henry Gates III, 1955년 10월 28일 ~)는 미국의 기업인이다. 어렸을 때부터 컴퓨터 프로그램을 만드는 것을 좋아했던 그는 하버드 대학을 다니다가 자퇴하고 폴 앨런과 함께 마이크로소프트를 공동 창립했다. 그는 당시 프로그래밍 언어인 베이직 해석 프로그램과 앨테어용 프로그래밍 언어인 앨테어베이직을 개발했다.

② 생애

빌 게이츠는 1955년 10월 28일에 워싱턴 주 시애틀에서 아버지 윌리엄 H. 게이츠 시니어와 어머니 매리 맥스웰 게이츠의 아들로 태어났다. 그의 부모는 영국계 미국인이자 독일계 미국인이며, 스코틀랜드계 아일랜드 이민자였다. 그의 가정은 상중류층으로, 아버지는 저명한 변호사였으며 어머니는 교사였다고 한다. 또한 외할아버지인 J. W. 맥스웰은 미국 국립은행의 부은행장이었다. 그는 그의 가문에서 윌리엄 게이츠라는 이름을 물려받은 네 번째 남자이지만 실제로는 윌리엄 게이츠 3세로 불리는데, 이는 그의 아버지가 자신의 이름에서 '3세'라는 접미어를 사용하지 않았기 때문이다. 빌 게이츠가 어렸을 때, 그의 부모는 그가 법조계에서 일하게 되기를 희망했다.

　그는 13세 때 상류층 사립학교인 레이크사이드 스쿨에 입학했다. 8학년이 되었을 때, 학교 어머니회는 자선 바자회에서의 수익금을 텔레타이프라이터 단말기와 제너럴 일렉트릭(GE) 컴퓨터의 사용시간을 구매하는 데 사용하기로 결정하였다. 게이츠는 이 GE 시스템에서 베이식(BASIC)으로 프로그래밍하는 것에 흥미를 갖게 되었으며, 이에 프로그래밍을 더 연습하기 위해 수학 수업을 면제 받기도 했다. 그는 이 시스템에서 동작하는 틱택토(Tic Tac Toe) 게임을 만들었는데, 이는 그가 만든 최초의 프로그램으로 사람이 컴퓨터를 상대로 플레이할 수 있게 되어 있었다. 또한 다른 게임인 달 착륙 게임을 만들기도 하였다. 그는 입력된 코드를 언제나 완벽하게 수행하는 이 기계에 매료되었다. 게이츠가 훗날 회고한 바에 따르면, 당시의 기억에 대해 그는 "그때 그 기계는 나에게 정말 굉장한 것이었다."라고 말했다. 어머니회의 기부금이 바닥나자, 게이츠와 몇몇 학생들은 DEC의 미니컴퓨터의 사용 시간을 샀다. 이 시스템 중 일부는 PDP-10이라는 것으로 컴퓨터 센터 코퍼레이션(CCC)에서 생산된 것이었다. 훗날 게이츠를 포함한 네 명의 레이크사이드 스쿨 학생(폴 앨런, 릭 와일랜드, 켄트 에번스)은 이 시스템의 운영 체제가 가진 버그를 이용해 공짜로

자료 : geekwire.com
▲ 고교시절 폴 앨런과 빌 게이츠

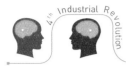

자료 : news.inews24.com

▲ 폴 앨런과 창업(1975년)

컴퓨터를 사용한 것이 발각되어 이 회사로부터 사용을 금지당하기도 했다. 심지어는 컴퓨터를 1달동안 사용을 금지하기도 하였다.

고교 졸업 후 하버드 대학으로 진학하여 응용수학을 전공했으나 재학 중 1975년 폴 앨런과 함께 마이크로소프트를 설립하고 학업을 중단했다. 당시에 그는 사업이 안 풀리면 학교로 돌아갈 예정이었으나 마이크로소프트의 성공으로 그럴 일은 없었다.

③ 은퇴

자료 : kr.aving.net

▲ 빌 게이츠 2008 CES 마지막 기조연설

2008년 CES 마지막 기조연설을 했다. 기조연설 중 빌 게이츠의 마이크로소프트 출근 마지막 날이라는 비디오를 틀어줘, 청중들의 웃음을 자아냈다. 이 비디오는 당시 미국에서 방영 중인 인기 시트콤 오피스와 클린턴 대통령 임기 종료 파티에서 상영된 코미디 영상을 패러디한 것이다.

내용은 대략 게이츠가 마이크로소프트 퇴사 후 할 일을 찾는 것인데, 그 중 빌 게이츠가 차기 대통령 민주당 후보로 유력했던 2명 중 한

명이었던 힐러리 로댐 클린턴 상원의원에게 전화를 걸어 "부통령감으로 좋은 사람이 있는데, 내가 해먹으면 안 될까?" 힐러리 왈 "당신이 정치에 어울릴지 모르겠군요."라고 하는 대목이 있다.

자료 : sergeswin.com

▲ 빌 게이츠 은퇴 선언

자료 : nuri.hani.co.kr

▲ 빌 게이츠 은퇴 후의 생활

'살아있는 전설' 빌 게이츠 마이크로소프트 회장은 2008년 6월 27일 출근을 끝으로 경영 일선에서 완전히 물러났다.

2 미쓰비시 전기

1) 개요

1921년에 설립된 미쓰비시 그룹의 전기메이커. 미쓰비시 조선(후의 미쓰비시 중공업)에서 분리 독립하는 형태로 설립되었다.

히타치, 도시바와 함께, 일본의 종합전기(또는 重電) 3사의 일각이며, 미쓰비시 그룹 안에서도 중요한 위치를 차지하는 회사다.

자료 : yonhapnews.co.kr

▲ 미쓰비시 전기 본사

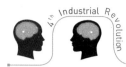

90년대까지만 해도 여타 일본 전기회사들처럼 가전제품의 비중이 높았으나, 다른 전기회사들보다 상당히 이른 2000년대 초반에 사업구성을 BtoB 위주로 하는 개편을 단행했다. 이 덕분에 삼성전자나 LG전자와 같은 한국계 가전회사의 급부상과 리먼브라더스 사태라는 두 가지의 쓰나미가 밀려온 2000년대 후반에도 어느 정도 견실한 재무 상태를 유지했다. 어느 정도였냐 하면, 히타치가 일본기업 역사상 최악의 적자를 기록하고, 도시바나 파나소닉 등 다른 일본의 주요 전기 메이커들도 적자를 면치 못하던 2009년에 미약하게나마 흑자를 유지했었다. 2016년 현재도 일본 주요 전기 메이커 8개사(히타치, 도시바, 미쓰비시 전기, 파나소닉, 소니, 샤프, NEC, 후지쯔) 중에선 가장 높은 당기순이익과 이익률을 자랑하며, 그 덕분에 시가총액도 8개사 중 소니에 이은 2위를 기록하고 있다.

미쓰비시 조선에서 갈라진 미쓰비시 중공업은 물론, 시기는 더 늦지만 미쓰비시 중공업에서 분리 독립한 미쓰비시 자동차와도 형제관계인데, 연비조작사태로 닛산에 흡수당한 미쓰비시 자동차는 말할 것도 없고, 미쓰비시 중공업과 비교해도 시가총액, 매출액, 경상이익 등 모든 면에서 앞서고 있다. 여러모로 현재 미쓰비시 그룹의 제조업 계열사 중에선 가장 잘 나가는 회사이다.

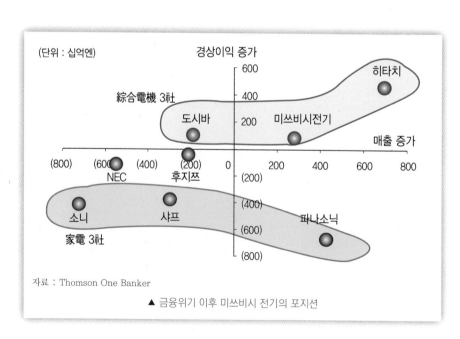

자료 : Thomson One Banker

▲ 금융위기 이후 미쓰비시 전기의 포지션

2) 대표사업

① 공장자동화(FA)

현재 이 회사에서 가장 잘 나가는 사업부라고 할 수 있다. PLC와 서보 모터, 각종 공장기계 및 산업용 로봇 등, 각종 공장자동화 기기를 만드는 사업부이다.

세계 공장자동화 업계에선 독일의 지멘스, 미국의 허니웰과 함께 세계 3강을 형성하며, 중국을 중심으로 한 아시아시장에서 가장 강하다.

자료 : mitsubishielectric.com

▲ 미쓰비시 공장 자동화 시스템

2000년 후반 즈음부터 중국의 급성장을 계기로 규모가 커졌으며, 현재는 이 회사의 캐시카우 역할을 톡톡히 해내고 있다.

한국에도 진출해 있으며, 미쓰비시 전기오토메이션이 바로 이 사업부의 한국법인이다. 한국의 거의 모든 주요 회사들의 공장에서 상당히 많이 쓰이고 있다.

② 빌딩시스템

엘리베이터와 에스컬레이터를 만드는 사업부이다. 매출 규모로는 세계 5위, 신규설치대수로는 세계 2위를 자랑하며, 아시아에서 가장 큰 승강기 제조회사다.

2016년 12월 현재 세계에서 가장 빠른 엘리베이터 제작사로 기네스북에 올라 있다. 최고

자료 : shanghaibang.com

▲ 상하이 타워

자료 : blog.naver.com

▲ 일본 히로시마 센터 빌딩 스파이럴 에스컬레이터

시속은 무려 시속 1230km에 이른다. 2015년 완공된 상하이 타워에 설치된 엘리베이터이며, 등록된 기록은 '세계 최고속 엘리베이터', '세계 최장 엘리베이터', '세계 최고속 더블덱 엘리베이터'의 3개이다.

참고로, 세계에서 유일하게 스파이럴(곡선) 에스컬레이터를 제조하는 회사다. 즉, 어디 가서 스파이럴 에스컬레이터를 본다면 100% 이 회사의 제품이다. 다만, 일반 에스컬레이터보다 훨씬 비싼 가격에 구조상 설치에 제약이 많다 보니 현재까지 납품실적은 100여대 남짓이다.

한국에는 한국미쓰비시엘리베이터란 별도 법인으로 진출했다. 주로 고속 및 고급 엘리베이터 시장을 공략하고 있으며, 대표적인 납품실적으로 롯데월드 타워가 있다.

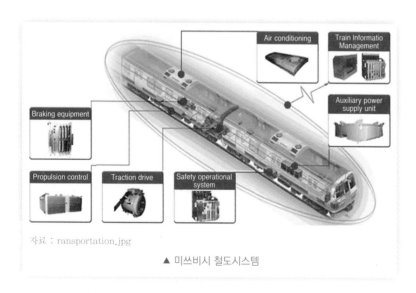

자료 : ransportation.jpg

▲ 미쓰비시 철도시스템

③ 철도시스템

차량 껍데기는 제작하지 않아서 크게 눈에 띄진 않지만, 철도제품 매출규모로는 히타치에 이은 일본 2위로, 흔히 일본 철도제작사 2강이라 불리는 가와사키 중공업의 철도부문보다도

더 큰 매출규모를 자랑한다. 히타치가 이탈리아의 철도제작사를 인수하기
전까지 히타치보다도 더 컸었다.

주요 제품은 철도용 모터, 변압기, 인버터, 조종계동시스템, 공조장치 등이
다. 한국의 철도차량에도 많이 도입되었다.

④ 전력시스템

각종 발전 및 송전/변전기기를 제작하고 있다. 대표적인 제품 중 하나는
터빈 발전기이며, 일본 내 점유율 약 40%로 점유율 1위를 차지함과 동시에
현재까지 납품한 2000여대 중 절반
이 해외에 납품됐다.

이외에도 가스절연개폐장치(GIS),
대형변압기 등 송/변전기기 분야에서
일본 최고 점유율을 유지하고 있으며,
그 외에도 발전소감시시스템 등 다양
한 제품라인업을 가지고 있다. 특이하
게도 입자선(粒子線) 치료장치도 이 사업
부에서 만들고 있다.

자료 : mg_close_up_01.jpg

▲ 미쓰비시 터빈 발전기

⑤ 우주시스템

일본 최대의 인공위성 제작사다.
일본정부가 발사한 인공위성 프로젝
트 거의 대부분에 관여했으며, 일본
에서 유일하게 인공위성 수출실적을
가지고 있다. 최근에는 일본의 월면
탐사선 사업을 수주하는 등, 오랫동
안 NEC의 전유물이었던 우주탐사선

자료 : mitsubishielectric.com

▲ 미쓰비시 우주시스템

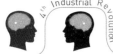

자료 : ko.wikipedia.org

▲ 스바루 망원경

사업까지 진출하고 있다.

이외에 지상설치 대형망원경도 제작하고 있다. 예를 들면, 하와이에 설치된 스바루 망원경은 이 회사의 제품이다. 스바루 망원경(大型光學 赤外線望遠鏡, 약칭 스바루 망원경)은 미국 하와이 섬의 마우나케아 천문대에 있는 일본국립천문대의 주요 망원경이다. 8.2미터 단일 반사경을 갖고 있으며, 광학-적외선 영역을 관측한다. 마우나케아 산마루 해발 4,200미터에 건설되었으며, 일본 문부과학성이 100% 기금을 출연하였다.

더불어 일본에서 우주관련 매출이 가장 높은 회사가 미쓰비시 전기다. 우주관련 매출 세계 탑 20 안에 드는 유일한 일본기업이라고 한다.

⑥ 방위산업

자료 : blog.daum.net

▲ 공대공미사일 AAM-4

미쓰비시 계열사인 만큼 방위산업에서 상당히 발을 담그고 있으며, 매출액은 미쓰비시 중공업에 이은 2위다. 주로 제작하는 제품은 각종 미사일 및 레이더 등 전자기기이다. 대표적인 제품으로 일본의 차기 공대공미사일인 AAM-4, 중거리 지대공미사일인 03식 지대공 미사일, 해상자위대의 신형호위함에 대거 탑재되고 있는 FCS-3 등이 있다.

현재 알려진 주요 프로젝트는 영국과의 미티어 공동개발, 이스라엘과의 UAV 공동개발, F-35의 일본 라이센스 생산에서 레이더 및 각종 전자기기담당 등이 있다.

자료 : blog.naver.com
▲ 영국과의 미티어 장거리 램제트 미사일 유도체 개발 협력 추진

⑦ 가전제품사업

사업개혁을 단행하면서 가전제품 사업을 아예 비주류로 만들어버린 히타치와는 달리, 미쓰비시 전기는 여전히 가전제품사업도 주류사업 중 하나로 유지하고 있다. 다만, 가전제품 대부분은 내수용에 그치며, 해외수출을 적극적으로 하고 있는 가전제품은 에어컨인 '키리가미네' 정도다. 내놓는 제품 종류도 상당부분 정리된 상태다.

자료 : blog.naver.com
▲ 미쓰비시 에어컨 '키리가미네'

'키리가미네' 에어컨은 겉만 봐서는 일반 에어컨과 별반 다를 게 없어 보이지만, 여러 상황을 분석해서 사용자에게 절전을 안내해 주는 기능을 갖고 있다고 한다.

3) 여담

• 2014년까지만 해도 일본 국내 로고와 해외 로고가 통일되지 않았었다. 해외 로고는 오른쪽 위에 있는 로고였고, 일본 국내 로고는 아래와 같다. 그랬던 것을 2014년부터 일본 국내 로고도

해외 로고로 통일됐다.

• 가전사업을 상당히 일찍 정리하면서 가전제품은 주로 내수용으로 전개하다 보니 요즘 한국 젊은이들에겐 같은 종합전기회사인 히타치나 도시바에 비해서 덜 알려져 있다. 실제로 지금까지도 적극적으로 해외 수출하는 가전제품은 에어컨 정도로, 나머지는 대부분 내수용이다.

IH

IH의 뜻은 유도 가열(induction heating)이라고 한다.

자료 : shop.mallpass.co.kr

▲ 미쓰비시 증기 없는 IH* 밥솥

• 2000년대 초반에 일본의 한 전문가가 일본의 주요 전기회사들에게 "가전 등 BtoC 제품은 한국이 곧 장악할 테니 BtoB 사업 중심으로 개편이 필요하다."는 의견을 내놨는데, 이 의견을 유일하게 진지하게 받아들인 게 미쓰비시 전기라는 소문이 있다. 사업개편을 상당히 일찍 시작한 것도 이 덕분이라고 할 수 있다. 나머지 회사들은 "우리가 한국한테 질리가 없다."며 콧방귀를 뀌었고, 결과는 오늘날과 같다.

• 종합전기회사 3개사 중에서도 사업 분야가 가장 넓다. 오죽하면 슬로건이 종합상사를 연상시키는 '가전에서 우주까지'다. 히타치도 사업 분야는 상당히 넓은데, 차이점이라면 히타치는 건설용 기계나 소재 분야 등 전기와는 전혀 상관없는 분야도 가지고 있는 반면에, 미쓰비시 전기는 전기 분야 범위 안에서 상당히 많은 사업을 전개하고 있다.

자료 : mitsubishielectric.com

▲ 미쓰비시 전기의 반도체와 장치

자료 : map.mitsubishielectric.com

▲ 한국미쓰비시엘리베이터 주식회사

자료 : motioncontrol.co.kr

▲ 한국미쓰비시전기오토메이션 주식회사

- 이상하게도 한국에는 사업부별로 법인을 따로 차려놨다. 예를 들면, 한국미쓰비시엘리베이터와 한국미쓰비시전기오토메이션은 각각 미쓰비시 전기 빌딩사업부와 공장자동화사업부의 한국법인이다.

4) 미쓰비시 그룹의 창업자 이와사키 야타로

① 개요

이와사키 야타로(岩崎彌太郎, 1835년 1월 9일 ~ 1885년 2월 7일)는 도사번 몰락 향사(鄕士) 집안 출신의 사무라이이자 일본의 재벌로 미쓰비시의 창립자 겸 초대 총수이다. 도사 번의 용달 역부터 시작해 메이지 시대에는 해운업, 무기 거래, 우편 서비스 등으로 큰 부를 쌓았으며, 정경유착으로 독점적 이익을 누려 악명이 높다. 휘(諱)는 토시(敏) 혹은 히로시(寬), 아호(雅号)는 도잔(東山), 별명은 도사야 젠베에(土佐屋善兵衛), 야타로(彌太郎)이다.

② 출신 배경

자료 : ko.wikipedia.org

▲ 이와사키 야타로

도사(지금의 고치현 아키시)에서 지게로닌(地下浪人)이었던 이와사키 야지로와 미와의 장남으로 태어났다. 그의 고향인 도사 번은 에도 막부 초기 도토미 국의 영주 야마우치 가즈토요가 영지 이동하면서 만들어졌다. 도사 야마우치 씨라 불리는 이들은 데려온 누대의 가신들을 상급무사(上士)로, 원래 토착 무사로서 조소카베 씨의 부하였던 이들을 하급무사(下士) 혹은 향사로 계급을 이원화해 번정을 운영했다. 특히 지게로닌이란, 본래 향사였던 자가 지위를 팔아 낭인으로 떨어진 계급으로 야타로의 증조부인 미지에몬 때 낭인이 되었다고 한다.

③ 생애

어릴 적부터 글재주가 있어 12대 도사 번주인 야마우치 도요히로에게 한시를 지어 올리기도 하는 등 두각을 나타냈으나, 워낙 아버지 야지로가 술과 도박에 미치고 생활력이 없어 공부를 계속할 수 없었다. 이대로는 미래가 없음에 초조했던 야타로는 21세 때 번청의 허가와 용달 상인의 지원으로 에도에 유학했다. 에도의 주자학자 아사카 곤사이의 학숙에 입학해 면학에 힘썼지만, 부친 야지로가 농업용수를 독점하려던 자들에게 맞아 중태가 됐다는 소식을 듣고 급히 귀향했다. 부친의 억울함을 호소하다 번번히 번청의 무시를 당해 분했던 나머지, 번청 대문에 불온한 글을 칼로 새겨 투옥됐는데 같은 수감자 중 장사치가 있어 산술과 상술을 깨쳤다.

석방 후 살던 마을에서도 추방됐지만, 다행히 에도에서 참근교대 중 소동을 일으켜 실각 중이던 요시다 도요의 쇼린주쿠(少林塾)에 입학했다. 이후 도요가 참정(參政, 번내 최고위직)에 복귀하자 그도 번사로 등용돼 나가사키에 용달 역으로 파견되나, 유흥으로 왜은(倭銀) 1백 냥의 공금을 유용해 삭탈관직됐다. 장사치로 떨어진 데다 벌이도 변변찮았던 그는 당시 존왕양이파 하급무사들인 도사근왕당이 상급무사들과 분쟁을 일으키자 미마와리(見廻, 순찰)로 재발탁돼 근왕당을 감시했다. 그 후 27세가 되던 1861년에 나가오카군 미와무라의 다카시바 시게하루(高芝重春)의 차녀 키세(喜勢)와 결혼한다.

1862년(분큐 2년) 도요가 도사근왕당의 자객들에게 암살되자 야타로는 도요의 양자인 고토 쇼지로(後藤象二郎)에게 범인을 검거하라는 명을 받았다. 탈번해 도주한 자객들이 오사카로 갔

자료 : m.blog.naver.com

▲ 이와사키 야타로와 고토 쇼지로

다는 정보를 입수한 그는 동료인 이노우에 사이치로(井上佐市郎)와 오사카에 갔으나, 증빙 서류를 깜박한 탓에 심한 질책을 받은 후 일단 홀로 귀향했다. 명목상 도사 번의 참근교대 수행역이었으나 먼저 수색 임무를 하던 이노우에가 도사근왕당 자객 오카다 이조에게 암살된다. 전화위복으로 사지를 벗어났던 야타로는 범인 색출 임무를 계속하려 했으나 존왕양이의 기세가 하늘을 찌르던 교토, 오사카 등지의 분위기에 압도돼 무단으로 낙향했다. 야타로는 관직을 잃고 다시 변변찮은 장사에 나서야 했다. 곧 도사근왕당이 번 내 문벌 귀족들과 연합해 쿠데타를 일으키고 번정을 장악하면서 쇼지로와 신오코제구미들도 실각했다.

1868년(메이지 원년) 도사상회 나가사키 지점이 폐쇄된 후 도사상회 부속 가이세이칸(開成館) 오사카 출장소로 인사이동했다. 도사상회는 이듬해 츠쿠모(九十九) 상회로 명칭 변경됐으며, 야타로는 해운업으로 부를 축적해 갔다. 그는 당시 도사야 젠베에(土佐屋善兵衛)란 가명으로 서류에 싸인했다고 한다.

1873년(메이지 6년) 메이지 신정부의 폐번치현으로 도사 번도 없어지고 도사 번주 야마우치 요도가 방탕한 생활로 막대한 부채를 남기자, 이와사키 야타로는 고토 쇼지로의 주선으로 도사 번의 남은 부채 중 일부를 인수하는 조건에 증기선 2척을 인수했다. 정식으로 자기 명의의 해운업을 시작한 그는 츠

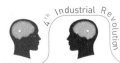

야마우치케노 도사가시와　　　이와사키케노 상가이히시　　　미쓰비시 로고

자료 : ko.wikipedia.org

▲ 미쓰비시 그룹 마크의 유래

쿠모 상회 자리(현재 오사카시 니시구)에 미쓰비시 상회(오늘날의 미쓰비시 그룹)를 설립했다. 오늘날까지 잘 알려진 미쓰비시 그룹의 마크는 도사 번주 야마우치 가의 삼엽백문과 이와사키 가의 삼

미쓰비시 설립자,
야타로 이와사키
(사진 크레디트:
미쓰비시 아카이브)

3겹 호두

3잎 참나무

자료 : mitsubishielectric.com

▲ 미쓰비시 그룹 마크의 형성 과정

계능 문양을 합쳐 만든 것이다. 그는 도사 번 출신 또는 가이엔타이 출신들을 신분 고하를 막론하고 특채해 그룹을 경영했다.

최초로 이와사키 야타로가 거액의 이문을 남겼던 때는 메이지 신정부가 새로운 통화를 공표하고 당시 옛 번들이 발행했던 구 통화나 어음, 채권 등을 인수하는 과정이었다. 야타로는 금 10만 냥에 달하는 자금을 융통해 구 채권을 매점하고 이것을 신정부에 되팔아 막대한 차익을 얻었다. 당시 메이지 신정부의 참의가 된 고토 쇼지로의 주선으로 가능했는데, 이는 일본 근대화 이후 최초의 정경유착 사례이자 현재 기준으로는 내부정보관리규정 위반으로의 위법이다.

1874년(메이지 7년) 일본 제국의 대만 출병 당시 군자 수송을 맡아 신용을 쌓았다.

1877년(메이지 10년) 세이난 전쟁 때는 군수업무를 독점해 막대한 이문을 남겼다. 정부 주도 인프라 사업까지 연이어 수주해 그룹 규모를 크게 키운 야타로는 '나라가 있고서 미쓰비시'라고 사원 훈시 때마다 강조했다고 한다. 그러나 해운에서 독점적 이윤을 누리고 정경유착으로 팽창한 미쓰비시 그룹에 대해 언론이 연이어 비판 기사를 때리는 등 적대적 여론이 비등했다. 특히 당시 일본 농상공부 장관(農商務卿) 사이고 주도(西鄕從道)는 이렇게 말했다. "미쓰비시의 폭리는 국가를 해친다." 이에 대해 이와사키 야타로는 "진정 미쓰비시가 국가를 해친다면 내 배를 모두 불태워도 좋다. 그게 국익인가."라고 반박하며 미쓰비시의 공헌을 크게 강조했다.

자료 : ko.wikipedia.org

▲ 고토 쇼지로

1878년(메이지 11년) 기오이자카의 변(紀尾井坂の変)으로 오쿠보 도시미치가 암살당하고 1881년 개척사 관유물 불하사건으로 오쿠마 시게노부가 실각하는 등, 미쓰비시 그룹의 뒷배가 됐던 인물들이 하나둘 정치를 떠나면서 미쓰비시 그룹을 여론의 표적으로부터 지켜줄 보호막이 없어졌다. 오쿠마 등과 대립했던 이노우에 가오루나 시나가와 야지로(品川弥二郎) 등에 의해 미쓰비시는 재벌 모순의 상징으로 매도됐다.

1882년(메이지 15년) 시부사와 에이이치(渋沢栄一), 미쓰이 그룹의 마스다 다카시(益田孝), 오쿠라 재벌의 오쿠라 기하치로(大倉喜八郎) 등 반 미쓰비시 세력이

자료 : ko.wikipedia.org

▲ 사이고 주도

공동 출자해 공동운송회사를 설립하고 당시 해운업을 독점하던 미쓰비시를 압박했다. 2년 여의 걸친 극한 경쟁 속에 운임이 미쓰비시 독점 시절 대비 10분의 1 정도까지 떨어졌다. 게다가 미국계의 퍼시픽 메일(Pacific Mail)사나 영국계의 P&O사 등 외국계 운송 회사까지 그야말로 피 튀기는 덤핑 경쟁 속에,

이와사키 야타로는 적송 화물을 담보로 자금을 융통해주는 '하위체금융^{(荷爲}
^{替金融)}'을 고안해 경쟁에서 살아남았다. 요즘으로 치면 대부업 혹은 캐피탈에 해당하는 이 사업은 후일 일본 은행을 거쳐 오늘날 미쓰비시 은행의 모체가 된다.

1885년^(메이지 18년) 양력 2월 7일 18시 30분 이와사키 야타로는 향년 51세에 위암으로 사망한다.

그의 사후 미쓰비시 상회는 정부의 지원 아래, 가혹한 덤핑을 반복해 빈사 상태에 빠진 공동운송회사를 합병하고 일본우선^(日本郵船)으로 탈바꿈했다. 그리고 2대 미쓰비시 그룹 총수에 오른 그의 친동생 이와사키 야노스케가 메이지 천황의 특별 지시로 귀족원 의원에 올랐다. 일본우선은 현재 미쓰비시 재벌의 모체가 됐으며 야노스케는 당시 일본 최대 그룹 총수로서 일본 은행 총재^(재임기간 : 1896년 11월 11일 ~ 1898년 10월 20일)까지 겸임하였다.

자료 : mitsubishicorporation.com

▲ 이와사키 4대 가계도

Chapter 10

스마트팩토리
스마트컴퍼니(Ⅱ)

10 스마트팩토리 스마트컴퍼니(Ⅱ)

1 제너럴 일렉트릭

자료 : ko.wikipedia.org

▲ 뉴욕 시 렉싱턴 대로 570번지 제너럴 일렉트릭 사옥

1) 개요

제너럴 일렉트릭(General Electric)은 에디슨이 1878년 설립한 전기조명회사를 모체로 성장한 세계 최대의 글로벌 인프라 기업이다. 전력, 항공, 헬스케어, 운송 등의 분야에서 사업을 하고 있다. 뉴욕의 주 사무소는 록펠러 센터의 30 록펠러 플라자에 위치하고 있으며 지붕에 있는 돋보이는 GE 로고 때문에 GE 빌딩으로도 알려져 있다. NBC의 본사와 주요 스튜디오도 이 건물에 입주해 있다. 자회사인 RCA를 통해서 그 건물이 1930년대에 건축된 이래 이곳과 인연을 만들어왔다. 중전기기(重電機器)와 가정용 전기기구를 주체로, 원자연료ㆍ제

트엔진·원자력발전설비도 제조한다. 세계 각국에 자회사·계열회사가 있다. 1892년 설립되었는데, 전신(前身)은 1878년 설립한 에디슨제너럴일렉트릭회사이다. 생산량의 상당량을 미국 국방부에 납품하고 있다.

2) 역사

① 초창기

1878년 발명가 토머스 A. 에디슨(Thomas A. Edison)이 설립한 전기조명회사를 모태로 한다. 1879년에 전기 선풍기와 첨단 의료용 기기를 만들기 시작했다. 1892년 에디슨 종합전기회사와 톰슨휴스톤전기회사가 합병하여 제너럴일렉트릭(GE)이 탄생했다. 제너럴 일렉트릭사의 사명의 유래는 남북전쟁 시절로 거슬러 올라간다. 토마스 에디슨이 전구 개발에 엄청난 돈을 투자한 나머지 개발에는 성공하였으나 그에 따른 채무도 엄청났다. 그래서 전전긍긍하고 있던 도중에 남북전쟁 당시 남측의 동부사령관이었던 크리스토퍼 장군이 그 소식을 듣고 찾아와 기꺼이 투자를 하였다. 그는 "전쟁 전에 전구가 개발이 되었더라면 우리는 야간기습을 당했을 때 그토록 심한 피해는 입지 않았을 것이다."라는 말을 남겼다고 한다. 하여튼 그의 지원으로 회사의 채무를 청산하고 회사를 설립하게 된 에디슨은 감사의 표시로 장군의 이름을 넣어 'General Christopher's Electric'이라고 회사명을 지었으나 당시 집권세력이었던 북쪽 출신의 권력층에 의해 허가가 나지 않아 결국 크리스토퍼 장군의 이름만 빼고 'General Electric'으로 명명하였다. 우연히 'general'이란 단어가 '장군'이란 뜻 이외에도

1892   1900   1930   2004

자료 : logok.org

▲ GE 로고 변천사

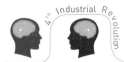

'보편적인' 등의 뜻도 가지고 있어서 현재는 원래 의미는 거의 사라져버리고
단지 '모두를 위한 전기회사'로 기억하고 있다.

② 잭 웰치 : 사업 구조 조정

1980년대 초, 제너럴 일렉트릭 사에서는 당시 새로 부임한 잭 웰치를 제외
한 나머지 직원들은 회사가 하향 곡선을 그리고 있다는 사실을 인정하려 들
지 않았다. 그러나 대다수 직원들이 부인한다 해도 기업의 정체는 피해갈 수
없는 현실이었다. 우선, 판매실적이 증가하지 않거나 감소했다. 경영진은 경
영 수익이 타격을 입지 않도록 긴축정책을 실시했다. 그러자 월스트리트 금
융계에서도 금방 알아채 주가가 하락하기 시작했고, 이는 곧 직원과 고객들
에게 큰 영향을 미쳐 회사의 신뢰도마저 떨어지게 되었다.

잭 웰치는 제너럴 일렉트릭의 사업영역을 축소시키면서 주력 또는 전문
화 업종에 다시 집중적인 노력을 기울였다. 잭 월치가 진행한 것 중의 하나
는 글로벌에서 1, 2위에 들지 못하면 판다는 원칙이다. 선택과 집중을 통해
서 비즈니스의 본류에서 승리를 구가하였다. 제너럴 일렉트릭은 한때 과잉
인력의 문제에 직면하였다. 별생각 없이 회사를 인적으로 늘린 후유증을 앓

자료 : blog.daum.net

▲ 잭 웰치

았다. 경쟁력 없는 사업을 방만하게
운영하다보니 수익이 나지 않는 회사
를 수없이 거느리게 된 것이다. 이러
한 과잉 인력 문제는 잭 웰치의 등장
으로 수술대에 올랐다. 잭 웰치가 제
너럴 일렉트릭의 경영자가 된 순간부
터 모든 변화가 시작되었다. 잭 웰치는
"세계적 단위의 경쟁력을 갖추지 않으
면 안 되는 상황에서는 시장에서 1, 2
위를 다투는 기업체만이 경쟁에서 이
길 수 있다. 그런 경쟁력을 갖추고 있지
못한 사업은 개편 또는 재조정을 하거

나 폐업 또는 매각해야 한다."고 역설하고, 이러한 전략으로 기업을 매각하고 합병시켰다. 발전 설비, 설비 유지, 연구직은 강화하지만 간접 조직은 줄였다. 이러한 과정을 거쳐서 새로운 비즈니스 업무를 진행하고자 의도했다. 이에 따라, 1980년대 중반부터 1990년 중반까지 무려 수백 개의 사업을 다른 기업에 매도하거나 중단했다. 그리하여 1983년 34만 명이던 제너럴 일렉트릭의 직원은 10년 후인 1993년 22만 명으로 감소했다. 핵심 사업에 재집중한 전략이 주효했던 것으로 평가된다.

재집중화 과정에서 제너럴 일렉트릭은 〈포춘〉 선정 500대 기업 중 10위에서 5위로 다섯 계단이나 상승했다. 하지만, 비판도 있다. 그가 회장으로 있는 동안 GE는 수만 명의 직원을 해고했으며, 창업 초기의 핵심사업 중 상당수를 구조조정하고 금융부문만을 키웠다. 인류에 꼭 필요한 것을 개발, 공급하여 사회에 공헌한다는 에디슨의 창업정신을 뒤로 한 채 머니게임에만 급급해 사실상 GE를 금융회사로 전환시켰다.

③ 제프리 이멜트

GE의 8대 CEO인 잭 웰치는 자신의 뒤를 이을 후계자를 찾아 9년을 고심한 끝에 제프리 이멜트를 낙점했고, 그는 2000년 GE의 CEO 자리에 올랐다.

2000년 10월에 제어시스템 전문 전자회사인 Honeywell의 합병을 시도하였으나, 항공분야의 독점이 우려되어 2001년 7월 유럽연합(EU)이 반대하여 합병이 성사되지

자료 : m.blog.naver.com

▲ 제프리 이멜트

않았다. 2007년 5월 21일, GE는 GE 플라스틱 본부를 화학제품 제조회사인 SABIC에 116억 달러에 매각할 것이라고 발표했다. 이 거래는 2007년 8월 31일 이루어졌는데, 그 회사는 이름을 SABIC Innovative Plastics로 바꾸고 브라이언 글래든(Brian Gladden)이 CEO에 선임되었다.

끊임없는 혁신을 추진하던 이멜트도 주가 하락 압박에 무릎을 꿇었다. 2017년 6월 12일^(현지 시각) 이멜트는 퇴진을 선언했다. 8월 1일부터 CEO 자리를 내놓고 2017년 연말까지만 회장직을 유지하고 물러날 것이라고 발표했다.

3) 조직

이 회사는 주요 비즈니스 단위로 구성되어 있다고 설명된다. 각 단위는 그 자체가 방대한 기업이며, 그 단위 중 많은 수는 독립형 회사로서도 '포춘 500'에 랭크되어 있다. GE의 비즈니스 목록은 합병, 분향, 재조직 등의 결과, 시간의 흐름에 따라 다양하다. 현재 사업은 기술 및 에너지 인프라, 기업 및 소비자 금융, 미디어 등 글로벌 인프라, 의료서비스, 금융서비스, 정보 및 엔터테인먼트, 환경기술에 걸쳐 다각화되어 있다. 이 중, 조명, 운송, 산업제품, 발전설비, 의료기기 등은 에디슨 초기의 사업 영역이다. 제너럴 일렉트릭의 경쟁대상 업체들은 대부분 복합기업들이다. 항공기 엔진 분야

▲ GE 사업부별 매출 비중

자료 : GE 2016 연간보고서

※ 내부거래로 최종 상계되는 3억6800만달러 포함. ( )은 매출

에서는 유나이티드 테크놀로지와 경쟁을 벌인다. 이 복합기업은 프랫 & 위트니와 오티스 엘리베이터, 에어컨을 생산하는 캐리어 등 그 밖의 여러 사업부를 거느리고 있다. 제너럴 일렉트릭은 디젤 기관차 부문에서는 제너럴 모터스와 경쟁을 벌이고 있다. 발전관련 설비분야에서는 웨스팅하우스와 경쟁을 벌인다. 제너럴 일렉트릭은 메인프레임 컴퓨터 부문의 치열한 경쟁에 밀려 결국 미국 컴퓨터 산업에서 손을 떼었다.

① 연구 개발

1900년 미국 최초로 산업용 연구개발 시설을 뉴욕 주 스케넥터디에 설립한 후, 혁신적인 제품을 개발해 왔으며, 수 천 개의 특허와 두 번의 노벨상을 수상(1932, 1973년)했다. 현재 글로벌 연구개발 센터가 미국, 중국, 독일, 인도에 있으며, 3천여 명의 연구원들이 근무하고 있다.

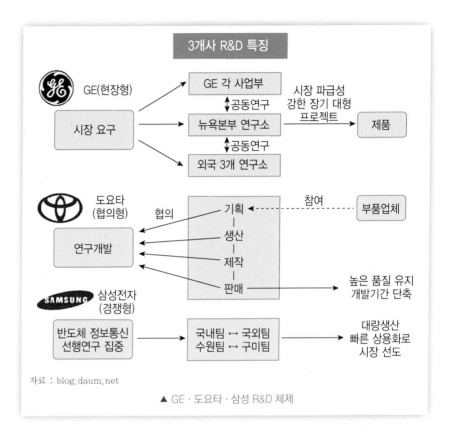

자료 : blog.daum.net

▲ GE · 도요타 · 삼성 R&D 체제

② 재무

GE는 찰스 다우*가 1896년 12개 종목을 편입시켜 작업했는데, 2005년의 경우 출력물로 2만4천 쪽, 전자 파일 형태로 237메가바이트에 달했다.

③ 글로벌 : 한국

한국에서는 1976년 GE코리아(GE인터네셔널인코퍼레이티드)의 공식 출범 후 발전설비, 항공기엔진, 산업설비, 의료기기, 플라스틱, 가전 및 금융 분야에서 사업을 전개했다. 1984년 GE삼성의료기기(현재 GE헬스케어코리아), 1987년 GE플라스틱스(2007년 매각), 1996년 GE캐피털, 1998년 GE삼성조명(현재 GE라이팅), 2001년

찰스 다우

찰스 헨리 다우(Charles Henry Dow, 1851년 11월 6일 ~ 1902년 12월 4일)는 미국의 언론인이다. 1882년에는 에드워드 존스, 찰스 버그스트레서와 함께 다우 존스를 설립하였다. 현재 세계에서 가장 영향력 있는 경제 전문지인 월스트리트 저널을 만들었다. 또한 다우존스 지수를 만들었다.

자료 : www.ge.com/kr/

▲ GE코리아*

GE센싱, 2002년 GE워터프로세스테크놀로지, 2004년 GE헬스케어바이오사이언스, 현대캐피탈(2004년) 및 현대카드(2005년) 합작 등 첨단 기술과 금융 분야에서 사업을 확대하였다.

GE코리아

GE는 1887년 3월 6일 경복궁 건천궁(乾淸宮)에 한국 최초의 전등을 밝히는 역사적인 순간을 기점으로 한국과 장기적인 파트너십을 이어오고 있다.

4) 경영 기법과 전략

워크아웃 타운미팅, SWOT분석, 전략계획(strategic planning) 등 경영 기법들을 만들어내는 등 현대 기업경영의 우수 사례를 제시하여 미국 경

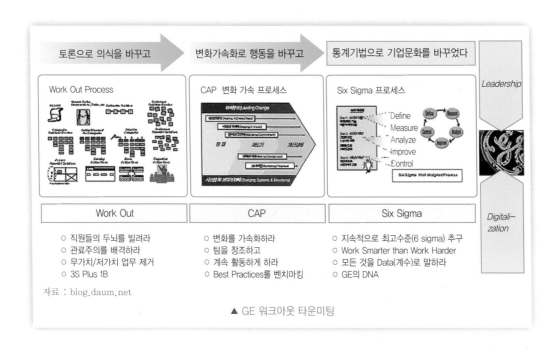

자료 : blog.daum.net

▲ GE 워크아웃 타운미팅

제잡지인 〈포춘〉과 〈배런스〉 등으로부터 학생들에게도 GE의 기업 이미지와 사업, 문화를 친구들에게 알리도록 권한다. 이러한 운영 체제는 GE의 교내 채용을 활성화시키고 더 많은 전공 학생이 GE에 응시하도록 만든다.

① 리서치 프로젝트

1960년대부터 다양한 사업을 추진한 이 회사의 고위경영자들은 과학 경영의 일환으로, 같은 회사 안에서 추진 중인 사업들이 왜 수익을 달리하는지 알고 싶었다. 그들은 이런 목적의식 아래 리서치 프로젝트인 PIMS(profit impact of market strategy)에 착수하였는데, 이 프로젝트에서는 이 회사가 추진한 각 사업들의 구조와 전략 그리고 많은 변수에 따른 성과들이 보고되었다.

② 환경 전략

GE는 환경문제를 해결하면서 자체 사업도 성장시키는 친환경성장 전략인 에코메지네이션*을 2005년 발표하며 녹색성장을 주도해 오고 있다. 또 다른 세계적 과제인 보건의료문제를 해결하기 위해 '헬씨메지네이션(healthymagination)'을 2009년 출범시켰다. GE는 현재 풍력발전에서 가장 큰 회사 중 하나이고, 새로운 환경친화적인 제품들, 하이브리드 자동차, 담수화 및 수자원 재활용 솔루션, 태양광 발전 등을 개발하고 있다. 또한 온실가스 배출을 줄이기 위한 자회사 설립도 계획되어 있다.

> **에코메지네이션**
>
> Ecomagination : 환경과 생태를 의미하는 에콜로지(ecology)와 GE의 슬로건인 '상상을 현실로 만드는 힘(imagination at work)'의 앞글자를 조합해 만든 조어

5) 생각하는 공장

"작은 일로 쪼개면 특별히 어려운 일이란 없다." 헨리 포드(Henry Ford)가 즐겨 했던 말이다. 포드는 자신의 말을 실천했다. 매년 T형 자동차 수만 대를 쏟아내는 세계 최초의 대규모 조립 라인을 도입하여 경쟁사를 압도한 것이

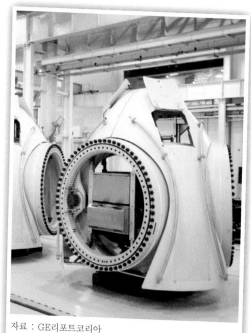

자료 : GE리포트코리아

▲ 인도 푸네의 GE의 신규 공장에서 생산하는 풍력 터빈 부품

다. 오늘날의 엔지니어들은 포드의 이 말을 눈에 보이지 않는 디지털의 세계까지 확장하여 공장을 더욱 작게, 즉 비트와 바이트(bits and bytes)로 쪼개고 있다.

"소프트웨어, 데이터, 분석 기술은 우리가 생산할 수 있는 제품을 변화시키고 있습니다. 우리가 학교를 졸업할 땐 상상조차 할 수 없었던 방식으로 말입니다." GE 글로벌리서치의 크리스틴 퍼스토스(Christine Furstoss) 글로벌 기술이사는 이렇게 말한다. "디지털 파일 하나로 3D 프린팅 제트엔진 부품을 만드는 데에서 그치는 것이 아닙니다. GE는 이제 스스로 진화하는 공장을 지을 수 있게 되었습니다. 이것이 바로 '생각하는 공장'(Brilliant Factory)입니다."

① '생각하는 공장'이란 무엇인가?

GE의 최신 기술이 적용된 '생각하는 공장'으로 불리는 스마트팩토리는 데이터를 실시간으로 활용하여 공정/작업을 최적화하는 방식이다. 이것은 '마인드셋' 즉 사고방식 자체의 변화라고 볼 수 있다. 고성능 센서와 관리 시스템으로 전례 없는 방대한 양의 데이터를 수집할 수 있다. 첨단 소프트웨어와 분석 기술로 어느 때보다 데이터를 더욱 잘 분석할 수 있게 되었다. 예를 들어, 생산 공정이 얼마나 유효하게 기능하고 있는지 파악할 수 있으면, 여러 가지 문제에 더 적절하게 대응할 수 있을 것이다. '실시간으로 관련된 상황을 파악하고 문제를 해결하며 최고의 품질을 유지해서 납기에 맞게 배송까지 실현한다.'는 제조업의 이상이 '생각하는 공장'을 통해 가능해진다.

② 왜 '생각하는 공장'이 '마인드셋'의 변화를 의미하는가?

GE는 전 세계에 400여 개의 공장이 있다. 각기 다른 방식으로 운영되고 있는 이 수많은 공장에서는 조명 시스템에서 발전용 터빈, 의료장비에 이르는 다양한 제품들이 생산되고 있다. 똑같은 공장은 존재하지 않는다. 물리적인 부품을 생산하는 공장, 조립 부품을 만드는 공장, 부품을 수리하거나 재제조하는 공장도 있다. 모든 공장의 니즈가 각기 조금씩 다른 셈이다.

자료 : GE리포트코리아

▲ 공업용 3D 프린터 앞에 서 있는 크리스틴 퍼스토스 이사

우리는 '생각하는 공장'을 통해 각기 다른 솔루션을 가진 툴 키트를 만들고 있다. 그 솔루션이란 데이터 수집 센서나 데이터 분석 프로그램이 될 수도 있고, 비상시 실시간으로 기계를 통제할 수 있는 제어 시스템이 될 수도 있다. GE의 새로운 소프트웨어 플랫폼인 프레딕스(Predix™)는 이런 솔루션 개발에서 매우 중요한 역할을 하고 있다.

현재 GE의 수많은 공장에서 각기 다른 툴을 적시적소에 적용하는 방법을 익히고 있다. 똑같은 공장이 존재하지 않듯이, 생각하는 공장의 솔루션에도 동일한 것은 있을 수 없다.

센서기반 자동화
(Sensor-Enabled Automation)
센서가 탑재된 기계는 공장 안에서 데이터를 수집하여 돌발적 가동 중지를 예방하고 생산성을 높인다.

자료 : GE리포트코리아

▲ 센서 기반 자동화

③ '생각하는 공장'이라는 명칭은 어떻게 나온 것인가?

'생각한다(Brilliant)'고 이름 붙인 이유는, GE가 가진 최고의 제품을 통해, GE

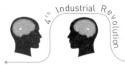

만의 방식으로 문제를 관찰하여, 최고의 기술을 솔루션으로 제공하기 때문이다. '생각하는 공장'은 기술 진보에 대한 GE의 의지, GE의 구성원이 일하는 방식을 지속적으로 변화시키고 최적의 솔루션을 적시적소에 제공하려는 GE의 신념을 보여주는 실체이다.

④ 왜 지금 '생각하는 공장'인가? 5년 전에는 불가능했나?

본격적으로 이 기술을 도입할 수 있게 된 것은, 최근 3~4년 사이 '산업인터넷'이 출현하면서 방대한 데이터 관리가 가능하게 되고 나서다. 지금까지의 제조 과정에서 수집할 수 없었던 중요한 데이터도 지금은 많이 모을 수 있게되었다. 이러한 데이터를 전송하거나 저장하고 그 중요도를 판별하고 분석하는 프로세스가 '생각하는 공장'의 실현에 매우 중요하다.

⑤ '생각하는 공장'에서 말하는 데이터는 어떤 유형의 것을 의미하는가?

무엇이든 데이터가 될 수 있다. 공장의 작업 현장에 있는 장비의 운영 현황에서부터 투입되는 재료에 대한 장비의 반응 상태 및 반응 속도(가령, 절삭 장치에 대한 장비의 반응)에 이르는 모든 것이 데이터가 될 수 있다. 수치를 취합하는 방식, 이 수치를 감지하고 저장하기 위해 장비에 탑재된 기재, 신속히 배치(configuration)를 바꾸는 능력, 이런 것들이 계속하여 변하고 있다.

그들은 GE가 적시에, 그러니까 IT 인프라·소프트웨

자료 : GE리포트코리아

▲ 공장 최적화

어와 하드웨어(공장의 기계, 센서, 제어시스템 등)의 융합이 이루어지고 있는 시기에, 매우 독특한 위치에 있다고 생각한다. 생각하는 공장을 가능하게 하고 구성원들이 첨단제조 기술이라 부르는 결합체를 향해 소프트웨어와 하드웨어가 수렴하고 있는 시기이다. 따라서, '5년 전에 이것이 가능했을까요?'라는 질문에 대한 답은 '그렇다'이다. 하지만 지금처럼 특정 공장에 적용했던 개념을 다른 공장에 빠르고 쉽게 활용할 수는 없었을 것이다.

⑥ 이 프로세스를 확장하여 제조 부문에서 제품설계 부문으로 실시간 정보를 제공하는 피드백 고리(feedback loop)를 만들 수도 있을까?

물론이다. 그들이 이 프로세스를 '생각한다'고 말하는 이유가 바로 거기에 있다. 이것은 마인드셋의 문제이다. 그들은 끊임없이 최적화해 나가고, 끊임없이 개선될 것이며, 무엇보다 끊임없이 배우게 될 것이다.

다양한 피드백 고리는 생각하는 공장의 핵심 요소이다. 그 루프를 공장이든 고객이 오래 사용한 부품을 재제조하거나 수리하는 서비스 센터 등에서 얻든 마찬가지다. 설계한 부품을 수용 가능한 사이클타임과 비용, 수율 내에서 원하는 기능과 소재로 제조하는 것이 가능한지 이런 피드백을 통해 파악할 수 있다. 사용 후 부품이 어떤 형태와 성능을 보이는지 알 수 있게 된 것 역시 똑같이 중요하다. 이런 정보를 설계팀과 소프트웨어 기반 설계 도구로 전송할 수 있게 되었기 때문에, 정보를 검증하고 관련된 지식을 늘리는 것도 가능해졌다.

프레딕스와 이런 피드백 활동은 플랫폼의 실질적인 파워를 보여준다. 플랫폼을 통해 그들은 각기 다른 수많은 도구와 부품과 연결된다. 공장에서 발생되는 시간 당 수백 기가바이트에 달하는 데이터를 취합·분류·구성하는 것이 쉬워지며, 가공된 데이터는 설계자를 포함한 전체 시스템으로 다시 제공된다.

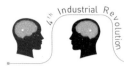

⑦ 공급망과 유통망 또한 '생각하게' 만들 수 있을까?

물론이다. GE는 이미 수많은 주요 파트너, 협력업체와 함께 일하고 있다. GE의 제품은 전 세계로 공급된다. 고객은 누구나, 신뢰할 수 있는 부품이 제때 도착하여 계획 진행에 차질이 생기지 않기를 바란다. GE가 생산 현장에서 사용하는 일련의 툴을 GE 협력업체나 전체 유통 네트워크 및 재고에 동일하게 적용하면 전체 가치사슬을 효과적으로 관리할 수 있게 된다. 비용 효과와 부가가치가 높은 방식으로 고객에게 신속히 응대하는 것이다.

공급망 최적화
(Supply Chain Optimization)
사업의 경계를 넘어선 융합 도구
(Cross-business Tools)를 사용하여 공급망과 공장 운영 방식을 재구성하여 보다 빠르고 표준화되고 비용이 절감된 방식으로 특정 고객의 니즈에 대응한다.

자료 : GE리포트코리아

▲ 공급망 최적화

⑧ '생각하는 공장'의 경제적 효과는 어떤가?

'생각하는 공장'에 정해진 청사진이나 패턴은 없다. 또한 필요하지 않은 곳에 센서나 도구를 투자하고 싶지는 않다. '생각하는 공장'은 생산성과 총 이익을 추구하고 성과와 신뢰성뿐 아니라 운영 및 대응 능력에서도 업계 최고 수준의 좋은 제품을 제공하기 위한 GE의 노력이다. 만약 이러한 노력이 GE 전체에서 실현할 수 있다면, 공급망 생산성이 1%만 향상되어도 GE 전체에서 최대 5억 달러를 절감할 수 있다.

⑨ '생각하는 공장'의 원리 일부가 적용된 공장이 최근 인도의 푸네에 설립되었다.

푸네에 인프라를 설치하고 '생각하는 공장'에 대한 이해를 높이고 있다. 그러나 생각하는 공장은 신규 공장만을 위한 것이 아니다. 실제로 생각하는 공장 덕분에 기존의 공장에서 사이클타임을 줄이고 품질을 향상시키고 있다. 기존 공장은 인프라가 노후되어 있는데, 이미 존재하던 구조에 새로운 소프트웨어와 하드웨어 일부를 도입함으로써 사이클타임이 크게 줄고 품질은 향상된다. 생각하는 공장은 GE의 내부나 신축 공장만을 위한 것이 아니다. '생각하는 공장' 솔루션은 수년 간 투자가 이루어지지 않던 공장에도 어마어마한 영향을 미칠 수 있다. 이것이 '생각하는 공장'이 대단한 이유이다.

⑩ '생각하는 공장'은 어떤 방향으로 발전해 갈까?

'생각하는 공장'은 적용 기술을 막 찾은, 출발 단계에 있다고 할 수 있다. 진정한 디지털화를 위해 해야 할 일은 아주 많다. 예를 들어, 아직 그들은 디지털 스레드^{(프}로세스에서 실행되는 연속적인 처리의 흐름)와 완벽하게 연동되어 있지 못하다. 지금까지 많은 디자인 규칙^{(제품 설계 핸}드북)을 디지털화하였다. 이에 따라 기계 상태는 어떤지, 절삭 공구는 적절한 상황에서 사용되는지 등의 정보를 수집할 수 있다.

실수로 제대로 작동하지 않는 부분을 발견했을 때, '생각하는 공장'에서라면, 일부러 시설을 해체해서 확인하지 않아도 설계 의도 규칙과 과정을 즉

가상 제조
(Virtual Manufacturing)
디지털과 협업 도구를 활용하여 아날로그적 요소를 제거하는 동시에, 끊임없이 진화하는 3D제품 모델을 신속하고 반복적으로 제조할 수 있다.

자료 : GE리포트코리아

▲ 가상 제조

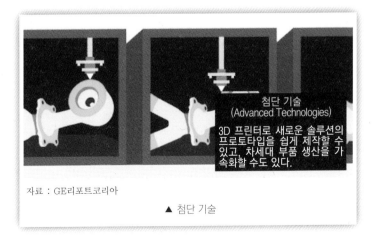

첨단 기술
(Advanced Technologies)
3D 프린터로 새로운 솔루션의 프로토타입을 쉽게 제작할 수 있고, 차세대 부품 생산을 가속화할 수도 있다.

자료 : GE리포트코리아

▲ 첨단 기술

시 검토해서 고객의 설계 의도와 기대를 모두 충족하기 위해 어떻게 조정을 실행해야 하는지 알 수 있게 된다. 데이터를 분석하느라 며칠씩이나 몇 주일 씩을 보낼 필요 없이 몇 초 안에 이런 판단을 내리게 되는 것이다. 미래에는 최적화를 위한 이런 의사결정이 공장에서만이 아니라 개별 프로세스 수준까 지 적용될 것이다. '생각하는 공장'의 진정한 실현이라고 할 수 있겠다.

⑪ 언제쯤 그 수준에 이를 수 있을 것인가?

10년이 채 걸리지 않을 것이다. 지금은 각각의 조각들을 제자리에 놓는 중 이다. 대수롭지 않게 들릴 수도 있지만, 수리가 필요한 6~7년 이상 된 부품들 을 보면 처음 출시되었을 때 모습과는 상이하다. 만약 부품이 서비스 센터에 들어오는 순간 그들만의 방식으로 그것을 체크하고 필요한 작업을 즉각 판 단할 수 있다면? 그 결과 그 부품에 맞는 방식으로 즉각적으로 수리할 수 있 다면, 어떻게 될까? 사람에 따라 맞춤형 약을 조제하듯이, 맞춤형 제조를 하 게 되는 것이다. 이것이 바로 '생각하는 공장'의 힘이며, GE는 앞으로도 이와

자료 : gereports.kr

▲ GE의 '생각하는 공장'(Brilliant Factory)

318

관련된 여정을 계속해 나갈 것이다.

6) 생각하는 기계

① GE의 혁신적 고부가가치 비파괴검사 기술, 산업용 CT 시스템 시장을 선도한다.

2017년 1월 초, GE오일앤가스는 세계 최대의 해상시추업체인 트랜스오션과 1억8천만 달러에 달하는 대규모 계약을 체결하였다. 6층 빌딩 규모의 대규모 시추선에 석유유출 및 고장방지시스템인 BOP^(Blowout Preventers) 서비스를 제공하는 내용이었다. 예전이라면 정기적인 보수 점검 계약이었을 테지만 이번 계약은 달랐다. GE는 BOP를 위해 소프트웨어, 데이터 분석 및 기계학습 시스템 등을 제공, 배치함으로써 트랜스오션이 석유 시장에서 효율성을 극대화하

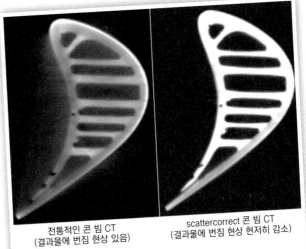

전통적인 콘 빔 CT
(결과물에 번짐 현상 있음)

scattercorrect 콘 빔 CT
(결과물에 번짐 현상 현저히 감소)

자료 : GE리포트코리아
▲ GE의 혁신적 고부가가치 비파괴검사 기술

도록 도울 예정이다. '세계 제일의 디지털/산업기업' GE의 변화가 분명하게 보인다.

② 비트코인? 에너지 블록체인에 주목하라.

최근 블록체인이 다시 화제가 된 바 있다. 블록체인 기술로 만들어진 '비트코인'이 기술 역사상 가장 혁신적인 아이디어 중의 하나로 평가 받으며, 시가 총액이 급등과 급락을 반복하는 등 주목을 받고 있는 덕이다. 무^(無)로부터

만들어진 전혀 새로운 형태의 통화임에도 불구하고 이미 전 세계 사람들은 비트코인을 사용하여 커피부터 전자제품에 이르는 다양한 물건을 구입하고 있다. 뿐만 아니라 현재의 가상 통화 시스템은 블록체인이 가져올 변화의 일부분일 뿐으로, 앞으로 더 큰 변화가 일어날 것이다. GE 그리드솔루션 사업부, 스마트 그리드 전략 리더인 로랑 슈미트(Laurent Schmitt)에게 블록체인의 구조와 가능성에 대해 들어본다.

우선 블록체인(링크)이 무엇인지 간략하게 되짚어 보자. 블록체인은 복잡한 기술이지만, 끊임없이 즉시 업데이트되는 거대한 장부 같은 것이라 생각하면 이해하기 좋다. 누군가 비트코인으로 뭔가를 사고팔면, 이 거래는 매번 블록체인에 기록된다. 모든 거래가 가상의 기금에 따라 즉시 정산되고, 영구적으로 검색이 가능한 상태로, 게다가 익명으로 기록된다. 따라서 거래 청산 기관이나 신용카드 회사 같은 중개인이 필요 없다.

금융업계는 이미 이 기술을 활용하는 방안을 추진하고 있다. 블록체인을 사용해 빠르게 송금하고, 은행의 P2P(peer-to-peer) 소비자 거래를 촉진하는 새로운 기업이 속속 등장하고 있다. 이에 따라 기술의 실용화에 대한 기대가 점차 높아지고 있다.

블록체인은 금융계만 변화시키고 있는 것이 아니다. 미래에는 법적 권리 증서, 음악, 예술, 심지어 재생에너지까지 가치를 지닌 대상이라면 모두 블록체인으로 거래할 수 있을 것이다. 특히 주목해야 할 점은 재생에너지를 거래할 때 블록체인을 활용하는 부분이다. 블록체인을 이용한다면 전력 회사와 가정이 재생에너지를 투명하게 매매할 수 있다.

재생에너지를 활용할 때 '발전량 조절이 어렵다'는 점은 피할 수 없는 과제다. 햇빛과 바람은 인간이 통제할 수 없기에, 발전량이 너무 많거나 적어질 위험이 항상

자료 : GE리포트코리아

▲ 에너지 블록체인

존재한다. 발전량이 적은 경우는 신뢰할 수 있는 수력발전소나 화력발전소를 가동해 부족한 양만큼 보완하면 되지만, 발전량이 너무 많으면 대처하기 곤란하다.

이런 문제를 해결하기 위해 GE는 프랑스 남부 카로(Carros)에 새로운 유형의 커뮤니티를 창출하기 위해 지원하고 있다. 이 마을 주민들은 모두 전력 생산자인 동시에 소비자이기도 한 이른바 '프로슈머(prosumers)'의 선구적 존재라고 말할 수 있는 사람들이다.

이 마을에서는 기본적으로 모든 주택이 작은 자가 발전소이며, 주민들은 자신들이 사용하는 전력을 집에서 생산한다. 집에서 생산한 전력은 직접 사용하거나 저장할 수 있고, 심지어는 판매할 수도 있다. 이를 통해 전력의 흐름은 '골디락스 존(goldilocks zone, 너무 많지도 적지도 않는 범위)'을 유지할 수 있다.

③ 의사의 또 다른 눈 – 알고리즘

세계적 수준의 보스턴아동병원(Boston Children's Hospital) 영상의학실 소아신경과 의료진은 매일 3~5만 장에 달하는 어린이의 뇌 사진을 살펴보아야 한다. 이들은 발달장애 징후를 보이는 아동의 MRI 촬영 분석 전문가들이다. 이 작업은 매우 어렵고 중요하다. 아동의 뇌는 굉장히 빠른 속도로 발달하기 때문에, 어린이의 뇌 촬영 결과를 분석하는 일은 성인의 경우와는 매우 다르다. 어린이의 정상적인 뇌 발달 상태를 질병으로 잘못 해석해 불필요한 걱정을 초래하고 검사를 실시하게 되는 경우가 종종 발생하는 것도 이 때문이다.

전체 영상의학 전문의 중 소아신경과 전공은 3%에 불과하다. 소수

자료 : irobotnews.com

▲ 보스턴아동병원

에 불과한 이 소아신경과 전문의들마저 주로 보스턴아동병원 같은 대도시 병원에 배치되어, 다른 지역에 있는 어린이들은 잘못된 진단이나 불필요한 검사를 경험할 가능성이 높아진다. 전문적인 뇌 검진을 필요로 하는 어린이들의 수도 결코 적지 않다. 미국의 경우 아동 인구 중 1/6이 신경학적 발달 지연 증상을 보이고 있다고 한다.

최근 GE헬스케어는 MRI 장비로 촬영한 어린이의 뇌 영상을 다른 병원의 비전공 임상의가 보아도 질병 유무를 확인할 수 있는 알고리즘을 보스턴아동병원과 공동 개발하겠다고 밝혔다. MRI 영상 데이터베이스가 기계학습(머신러닝)을 수행하고, 정상과 질병을 구분하고 진단할 수 있는 기준이 되어줄 뇌 촬영 영상 데이터를 스스로 축적하도록 만드는 데에 이 협업의 목표가 있다.

현재 영상의학과 의사들은 진퇴양난의 상황을 맞고 있다. 이들은 보통 어른 환자의 촬영 영상을 해석하고 질병을 진단하는 데에 숙련되어 있다. 예를 들어, 외상을 입은 환자의 폐 상태나 시급한 조치가 필요한 내출혈 여부를 확인하는 전문가인 것이다. 영상의학과에서 매일 다루는 수천 장의 엑스레이나 MRI 사진 중 대부분은 정상 판정을 받는다. 하지만 이런

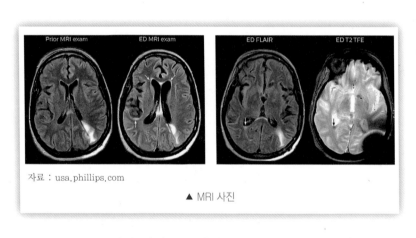

자료 : usa.phillips.com

▲ MRI 사진

정상 케이스를 확인하는 동안, 정작 치료가 시급한 증상을 담은 영상은 순서를 기다려야 하고 그만큼 치료도 지연된다.

GE가 의료 영상을 검토하여 긴급 조치가 필요한 케이스에 우선순위를 부여하는 알고리즘 딥러닝 라이브러리를 개발하기 위해 미국 캘리포니아 주립대 샌프란시스코 캠퍼스(UCSF)와 협력(링크)하고 있는 이유가 이것이다. 이 알고리즘이 전 세계에 전파되면, 전공 여부와 상관없이 모든 임상의가 동일한

지식 및 통찰에 접근할 수 있게 될 것이다. 2020년이면 GE의 헬스클라우드
(Health Cloud, 링크)에는 이와 유사한 앱이 수백 개 존재할 것이다.

GE는 단순히 디지털 헬스케어 산업이 미래에 중요해질 것이라 생각하는 것이 아니다. 그 대신, 디지털 산업화를 통해 비용, 품질, 접근성이라는 의료산업의 오래된 난제를 해결할 수 있음을 강조하고자 한다. 전문 의료진이 없는 지역에서 뇌 영상촬영을 필요로 하는 아동을 위해, 매일 다루는 수천 장의 영상에 효과적으로 우선순위를 매기기 위해 눈과 시간이 모자라는 숙련된 영상의학 전문가들을 도우려는 것이다.

자료 : GE리포트코리아
▲ 의료현장에서 활약하는 GE의 알고리즘 You Tube 동영상

GE헬스케어는 한 세기에 걸쳐, 세계 영상의학 및 검진 분야에서 여러 병원과 협력하며 의료사업을 운영해왔다. 의료산업의 번성과 침체를 목격해왔고 엑스레이와 유방 조영술, MRI같은 이제는 우리에게 친숙해진 몇몇 의료 기술을 구현해내기도 했다. 이제 GE헬스케어는 디지털과 산업, 소프트웨어와 하드웨어, 기계와 학습이 서로 결합하는 과정에 주목하고 있으며, 이것이야말로 진정한 변혁이라고 믿고 있다. 변혁이 헬스케어의 표준이 된 것이다.

이런 변화는 앞으로 보건이나 의료 부문을 넘어 더 넓은 세상으로 번져갈 것이다.

자료 : genewsroom.com
▲ 원스톱 솔루션으로 맞춤화된 유방 검진 GE헬스케어

② 바스프

1) 개요

바스프 SE^(BASF SE)는 독일의 화학 관련 기업이다. 1865년에 프리드리히 엥겔호른 외 3인이 루드빅스하펜에 바디셰 아닐린 앤 소다 파브릭^(Badische Anilin & Soda Fabrik)을 전신으로 설립되어 이후, 플라스틱, 기능성 제품, 농화학, 정밀화학, 석유화학 등 다양한 분야에서 제품과 솔루션을 제공하는 글로벌 화학기업이다.

처음 바스프는 합성 염료산업에서 시작했는데, 이후 질소 비료 등 다양한 화학산업 분야로 사업을 확장하였다. 1951년에는 발포폴리스틸렌 제품인 '스티로폼^(Styro- foam)'을 개발했는데, 이는 세계적인 성공을 거두어 일반적인 단열재 및 완충포장재의 고유 명사가 되었다. 현재 바스프는 루드빅스하펜에 본사를 두고 있고, 프랑크푸르트, 런던, 취리히 증권 거래소에 상장되어 있다. 전 세계적으로 석유, 천연가스, 화학제품, 비료, 플라스틱, 합성섬유, 염료와 안료, 칼륨 및 소금, 인쇄용품, 전자녹음기 부품, 화장품 주성분, 약품 및 기타 관련 설비와 제품 등 약 8000여개 이상의 제품을 생산하고 있으며, 2012년 기준 약 787억 유로의 매출을 달성했다.

바스프는 1954년에 국내

자료 : creator-space.com
▲ 프리드리히 엥겔호른

자료 : biz.chosun.com
▲ 세계 최대의 화학공장인 독일 루드빅스하펜의 바스프 본사 전경

첫발을 내디뎠으며, 1998년 국내 3개 계열사를 통합하며 한국바스프주식회사를 설립했다. 석유화학, 폴리우레탄, 정밀화학 및 기능성 제품을 국내외에 제공하고 있다. 대한민국 서울특별시 남대문에 본사를 두고 있다. 울산광역시, 여수시, 안산시, 군산시, 예산군에 생산 공장을 두고 있다. 화성시, 안산시, 시흥시, 수원시 등에 기술 연구소를 두고 있다. 또한 서울특별시에 BASF 아태지역 전자소재 사업부 본사를 두고 있다.

2) 역사

바스프(BASF)의 창설 주역은 금 세공업자이자 콜타르 염료 제조업자였던 프리드리히 엥겔호른(1821~1902)으로, 1865년 만하임에 기초재부터 완성품까지 전 과정의 화학제품을 생산하는 최초의 염료 제조업체인 바디셰아닐린운트소다제조회사로 설립되었다. 1925년 세계 최대의 화학공업 콘체른 이게파르벤(IG Farben)에 포함되어 있었으며, 1945년 이 콘체른이 연합군에 의해 해체되면서 1952년 바디셰아닐린운트소다제조회사로 다시 설립되었다. 이후 1973년부터 바스프로 이름을 변경하였다.

3) 페어분트(Verbund) 시스템

바스프는 물류 및 공급 사슬망이 중요한 역할을 하는데, 이것이 바스프 발전의 발판이 되었다. 페어분트(Verbund)란 독일어로 'Integration, Combination, Interconnection, Network'의 의미를 가지고 있다. 즉, 수직·수평적 계열화를 통한 통합적 생산체계를 의미한다. 바스프는 본사인 루드빅스하펜, 미국의 프리포트와 가이스마, 벨기에의 앤트워프, 말

자료 : ebn.co.kr

▲ 바스프 독일 루드빅스하펜 페어분트 단지에 위치한 부탄디올(BDO) 및 부탄디올 유도체인 PolyTHF 공장 탱크

레이시아의 콴탄, 중국의 난징 등 총 6개 도시에 대규모의 페어분트 시스템 공단을 가지고 있다. 가장 큰 규모인 독일의 루드빅스하펜의 경우 세계에서 가장 큰 규모의 복합화학공단으로 여의도보다 더 큰 면적을 자랑한다.

페어분트 시스템은 전 공장을 파이프로 연결함으로써 원자재 수송에 있어서 발생되는 낭비와 비효율성을 최소화하는 시스템이다. 공정 간을 자연스럽게 연결함으로써 방출되는 열에너지를 효율적으로 사용하게끔 만들어 주는데, 루드빅스하펜의 페어분트의 경우 연간 5억 유로, 전 세계적으로는 연간 180만 톤의 석유 절감 효과를 나타내고 있다.

페어분트의 유래는 생산의 통합에 있다. 19세기 말경부터 독일 루드빅스하펜 공장에서는 생산체계의 네트워크 통합이 이루어졌다. 오늘날 페어분트는 단순한 생산용 파이프나 제품 흐름의 통합에 그치지 않고 연구, 지식관리, 고객과의 협력, 이웃과의 대화 등을 포함하는 폭넓은 체제로 발전했다.

예컨대, 생산 페어분트의 부가가치 체인은 여러 생산 공장이 연결되어 탄생한다. 한 공장에서 나온 제품과 부산물이 다른 공장의 원료로 사용된다. 바스프는 생산 페어분트를 통해 소수의 원자재로 수십여 종의 기본 소재를 생산하고, 이를 다시 수백 가지 중간체로 바꾼 뒤 수천 가지 제품의 원료로 쓴다.

자료 : chem.ebn.co.kr

▲ 미국 텍사스에 위치한 바스프 페어분트

4) 한국바스프

① 한국 내 바스프

한국바스프주식회사는 독일계 글로벌 종합화학회사인 BASF SE의 100%

자회사로 한국 내 대표적인 외국투자기업이자 국내 Top 10 화학기업이다.

한국바스프는 서울사무소 외에 여수(폴리우레탄 원료), 울산(EPS, 안료, 화학원료), 군산(비타민B2), 안산(엔지니어링 플라스틱), 예산(엔지니어링 플라스틱)에 7개의 대규모 생산시설을 운영하고 있으며 동탄, 안산 및 시흥에 위치한 기술센터 4곳이 고객기술지원을 담당하고 있다. 또한, 수원에 위치한 바스프 아태지역 전자소재 R&D 센터 및 전 세계 바스프 네트워크를 통해 다양한 지능형 솔루션과 고부가가치 제품을 국내외 고객에게 제공해 오고 있다.

2013년에는 유기전자소재 사업의 글로벌 지역 본부를 서울에 설립했으며, 2014년에 경기도 수원에 위치한 성균관대학교 자연과학 캠퍼스에 아태지역 전자소재 R&D 센터를 개소했다. 2015년에는 충남 예산에 엔지니어링 플라스틱 공장을 완공했다.

한국바스프는 글로벌 스탠다드에 맞추어 국내 모든 사업장을 환경친화적이며 안전하게 운영하고 있다.

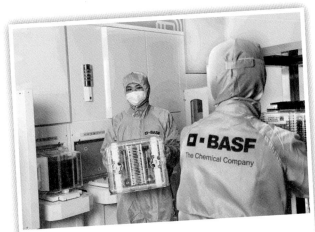

자료 : etnews.com

▲ 한국바스프의 아태지역 전자소재 R&D 센터

② 제품·산업

👁 화학제품

BASF의 화학제품 부문은 페어분트 시스템의 개발을 위해 노력하고 있다. BASF 고유의 페어분트 시스템은 일련의 통합생산 시스템으로서 탁월한 경쟁력을 제공한다. BASF는 페어분트 시스템을 통해 원료와 에너지 절약, 기술 우수성, 규모의 경제 효과, 원료의 가용성 확대 및 물류비용 절감을 달성한다.

• 중간체

BASF 그룹은 전 세계에 걸쳐 약 700개의 유기화학 중간체를 개발, 생산 및 판매하고 있다. 중간체 화학 사업 부문의 주요 원료들은 아민, 디올(diol), 폴리알콜 및 특수 중간체 제품들이다. 또한, 중간체는 코팅, 플라스틱, 제약, 방직섬유, 세제 및 작물 보호제를 위한 시재료로 사용되며, BASF의 혁신적인 중간체는 완제품의 품질과 제조 공정의 효율성을 향상시킨다.

• 모노머

BASF의 모노머(monomer) 사업부는 모노머 기초 고분자 및 무기 화학 물질의 광범위한 제품 포트폴리오를 보유하고 있다. 모노머는 폴리머 PVC(폴리 염화 비닐)을 생산하는 데 사용되는 염화 비닐과 같은 합성 폴리머를 구성하는 유기 분자이다. 프리폴리머는 중간 분자 무게 상태로 반응된 모노머 또는 모노머 시스템이다. 주요 제품으로는 전자 재료에 들어가는 특수 화학 물질뿐만 아니라 MDI(methylene diphenyl diisocyanate)와 TDI(toluene diisocyanate)같은 아이소시아네이트 제품군과 카프로락탐, 아디프산, 폴리아미드 6 및 6.6 그리고 암모니아, 질산, 황, 염소 제품, 무기 염류, 요소, 멜라민, 글루 및 함침 수지 등의 무기 화학 제품이 있다.

• 석유 화학

BASF는 에틸렌, 프로필렌, 부타디엔 및 벤젠 등의 제품을 사용하여 화학 및 플라스틱 산업 분야에서 알코올, 솔벤트 및 가소제를 생산한다. 알킬렌옥사이드와 글리콜은 세제, 자동차, 포장 및 섬유 산업의 시재료로 사용되며, 아크릴 모노머는 유전, 건설 및 제지용 화학제품뿐만 아니라 페인트, 코팅 및 화장품의 제조에 사용된다. 또한, BASF는 특정 고객의 수요를 충족시키기 위해 특수 모노머를 아크릴레이트와 메타크릴레이트의 부가 가치 체인에 이상적으로 결합할 수 있다.

• 촉매

화학 반응은 촉매를 통해 이루어진다. BASF의 촉매 제품은 화학 공정 기술의 중요한 전략적인 부분으로 특정 공정의 반응속도를 증가시킨다. 모든 상업화된 화학제품의 90%에서 촉매가 결정적인 역할을 하는 만큼 프로세스에 적합한 촉매를 선택하는 것은 성공을 위해 대단히 중요한 요소다.

자료 : basf.com
▲ 한국바스프 울산화성공장

◉ 에너지 · 자원

에너지와 자원에 대한 수요가 지속적으로 증가함에 따라 BASF는 지속가능한 에너지 솔루션을 개발하여 에너지 효율성 및 보존 방법을 더욱 연구해야 한다. 유전, 정유 공장, 채광, 물, 바람 및 태양 에너지에 대한 화학 지식과 전문 지식을 통해 BASF는 고객과 협력하여 더 건강하고, 더 자연친화적이며, 더 여유로운 미래의 에너지와 자원 사용을 위해 고객들과 함께 노력하고 있다.

· 유전 솔루션

BASF는 시추, 시멘트 작업, 부양, 생산 및 석유 회수 증진(EOR) 및 유전 내 모든 부문에 적용 가능한 광범위한 제품을 공급한다. BASF의 솔루션은 고객들이 유전 및 가스전 운영을 가장 효율적으로 할 수 있도록 도와준다.

자료 : basf.com
▲ 유전 솔루션

· 가스 트리트먼트

BASF는 40년 이상의 경험을

통해 고객들에게 천연 가스, 합성 가스 그리고 바이오 가스 등 다양한 가스 트리트먼트에 있어 효율적인 솔루션을 제시한다. 전 세계적으로 350곳 이상의 공장에서 BASF의 솔루션이 사용되었으며, BASF는 OASE(gas treating excellence by BASF)라는 브랜드 명으로 다양한 기술 및 서비스를 제공하고 있다.

• 수자원 솔루션

전 세계적으로 사용 가능한 수자원은 점점 더 고갈되고 있다. 따라서 BASF는 모두 물을 지속 가능하게 사용하고 수자원을 보존하기 위해 노력해야 한다. BASF는 하수, 폐수에서 배출되는 폐기물을 감소시키고자 노력하고 있으며, 물을 절약하고 수질을 개선하는데 기여하고 있다.

자료 : basf.com
▲ 태양열

• 태양열

BASF는 태양열 발전소의 경쟁력을 증가시키도록 설계된 혁신적인 시스템의 열 전달 및 열에너지 저장 매체를 공급한다.

• 태양광 발전

BASF의 혁신적인 솔루션과 함께라면 적은 양의 노출로도 태양 전지판에 에너지가 집약된다. BASF의 솔루션과 전문 지식은 웨이퍼 절단에서 모듈 구성, 그리고 설치 및 조립에 이르기까지 전체 태양 전지 생산 공정을 다룬다. BASF의 제품을 통해 태양 광선이 효율적으로 에너지로 전환된다.

자료 : basf.com
▲ 태양광 발전

• 채광

BASF는 채광 산업에서 선도적인 화학 솔루션 제공자로서, 효율적이고 지속 가능한 채광에 기여하는 솔루션을 제공한다. BASF는 광물 가공 및 갱내 구축을 위한 제품과 솔루션을 보유하고 있다.

자료 : basf.com

▲ 채광

• 정제 첨가물

BASF의 첨가물은 수요량, 환경 관련 법령 및 한정된 자원으로 인해 정유 회사들이 직면한 과제를 해결하기 위한 솔루션을 제시한다.

자료 : basf.com

▲ 정제 첨가물

5) 스마트팩토리

독일 카이저슬라우테른에 위치해 있는 BASF SE 스마트팩토리는 독일 정부의 지원 아래 만들어진 파일럿 형태의 샴푸 및 액체 비누 공장이다. 제품 주문은 온라인에서 이루어지며, 각 용기에는 RFID가 붙여져 있어 생산라인에서 각 머신들과 일제히 커뮤니케이션을 하게 된다. 이를 통해 제품의 색, 향, 원료 등 주문자가 온라인에서 주문했던 정보들이 반영된 제품이 만들어진다. 결과적으로 생산되는 모든 제품들은 대량생산 체제에서 이루어지지만 같은 제품이 반복적으로 만들어지지 않는

자료 : news.donga.com

▲ 생산방식의 발전 단계

다. 이곳 파일럿 공장에서의 실험은 머신과 제품 간 무선 네트워크를 기반으로 이루어진다.

생산 과정에서 증가하는 유연성, 주문제작 요구에 따른 '배치 사이즈 1' 단위의 생산은 스마트팩토리와 인더스트리 4.0에서 중요한 개념이다. 이 개념을 선도하는 연구조직은 이론적인 제조개념을 실제로 확인하는 전문화된 특수 이익집단 'SmartFactory KL'이다. 산업 파트너와의 공동작업으로 SmartFactory KL은 실질적인 산업생산 환경에서 산업 시스템들을 개발하고 테스트한다.

자료 : de.wikipedia.org

▲ SmartFactory KL

해외 스마트팩토리 사례에 소개된 바스프의 경우를 소개하면 다음
과 같다.*

바스프

조용주, 한국형 스마트팩토
리 구축을 위한 제언, 한국생
산기술연구원, 2016년 3월
9일

☺ 추진배경 및 목적

• 개별화, 다양화된 고객요구에 부응
• 독일이 추구하는 대표적인 인더스트리 4.0 모델(바스프+지멘스+SAP+프라운호퍼)

☺ 생산시스템의 변화

• 소품종대량생산에서 다품종소량생산으로 변화
• 샴푸 용기에 무선자동정보인식장치(RFID) 부착 ➡ 샴푸 원액 주입장치 로
  봇이 개별 고객 주입정보 읽어 원액주입

☺ 기대효과 및 시사점

• 대량생산 체제를 유지하며 동시에 개별화 다양화되는 고객니즈에 부응
• 화장품, 의약, 식품공장 등의 스마트팩토리 방향을 제시

Reference

김진호 저, 빅 데이터가 만드는 제4차 산업혁명 : 개인과 기업은 어떻게 대응할 것인가? 북카라반, 2016.

노형진 저, 제4차 산업혁명을 위한 인재육성, 배문사, 2017.

닛케이 BP사 편, 이정환 역, 세상을 바꿀 테크놀로지 100 : 제4차 산업혁명을 주도하는 미래 산업 전망, 나무생각, 2017.

다케우치 가즈마사 지음, 김정환 옮김, 평전 스티브 잡스 vs 빌 게이츠, 예인, 2010.

데스 디어러브 지음, 홍길표 옮김, 빌 게이츠 성공에 감춰진 10가지 비밀, 영언문화사, 2000.

돈 탭스콧 · 알렉스 탭스콧 공저, 박지훈 역, 박성준 감수, 블록체인 혁명 : 제4차 산업혁명 시대, 인공지능을 뛰어넘는 거대한 기술, 을유문화사, 2017.

로버트 루트번스타인 · 미셸 루트번스타인 지음, 박종성 옮김, 생각의 탄생 : 다빈치에서 파인먼까지 창조성을 빛낸 사람들의 13가지 생각도구, 에코의서재, 2007.

로스 킹 저, 황근하 옮김, 다 빈치와 최후의 만찬 : 기적의 걸작 「최후의 만찬」 이야기, 세미콜론, 2014.

린더 카니 지음, 안진환 · 박아람 옮김, 잡스처럼 일한다는 것, 북섬, 2008.

스티브 워즈니악 지음, 정석훈 옮김, 스티브 워즈니악, 청림출판, 2008.

장문수 저, 제4차 산업혁명의 핵심, 스마트카에 투자하라, 원앤원북스, 2016.

지그문트 프로이트 저, 이광일 옮김, 레오나르도 다빈치, 여름언덕, 2012.

최윤식 · 최현식 공저, 제4의 물결이 온다 : 4차 산업혁명, 부의 기회를 잡아라, 지식노마드, 2017.

클라우스 슈밥 저, 송경진 역, 클라우스 슈밥의 제4차 산업혁명, 새로운현재, 2016.

프리초프 카프라 저, 강주헌 옮김, 다빈치처럼 과학하라, 김영사, 2011.

프리초프 카프라 저, 김용정 · 이성범 옮김, 현대 물리학과 동양사상, 범양사, 2015.

한중전략경영연구소 편저, 제4차 산업혁명 이렇게 달성한다, 배문사, 2017.

한중전략경영연구소 편저, 제4차 산업혁명 충격과 도전, 배문사, 2017.

吉川良三, 日本型第4次ものづくり産業革命, 日刊工業新聞社, 2015.

尾目藏人, インダストリー4.0 第4次産業革命の全貌, 東洋經濟新聞社, 2015.

岩本晃一, インダストリー4.0 ドイツが與えるインパクト, 日刊工業新聞社, 2015.

長島聰, 日本型インダストリー4.0 日本經濟新聞出版社, 2015.

佐野義幸 · 柳生淨勳 他二人, 3Dプリンタの本, 日刊工業新聞社, 2014.

Index

저자 소개 **노 형 진**

서울대학교 공과대학 졸업(공학사) / 고려대학교 대학원 수료(경영학박사)
일본 쓰쿠바대학 대학원 수료(경영공학 박사과정)
일본 문부성 통계수리연구소 객원연구원 / 일본 동경대학 사회과학연구소 객원교수
러시아 극동대학교 한국학대학 교환교수 / 중국 중국해양대학 관리학원 객좌교수
국방과학연구소 연구원 역임
현재) 경기대학교 경상대학 경영학과 교수전공, 품질경영 · 기술경영 · 다변량분석(조사방법 및 통계분석)
    중소기업청 Single-PPM 심의위원 / 대한상공회의소 심사위원 · 지도위원
    한중전략경영연구소 이사장 / 한국제안활동협회 회장

주요저서 : EXCEL을 활용한 품질경영(학현사)
       Amos로 배우는 구조방정식모형(학현사)
       SPSS/Excel을 활용한 알기쉬운 시계열분석(학현사)
       SPSS를 활용한 조사방법 및 통계분석(제2판)(학현사)
       SPSS를 활용한 일반선형모형 및 일반화선형혼합모형(학현사)
       EXCEL에 의한 경영과학(한올출판사)
       SPSS를 활용한 회귀분석과 일반선형모형(한올출판사)
       SPSS를 활용한 주성분분석과 요인분석(한올출판사)
       Excel 및 SPSS를 활용한 다변량분석 원리와 실천(한올출판사)
       SPSS를 활용한 비모수통계분석과 대응분석(지필미디어)
       SPSS를 활용한 연구조사방법(지필미디어) / SPSS를 활용한 고급통계분석(지필미디어)
       SPSS를 활용한 통계분석의 선택방법(지필미디어)
    e-mail: hjno@kyonggi.ac.kr

이 애 경

경기대학교 경영학과 졸업(경영학 학사)
경기대학교 대학원 석사과정 수료(경영학 석사)
경기대학교 대학원 박사과정 수료(경영학 박사)
현재) 경기대학교 경상대학 경영학과 겸임교수
    인천지방법원 김포지원 민사조정위원
    (주)용신플러스 대표이사

주요논문 : 집단지성의 기업 내 성공적 도입에 관한 연구 – 사례연구를 중심으로 –, 석사 논문(2011년)
       디지털 기술 상품의 사용자체험과 생활만족도에 관한 한 · 중 비교 연구 –, 스마트폰 사용자를
       중심으로 – 박사 논문 (2015년)
       스마트폰 사용자들의 긍정적 정서가 생활만족도에 미치는 영향에 관한 실증적 연구, 학술지
       논문 (2015년)

제4차 산업혁명을 이끌어가는 **스마트컴퍼니**

초판1쇄 인쇄 2017년 9월 1일
초판1쇄 발행 2017년 9월 5일

지은이   노형진 · 이애경
펴낸이   임 순 재

펴낸곳   (주)한올출판사
등 록   제11-403호
주 소   서울시 마포구 모래내로 83(성산동, 한올빌딩 3층)
전 화   (02)376-4298(대표)
팩 스   (02)302-8073
홈페이지 www.hanol.co.kr
e-메일   hanol@hanol.co.kr

ISBN 979-11-5685-603-0

▫ 이 책의 내용은 저작권법의 보호를 받고 있습니다.
▫ 잘못 만들어진 책은 본사나 구입하신 서점에서 바꾸어 드립니다.
▫ 저자와의 협의하에 인지가 생략되었습니다.
▫ 책값은 뒤표지에 있습니다